Karoline von Günderrode.
Porträt eines unbekannten Malers, um 1800.

Dagmar von Gersdorff

»*Die Erde ist mir Heimat nicht geworden*«

Das Leben der Karoline von Günderrode

Insel Verlag

© Insel Verlag Frankfurt am Main und Leipzig 2006
Alle Rechte vorbehalten, insbesondere das der Übersetzung,
des öffentlichen Vortrags sowie der Übertragung
durch Rundfunk und Fernsehen, auch einzelner Teile.
Kein Teil des Werkes darf in irgendeiner Form
(durch Fotografie, Mikrofilm oder andere Verfahren)
ohne schriftliche Genehmigung des Verlages
reproduziert oder unter Verwendung elektronischer Systeme
verarbeitet, vervielfältigt oder verbreitet werden.
Druck: GGP Media GmbH, Pößneck
Printed in Germany
Erste Auflage 2006
ISBN 3-458-17302-1

1 2 3 4 5 6 – 11 10 09 08 07 06

Inhalt

I. »Heut hab ich die Günderode gesehen . . .« 9

II. Die Familie von Günderrode 13

III. Eine Stiftsdame von siebzehn Jahren. 1797 21

IV. Der Freund Friedrich von Savigny. 1799 32

V. Warten auf Antwort 44

VI. Der zwanzigste Geburtstag. 1800 53

VII. »Hand in Hand« – Bettine Brentano. 1801 63

VIII. Eine Haßliebe: Gunda Brentano 73

IX. Charlottes Tod. Erste Gedichte 88

X. Erotische Anträge: Clemens Brentano. 1802 .. 96

XI. Ausflug im Gewitter: Achim von Arnim 106

XII. Eine Frauenfreundschaft. 1803 113

XIII. »Eine arme vom Schicksal verfolgte Person« ... 126

XIV. »Gedichte und Phantasien«. 1804 138

XV. Mögliche Begegnung: Heinrich von Kleist ... 146

XVI. Die Hochzeiten der Freunde 150

XVII. »Vom ersten Augenblick an Liebe«:
Friedrich Creuzer 159

XVIII. Täuschung, Enttäuschung 173

XIX. »Ein Bund auf Leben und Tod« 179

XX. »Poetische Fragmente«. 1805 186

XXI. Eine Zimmerbeschreibung 198

XXII. Heimliche Heiratspläne 204

XXIII. Betrogen 213

XXIV. »Das Abendrot der kurzen Liebesfreude«. 1806 . 224

XXV. Untreue und Verrat 237

XXVI. Der Tod. 26. Juli 1806 245

Anmerkungen 265
Literatur 273
Personenregister 279
Bildnachweis 285

So habe ich immer Biographien mit eigener Freude gele-
sen, und es ist mir dabei stets vorgekommen als könne
man keinen vollständigen Menschen erdichten, man er-
findet immer nur eine Seite, und die Complicirtheit des
menschlichen Daseins bleibt stets unerreicht . . .

Karoline von Günderrode an Bettine Brentano

I. »Heut hab ich die Günderode gesehen ...«

Bettine Brentano liebte diese Freundin. Sie bewunderte ihr poetisches Talent, fand sie klug und faszinierend, phantasievoll und liebenswert, nannte sie *Einzige unter den Sternen*. Karoline von Günderrode war groß und schlank, eine *hochgewachsene Gestalt* mit weichen, geradezu *fließenden Bewegungen*, graziös, mit einem schmalen Gesicht und lebendigen Augen, die beim Sprechen aufzuleuchten schienen. Sie war die Verfasserin ernster Dramen und elegischer Gedichte, und für Bettine klangen ihre Verse wie Musik: *Einstens lebt ich süßes Leben ... Und die schönen hellen Strahlen / liebten all und küßten mich ...*

Das Glück der Freundschaft wird lebendig in einem Briefroman, den Bettine mehr als dreißig Jahre nach Karolines Tod verfaßte: *Die Günderode*.[1] Darin beschreibt sie die Jugendgefährtin, die Herrscherin im Reich des Geistes, die Gesprächspartnerin und Poetin, und schildert damit auch sich selbst, die aufnahmebereite und wissensdurstige Bettine Brentano, Enkelin der Schriftstellerin Sophie La Roche, in deren Garten sie Karoline von Günderrode kennenlernte.

Bemerkenswert sind schon die ersten Sätze, mit denen die tote Freundin in die Gegenwart geholt wird. *Wie ich erzählte, daß Du mitgefahren warst bis Hanau, da hätten sie Dich all gern hier haben wollen.* Wer ist die interessante Frau, fragt man, die alle bei sich haben wollten? In ihrem Buch spricht Bettine die Freundin wie früher als *Günderödchen* an und erreicht dadurch unmittelbare Nähe. *Wie sehr hab ich an Dich gedacht und Deine Worte ... wie ich Dich gesehen hatte zum allerersten Mal ...*

Das Entzücken, mit dem Bettine von der Freundin spricht,

läßt erkennen, daß Karoline für sie der Inbegriff einer schönen Frau war. *Sie war so sanft und weich in allen Zügen wie eine Blondine. Sie hatte braunes Haar, aber blaue Augen, die waren gedeckt mit langen Augenwimpern; wenn sie lachte, so war es nicht laut, es war vielmehr ein sanftes gedämpftes Girren, in dem sich Lust und Heiterkeit sehr vernehmlich aussprachen. Sie ging nicht, sie wandelte ... Ihr Wuchs war hoch; ihre Gestalt war zu fließend, als daß sie in der Gesellschaft sich bemerkbar gemacht hätte ...*[2]

Lieblich wie eine Silberbirke, so lautet die Formulierung, mit der Bettine die Freundin einem Besucher schilderte. *Ich musste ihm auf dem Weg von Dir erzählen, von unserm Umgang, von Deinem Wesen ...* Sie beschreibt *das lange, schwärzlich glänzend braune Haar, das in freien weichen Locken, wie sie wollen, sich um ihre Schultern legt, die stark gewölbte Stirn so sanft und weiß wie Elfenbein, die dunklen Augenbrauen, die wie zwei schwarze Drachen die blauen Augen bewachten* – sogar das Grübchen im Kinn bleibt nicht unerwähnt – ein kleiner Eros habe da *ein Dellchen drin gelassen, das der Finger eingedrückt.*[3]

Mit Wärme und Glanz umgibt Bettine ein Freundinnenleben. *Was haben wir gelacht, Günderode; – und haben unter Zimmetbäumen eine Tasse Schokolade getrunken, die wir in Deinem Öfchen kochten mit wohlriechendem Sandelholz; ... Wir waren doch so glücklich; wie schwärmte mein Kopf von brennenden Farben der Blütenwelt ... Sieben Spaziergänge haben wir so gemacht, Günderode, ich hab mir sie gezählt, sie kamen mir wie das Köstlichste im Leben vor.*[4]

Nicht nur bei Bettine hinterließ Karoline von Günderrode einen unauslöschlichen Eindruck. Friedrich von Savigny fing Feuer, als er die Neunzehnjährige kennenlernte. Clemens Brentano suchte in ihr die erotische Partnerin, die er mit leidenschaftlichen Anträgen überschüttete. Achim von

Arnim setzte ihr in seiner Novelle *Isabella von Ägypten* ein poetisches Denkmal. Er hatte sie im Arm gehalten und war überrascht, *wo sie so hübsch aussah, daß wir uns alle verwunderten.* Als *Minerva, Tochter des Zeus*, behielt sie ein Verehrer in Erinnerung. Goethe, der seiner Ottilie in den *Wahlverwandtschaften* viele ihrer Wesenszüge verlieh, fand ihre Gedichte erstaunlich. Friedrich Creuzer schließlich, der Gelehrte aus Heidelberg, war hingerissen von dieser Frau, sie war seine Geliebte, seine Entsprechung, sein Glück. *Lebe wohl, Süßeste, wäre es mir doch nur erlaubt, die leuchtenden Sterne Deiner Augen zu sehen!* Und: *Du weißt es selber nicht wie reich Du bist und wie schön.*

Es war aber dann doch nur Bettine, die Karoline von Günderrode vor dem Vergessen bewahrte. Sie liefert in ihrem *Günderode*-Buch ein phantasievolles, an Begeisterung kaum zu übertreffendes Porträt in Briefen. Allerdings entspricht ihre Darstellung nicht immer den Tatsachen. Hauptpersonen wie Creuzer fehlen, Briefe werden willkürlich eingestreut, ergänzt oder auch frei erfunden. Ihr Buch beleuchtet die glücklichen Phasen der Gemeinsamkeit und Übereinstimmung – von Trennung ist darin nicht die Rede.

Wenn jemals eine junge Dichterin eine Verehrerin besaß, die sie glühend bewunderte und ihre Gedichte auswendig kannte, dann Karoline von Günderrode in ihrer Schülerin Bettine Brentano, die es unternahm, mit leuchtenden Worten an die kaum mehr bekannten Verse der Lyrikerin zu erinnern: *Durch Dich feuert der Geist, wie die Sonn durchs frische Laub feuert ...* Bettine war es auch, die das Entstehen der ersten Gedichte und Balladen miterlebt hatte: *... unser Zusammenleben war so schön, es war die erste Epoche, in der ich mich gewahr ward ...*

Verse, die sie besonders liebte, werden von ihr zitiert:

Drum laß mich, wie mich der Moment geboren.
In ew'gen Kreisen drehen sich die Horen;
Die Sterne wandeln ohne festen Stand –

Der Tod der Freundin bleibt in Bettines Buch unerwähnt, als habe er nicht stattgefunden. Das ist bemerkenswert. Bettine empfand Karolines Selbstmord wie eine Schuld, die sie mit zu verantworten habe. Zu Achim von Arnim sagte sie: *Sie traf mich auch mit dieser Untat, ich werde den Schmerz in meinem Leben mit mir führen.* Die »Untat« des freiwilligen Todes, Schmerz und Schuldgefühle konnten nur schreibend bewältigt werden.

Für Bettine blieb die Freundschaft wirkungsmächtig bis zuletzt. Die Beziehung sei einmalig und unwiederholbar gewesen, erklärte sie. *Das Meiste und Beste, was ich geworden bin, habe ich der Günderode zu danken.* Bettine läßt Karoline in ihrem Buch so auftreten, als lebe sie noch immer in der Gegenwart. *Heut hab ich die Günderode gesehen, es war ein Geschenk von Gott.* Sie, die in ihrem Leben mit den interessantesten und geistvollsten Menschen zusammengetroffen war, begriff am Ende, wie ungewöhnlich und unvergleichlich diese Dichterin gewesen war.

Es war Bettines Wunsch, der Freundin ein unvergängliches Denkmal zu setzen, wie es – auf andere Weise – mein Anliegen ist, mit Hilfe der inzwischen aufgefundenen Briefe und Gedichte, Entwürfe und Studienhefte Gestalt und Werk der Karoline von Günderrode ins Leben zurückzurufen.

II. *Die Familie von Günderrode*

Ein frühes Blatt, noch unveröffentlicht, hat sich erhalten, darauf in kindlich exakter Schrift ein kleines Gedicht, offenbar gedacht als ein Stammbuchblatt.

> *Edle Freundschaft nur verbindet*
> *Seelen zu der schönsten Pflicht.*
> *Und die Kränze, die sie windet*
> *Modern selbst im Grabe nicht.*
> *Einst beim Klang der Engellieder,*
> *Unter Himmels-Amaranth,*
> *Finden wir uns alle wieder*
> *In der Tugend Vaterland.*

> *Hanau den 13ten April 1797*
> *Erinnere Dich an Deine Freundin Caroline v G.*[5]

Freundschaft und Tod – es sind die Themen, die das Werk der Karoline von Günderrode von nun an durchziehen. Die Verfasserin war siebzehn Jahre alt. Sie lebte in Hanau inmitten einer großen Familie mit der Mutter, den vier Schwestern und einem jüngeren Bruder. Die Briefe der jungen Mädchen klingen sorglos und witzig. Sie handeln von der Ballsaison, von neuen Kleidern und Maskenkostümen, künstlichen Blumen, halben Perücken und braunen Toupets, Musselin zu hochgegürteten leichten Gewändern, von Unterröcken, Teetischchen, von Büchern, unerschwinglichen goldenen Ohrringen, unleidlichen Freundinnen wie der Apothekerstochter Sophie Blum, diversen Vettern und anderen Besuchern zum Abendbrot, über die man spötteln und albern kann.

oben: *Johann Maximilian von Günderrode, Karolines Großvater.*
Stich von J. M. Bernigeroth nach einer Zeichnung von J. R. Reuling, 1742.
unten: *Hektor Wilhelm von Günderrode, Karolines Vater.*
Stich von J. C. Schleich nach einem Gemälde von Kisling.

Karoline von Günderrode wurde am 11. Februar 1780 in Karlsruhe geboren. Ihr Vater Hektor Wilhelm von Günderrode hatte mit vierundzwanzig Jahren eine Frau geheiratet, die den gleichen Namen trug, aber aus einem anderen Zweig der Familie stammte: Louise Sophie Victorine Auguste von Günderrode, zum Zeitpunkt der Eheschließung zwanzig Jahre alt. Sie war zart und feinsinnig gebildet, dichtete auch selbst, dafür besaß sie keine Kenntnisse in der Hauswirtschaft und war in Geldangelegenheiten so unerfahren, daß es darüber zwischen ihr und den Töchtern, wie sich noch zeigen wird, zu schweren Auseinandersetzungen kam.

Der Name des Geschlechts derer von Günderrode deutet auf die Herkunft aus Thüringen hin, möglicherweise aus dem Dorf Günterode im Eichsfeld. Tilemann Günterrode, Stammvater der hessischen Linie, erhielt schon 1549 Burg und Hofgut Schotten als Lehen, seither zählte die Familie, die drei Jahrhunderte hindurch Ratsherren und Bürgermeister, Diplomaten, Offiziere und Gelehrte hervorbrachte, zum hessischen Adel. Die urkundlich belegte Schreibweise des Namens ist *Günderrode*.[6]

Das junge Paar zog nach der Hochzeit in die Residenzstadt Karlsruhe, wo Louise von Günderrode Jahr für Jahr ein Kind zur Welt brachte:

1780 *Karoline* Friederike Louise Maximiliane
1781 *Louise* Henriette Wilhelmine
1782 *Wilhelmine* Louise Auguste Justine
1783 *Charlotte* Friederike Christiane Wilhelmine
1784 *Amalie* Karoline Louise Henriette
1786 Friedrich Karl *Hektor* Wilhelm von Günderrode

Als der einzige Sohn zur Welt kam, lebte der Vater schon nicht mehr. Er war einer fiebrigen Erkrankung erlegen, erst dreißig Jahre alt. Hektor von Günderrode, Sohn des Juristen Johann Maximilian von Günderrode, hatte früh Karriere gemacht und die Stelle eines Regierungsassessors, schließlich Regierungsrats beim Markgrafen von Baden bekleidet. Außerdem war er als Verfasser historischer Biographien und »Idyllen« hervorgetreten, die zu Hause vorgelesen wurden. Das Porträt des eleganten Kammerherrn blieb bis heute im Privatbesitz seiner Nachkommen erhalten. Karoline muß mit Verehrung am Vater gehangen haben. Entsetzlich der Tag, an dem die hölzerne Lade mit seiner Leiche aus dem Haus gebracht wurde, ein Vorgang, der auf das sechsjährige Kind traumatisch gewirkt haben muß: es hatte den Tod gesehen.

Das hochbegabte Mädchen hatte sich gewiß zu diesem klugen, überlegenen Vater besonders hingezogen gefühlt. Sein früher Tod bedeutete einen radikalen Einschnitt in Karolines Leben, eine Trennung, die sie nie verwand. Es blieb die Sehnsucht, ihn wiederzusehen – vielleicht auch eine Ursache ihres immer wieder aufsteigenden Todeswunsches. Von der Mutter, die Jahr für Jahr schwanger war und sich um das jeweils jüngste Kind kümmern mußte, konnte sie die nötige Zuwendung nicht erwarten. Für die fünf heranwachsenden Töchter war wechselndes Hauspersonal zuständig.

Nach des Vaters Tod fehlte das bisherige Einkommen; von Sorgen war die Rede, das Kind wird die soziale Veränderung gespürt haben. Die Witwe erhielt als Pension 300 Gulden im Monat, was immerhin dem Jahresgehalt eines Kammerherrn entsprach, doch mit sechs Kindern nicht gerade glänzend war. Sie verließ Karlsruhe und zog in die Residenzstadt

Hanau, wo sie bei der Prinzessin Auguste von Hessen-Kassel, einer Schwester des Königs von Preußen, eine Stelle als Gesellschafterin zu erlangen hoffte, zumal sie sich nicht nur als Vorleserin, sondern auch selbst literarisch betätigte, Gedichte und Erzählungen schrieb. Es hieß, die poetische Begabung beider Eltern habe sich auf ihre Tochter Karoline vererbt, *ein hochbegabtes und liebenswürdiges, schönes Mädchen von weichem, träumerischem Wesen, aber tiefinnerlichem, reizbarem Gefühlsleben* ...[7]

Karoline: die Älteste, die Ernste, die Zuverlässige. Die Mutter, die als Gesellschaftsdame viel Zeit bei Hofe verbringen mußte, war häufig abwesend. Bei ihr fand Karoline auch nie die Geborgenheit und den Zuspruch, den sie nötig gehabt hätte. Daß das Verhältnis nicht von Zuneigung getragen, sondern im Gegenteil von früh an gestört war, geht aus einem unveröffentlichten Brief hervor, worin die Mutter ihre Tochter »in recht kühlen und distanzierten Wendungen zu Wohlverhalten« auffordert, auch daraus, daß sie sie unverhältnismäßig jung in ein Stift gab.[8] Karolines Beziehung zu ihrer Mutter verschlechterte sich im Lauf der Jahre erheblich, so daß der Kontakt – wie sich zeigen wird – schließlich völlig abbrach.

Die Kinderkrankheiten – dazu zählten damals Masern, Typhus und der Scharlach, an dem Clemens Brentano zwei kleine Kinder verlor – hat Karoline wohl recht und schlecht überlebt. Kindersterben war an der Tagesordnung. Fünf Schwestern der Mutter waren als Säuglinge gestorben. In einem Brief der Schwester Wilhelmine ist von drei Nachbarskindern die Rede, die alle am gleichen Tag an der noch unerprobten Pockenimpfung starben. Daß auch Karoline schwere Krankheiten durchmachte, bezeugen ihre lebenslangen Beschwerden, die vielen Kopfschmerzen, der Druck auf der Brust, die schwachen Augen, die durchsichtige Blässe und Zartheit.

Die Residenzstadt Hanau als neuer Wohnort der Familie lag auch deshalb günstig, weil im nahen Butzbach die Eltern der Mutter lebten: der Jurist Christian Maximilian von Günderrode (1730-1813) und seine energische Ehefrau Louise Dorothea Agathe, geborene von Drachstedt (1736-1799). Bei ihnen war die älteste Enkelin häufig zu Gast, und es stammen die ersten erhaltenen Briefe von den Butzbacher Großeltern, Briefe, die in einer spätbarocken, geradezu abenteuerlichen Schreibweise die Enkelin ermahnen und ihr frisch gestrickte, leider zu große Strümpfe ankündigen. Ein Schreiben stammt aus dem Jahr 1794, als die dreizehnjährige Louise qualvoll gestorben war. Man hatte die vierzehnjährige Karoline, wohl um sie abzulenken, nach Butzbach geschickt, das erklärt ihre Zuneigung zu den Großeltern, besonders zum Großvater, bei dem sie später wochenlang ausharrte, um ihm die Einsamkeit zu erleichtern. Insgesamt blieben elf Briefe der Großeltern an Karoline erhalten.[9]

Großmutter Louise sandte gutgemeinte Ratschläge an ihre *Lina* und mahnte an, was Großmütter in berechtigter Sorge um das sittliche Wohl ihrer Enkelinnen schon immer anmahnten. *Daß nächtliche laufen bringt Keine Ehre, weil sich alsdann hier und da Etwas anfedelt, wo durch ich nichts gewönne. Nein, vielmehr meine Ehre, Wo doch ein Megden, und Jeder Vernünftige alles aufsetzen mus ins Spiel setzen. Ach Gott regiere dich mit dem heiligen Geist, werde und Sey eine recht Schaftene Christin, so würst du dich auch bestreben eine Tugendhafte Person Zusein, und daß gehet über alles. Hast du noch Liebe vor mich, so verwürf meine Ermahnung nicht und denke daran, wenn ich schon lang Erkald bin, Gott segne dich.*[10]

Es war den Großeltern also zu Ohren gekommen, daß

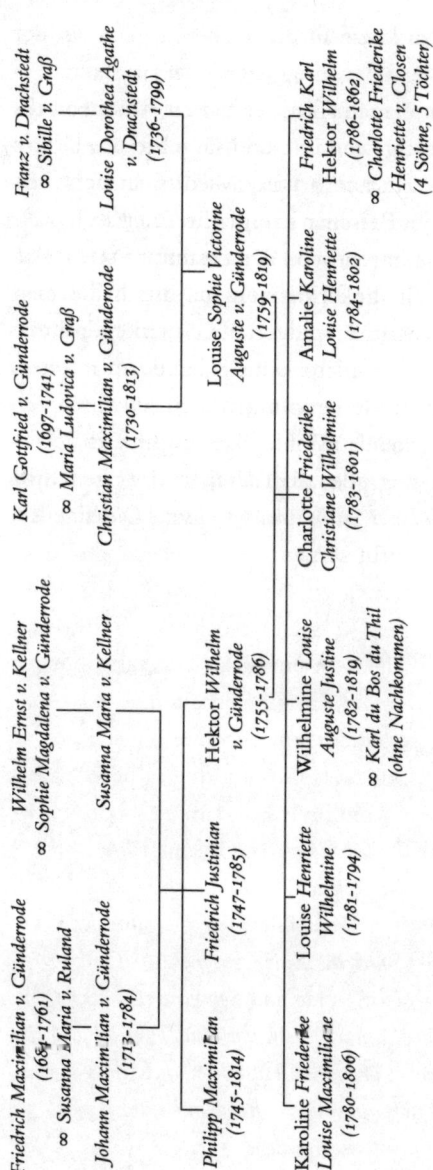

STAMMBAUM VON KAROLINE V. GÜNDERRODE

Daten vorwiegend nach Karl Schwartz: Günderrode (Familie). In: Allgemeine Encyklopädie der Wissenschafter und Künste (...) herausgegeben von J. S. Ersch und J. G. Gruber. Erste Section. Siebenundneunzigster Theil. Leipzig 1878. S. 114–133.

die Enkelin nachts zu lange aufblieb, abends noch auf der Straße gesehen wurde und womöglich im Begriff stand, sich mit einem nicht standesgemäßen Freund zu versehen – es sollte sich nämlich nichts *anfedeln*, und sie sollte um Gottes willen »das nächtliche Laufen« unterlassen, sich nicht herumtreiben, sondern ihr Betragen so einrichten, *daß du uns alle Ehre machst*. Der großmütterliche Brief stammt vom 1. August 1797 und enthält die Ermahnungen, durch die man bei Töchtern lebenslange Schuldgefühle bewirken konnte: der Familie »um Gottes willen« keine Schande zu machen. Frühe Restriktionen, frühe Drohungen, sich *sittsam* zu verhalten und die erwachende Weiblichkeit zu unterdrücken. Darum sei es sehr zu begrüßen, daß *das liebe Medgen* im Stift lerne, was *schicklich oder nicht schicklich* sei. *Die Fräulein Pröbstin* werde schon dafür sorgen.

III. *Eine Stiftsdame von siebzehn Jahren. 1797*

Es kam zu dem einschneidendsten Ereignis im Leben der heranwachsenden Karoline seit des Vaters Tod: sie verließ das Elternhaus. Allerdings ging sie weder als Erzieherin in eine andere Familie noch, wie andere ihres Alters, in die Ehe. Sie wurde ins Stift gegeben. Dabei wirkt das drängende Bittgesuch der Mutter merkwürdig: die Tochter war erst siebzehn Jahre alt.

Es werden finanzielle Gründe gewesen sein, die die Mutter bewogen, ihre Älteste aus dem Haus zu geben. Sie lag ihr auf der Tasche, das Leben war teuer, und Frau von Günderrode konnte nicht mit Geld umgehen. Das Mutter-Tochter-Verhältnis ließ überdies zu wünschen übrig; die Mutter kam mit Karolines Wesen, ihren »unglücklichen Anlagen«, nicht zurecht.[11] Auch war das Mädchen viel krank, die Rede ist von *gichtigem Kopfweh, von Entnervung und Mutlosigkeit*, es heißt: *Ich bin nicht krank, aber doch kränklich.* Und immer wieder sind es die Augen: *Augen, die vom Arbeiten müde sind,* oder: *Meine Augen sind mir so schwach.*[12] Sie suchte Linderung durch gedämpftes Licht, durch grünes Schreibpapier. Manchen Brief hat sie den Schwestern diktiert.

Am 24. Mai 1797 wurde Karoline von Günderrode in das Cronstett-Hynspergische Damenstift, gelegen in einem Seitengebäude des alten Kranichhofs am Roßmarkt zu Frankfurt am Main, aufgenommen. Es war gerade ein Platz durch den Tod einer älteren Günderrode frei geworden. Die Mutter befahl, sie gehorchte. Gleichzeitig mit ihr wurde die sechs Jahre ältere, häßliche, aber gutmütige Anna Philippine von Fichard nachmittags um vier Uhr in der Conventstube

Das Cronstett-Hynspergische Damenstift im Kranichhof,
gesehen von der Gartenseite im Jahre 1864.

des Stifts unter Umhängung des Stiftsordens feierlich eingeführt.

Justina von Cronstetten, die Gründerin des Stifts, war mit den Günderrodes entfernt verwandt. Ihre Eltern, der Ratsherr und Frankfurter Bürgermeister Adolph Steffan v. Cronstetten und seine Ehefrau Maria Catharina von Hynsperg hatten fünf Kinder, von denen nur Justina überlebte. Mit zwanzig Jahren wurde sie in eine dramatische Liebesaffaire verwickelt. Hauptmann Andreas von Crass hatte vergeblich um Justina geworben und schließlich eine Entführung geplant. Er zerrte sie vor der Kirche in eine bereitgestellte Kutsche, aus der sie in letzter Minute von Passanten befreit wurde. Unklar blieb, ob nicht Justina selbst an der Entführung beteiligt war, jedenfalls fühlte sie sich nie frei von Schuld – anders ist kaum zu erklären, daß dieses Ereignis ihr ganzes Leben bestimmte. Der Hauptmann wurde ins Heilig-Geist-Hospital gesperrt, von wo er mehrfach auszubrechen versuchte. Schließlich landete er im Irrenhaus, wo Justina ihn noch vor seinem Tod in verwahrlostem Zustand angetroffen haben soll.[13] Reich, unverheiratet und kinderlos geblieben, schuf sie das Stift, das ledigen Töchtern und armen Witwen der Ganerbschaft des Hauses Alten-Limpurg, wozu auch die Günderrodes zählten, zugute kommen sollte. Es entstand die *Steffan v. Cronstett- und v. Hynspergische Adelige Evangelische Stiftung.*

Karoline von Günderrode erfüllte fast alle Bedingungen, die die Oberin – eine Bekannte der Großmutter – bei einer Neuaufnahme verlangte. Sie entstammte einer angesehenen Familie, war evangelisch, von adliger Herkunft, ledig und mittellos. Nur eine Bedingung konnte sie beim besten Willen nicht erfüllen: sie war sehr jung.

Man kann sich die Situation der Siebzehnjährigen nur schwer vorstellen, die aus der Familie gerissen und eilig nach Frankfurt gebracht wurde, ohne Rücksicht darauf, daß es für ein Mädchen dieses Alters mit ihrem gerade erwachenden Liebes- und Sexualgefühl der denkbar ungünstigste Zeitpunkt war. Das sensible, hochbegabte und viel zu ernste Kind gerade jetzt ins Stift zu stecken war im Grunde ein Verbrechen an ihrer Seele.

Die Stiftsordnung war noch von Justina von Cronstetten selber bis in Kleinigkeiten festgelegt worden: die Anzahl der Gottesdienste und Tischgebete, der Tagesablauf.[14] Beim Einzug im Stift war im Wert von 70 Gulden Leinenwäsche mitzubringen, nämlich drei Paar Laken, sechs Tischtücher, zwölf Servietten und sechs Handtücher. Alle Vierteljahre war große Wäsche, dazu wurden Waschfrauen und Büglerinnen gemietet. Zur Bedienung der zwölf Insassinnen standen drei Mägde und eine Köchin zur Verfügung. Jeden Abend pünktlich um 8 Uhr erhielt man Suppe, Ragout oder kalten Braten. Wer es vorzog, auf seinem Zimmer zu bleiben, hatte aus der Stiftsküche nichts zu erwarten.

Wurden einige der Regeln für die neue Kanonissin gelockert? Karoline konnte jedenfalls immer ihre Familie besuchen und nach Absprache verreisen. Es blieb aber dabei, daß man niemals Herrenbesuch empfangen, keine Feste geben und zu bestimmter Uhrzeit im Hause sein mußte.

Im Stift wurde sie nur noch »die Günderrode« genannt, als sei sie bereits eine alte Jungfer. Alle Insassinnen sprachen sich grundsätzlich mit ihrem Nachnamen an; es hieß: *die Glauburg, die Fichard, die Holzhausen.* So bürgerte es sich auch bei den Freunden ein, man nannte sie nur *die Günderrode.*

Die Tracht der Insassinnen war ein bodenlanges Kleid, das ihnen das Aussehen von Nonnen verlieh. Wie wirkte diese Restriktion auf das heranwachsende Mädchen, dessen Schwestern von Ballroben schwärmten? Nach einem Besuch im Stift im Jahre 1770 schrieb ein Zeitgenosse über die Damen: *Sie speisen zusammen, sind alle schwarz gekleidet, gehen aus in Gesellschaft, spielen wohl, aber dürfen nicht tanzen und in die Comedie gehen.* In der Satzung heißt es: *Die Kleidung bemeldeter Personen betreffend: so sollen sie sich, in Betracht, dass sie sich der GOttesfurcht, Ehrbarkeit und Demuth zu befleißigen haben, der schwarzen, oder wenigstens anderer* modesten *Farben bedienen, welche solche Personen weit besser zieren, als wann sie in unnöthiger Pracht, bunten Farben, oder gar in Gold= und Silberreichen Kleidern einher gehen, oder durch Entblößung, große Aufsätze im Haar oder sonst durch eine ihrem Stande unanständige Kleidung Aergerniß geben.*

Von Bettine wissen wir, daß Karoline bei einer Einladung ein farbiges Kleid trug. Achim von Arnim sah sie in einem blauen Mantel. Ihr Porträt zeigt sie in einem ärmellosen, unter der Brust gegürteten Kleid von grünlicher Farbe. Von »Entblößung« allerdings konnte nicht die Rede sein. *Sie sollen sich aller gottlosen, üppigen und anstössigen Gespräche enthalten. Auch haben sie auf das Haus und ihre besondere Zimmer wohl zu sehen, dass solche reinlich und sauber gehalten werden … Ferner soll ihnen nicht erlaubet seyn, außer ihren nächsten Anverwandten und in Nothfällen von Manns=Personen Visiten anzunehmen … sondern vielmehr beten, sich in GOttes Wort üben, ihre übrige Zeit mit häuslicher Arbeit zubringen, sich überhaupt eines eingezogenen Lebens befleißigen.* Sicher war noch nie vorgekommen, daß zwei junge Frauen im Stift philosophische Werke wälzen, Schelling lesen und eine eigene Religion gründen würden, auch nicht, daß in den ehrwürdigen

Räumen Reise- und Fluchtpläne geschmiedet wurden, während die Kohle aus dem Ofen fiel und die Schokolade verbrannte.

Den Damen wurde ein Taschengeld gewährt. Karoline von Günderrode erhielt 11 Gulden monatlich. Das war nicht viel, besonders wenn man reisen wollte. Kein Wunder, daß sie an Bettine schrieb, sie lebe eingeschränkt und könne nicht so sorglos in die Zukunft planen wie die Tochter der reichen Brentanos. Karoline nahm gerne Einladungen auf die Landgüter befreundeter Familien an, doch sie war auf Unterbringung und Verpflegung bei ihren Gastgebern angewiesen. Kostenlos waren die Reisen zu den Großeltern nach Butzbach, wo sie, um sich dem ungeliebten Stiftsdasein zu entziehen, oft wochenlang blieb. *Butzbach, d. 8 Mey 98. Liebes Lingen, verzeihe dass ich Dir heude erstlich antworten kann* – Karoline hatte sich in Butzbach wohl gefühlt, der Abschied war schwergefallen, so daß die Großmutter teils tröstet, teils befiehlt: *allein es ist nun Deine Bestimmung.* Karoline möge sich im Stift gut aufführen, so *daß Dein guter Name Dir wie uns allen Ehre macht.*[15] War schon die bigotte, asexuelle und sterile Atmosphäre des Stifts eine Zumutung für ein Mädchen von gerade achtzehn Jahren, so kam der familiäre Sittlichkeitskodex mit seiner abschnürenden und schuldeinflößenden Wirkung noch hinzu.

Durch kaiserliche Gnade erhielt jede Insassin einen goldenen Orden am Bande, der bei feierlichen Anlässen »an der linken Brust« anzulegen war. An vergoldeter Krone hing ein weiß emailliertes Malteserkreuz mit einem ovalen blauen Mittelschild. Bettine erinnert sich, daß Karoline den Orden bei einem Festessen verlor und unter dem Tisch verzweifelt danach suchte. Bei Heirat oder Tod war der Orden zurückzugeben. Die Stiftschronik meldet für das Jahr 1806 kurz und lakonisch: *Stiftsdame Caroline v. Günderrode: Sie wird im Juli bei Winkel am Rhein tot gefunden.*

Post von zu Hause. *Nun wiederhole ich meine immerwährende Bitte. Schikke mir doch den Dom Carlos,* schrieb die Schwester Amalie 1799. *Liebe Line ... Du hast der Mutter von einer Perükke geschrieben, erkundige Dich doch wie viel eine kostet, kommt sie nicht zu theuer so schikke etliche Proben von braunen Haaren her, besonderst aber nach halben Perükken erkundige Dich.*[16] Karoline berichtet der Freundin Caroline von Barkhaus: *Der Umgang mit meinen Schwestern macht mir viel Freude: doch bemerke ich täglich mehr, daß ich mit Lottchen am meisten harmoniere.* (20. Dezember 1799) Charlotte war ihre knapp siebzehnjährige Schwester. Sie litt, was man noch nicht wußte, an unheilbarer Tuberkulose.

Der geliebte Vater hatte sich schriftstellernd betätigt, auch die Mutter dichtete; man muß sich die Atmosphäre im Hause Günderrode als kultiviert und musisch interessiert vorstellen. Karolines Domäne war von früh an die Sprache. Sie sagte es selbst, als sie bei der Beschreibung des Kölner Domes der Poesie vor der Architektur den Vorzug gab.

Schön ist das Innre geziert mit Erzen und Marmor und Treppchen
Und ein purpurner Tag bricht durch die farbigen Fenster
Und zum Himmel verkläret sich alles, Musik und Farben und
                                                      Formen ...
Und das Leben der Kunst, es führet die Seele zum Himmel.
Dichtkunst! Du Seele der Künste, Du die sie alle geboren,
Du beseelest das Grab, steigest zum Himmel empor.[17]

Hauslehrer der Mädchen war Schuchard, ein Pädagoge, der seiner Aufgabe gerecht wurde, wenn man ihn nach den Kenntnissen beurteilt, die die Schwestern in ihrer Korrespondenz äußern. Man staunt über ihren flüssigen Stil, ihr Wissen und ihren Humor. Schuchard war im vaterlosen Haushalt eine Art Vertrauensperson, wurde von allen respektiert und war in die materiellen Verhältnisse der Mutter eingeweiht. Zu den guten Freunden des Hauses zählte außerdem Dr. Karl Wolfahrt, wichtig in seiner Eigenschaft als Hausarzt der Familie. In Berlin wurde Wolfahrt später zum Freund von Heinrich von Kleist, Achim von Arnim und Adelbert von Chamisso, dem er Gedichte für den *Musenalmanach* lieferte.

Große Wortgewandtheit zeigt ein Brief, den Charlotte von Günderrode Ostern 1799 an die Freundin Caroline von Barkhaus richtete, um die kranke Karoline zu entschuldigen. *Meine Liebe! Da meiner erstgeborenen Schwester schöne Augensternlein ziemlich angegriffen sind, so überträgt sie es mir (denn sie weiß, daß es mir Freude macht; sie hat ein gutes Herz), eine kleine Zwiesprache durch das Sprachgitter meines Briefes mit Ihnen zu halten ...*[18] So gewandt drückt die Siebzehnjährige sich aus.

Charlotte ist auch diejenige, die sich über ein Porträt äußert, das damals von Karoline entstand, das einzige erhaltene Bildnis, das wir von ihr kennen. Vieles ist im Zweiten Weltkrieg verbrannt, auch das Familienarchiv der Günderrodes. Friedrich Creuzer besaß eine Miniatur von Karoline, die er der Ähnlichkeit wegen liebte; sie ist nicht wiederaufgetaucht. Die drei Bildnisse, die sich bis zum Krieg in der Universität Heidelberg befanden, sind verschwunden; eines blieb als Kupferstich erhalten: Karoline mit einem feinen, zarten Profil und langen, von einem Schleier bedeckten Haaren.

*Karoline von Günderrode. Nach einer Miniatur aus dem Besitz
der Universität Heidelberg (verschollen).*

Das einzige uns im Original bekannte Bildnis zeigt sie mit aufgestecktem Haar und einem eher groben Profil; es entspricht nicht Bettines Beschreibung von Karoline mit dem schmalen Gesicht, der runden Stirn und der feinen Nase. Wahrscheinlich ist es ein dilettantisches Bildnis, gemalt von einem wenig begabten Porträtisten. Charlotte jedenfalls war entsetzt, wie sehr die schöne Karoline darauf entstellt sei, fand keine Ähnlichkeit und meinte (in einem bisher unveröffentlichten Brief) ironisch: *Ich habe in Deinem Portrait wirklich den Künstler bewundert, denn ich habe nie geglaubt, daß man eine solche dicke Nase hervorbringen könnte, überhaupt etwas, das so durchaus häßlich ist.*[19]

Die Leselust der Günderrode-Schwestern war übermäßig, und es brannte ihnen auf den Nägeln, literarische Neuigkeiten sofort mitzuteilen. Sie lasen die zeitgenössischen Schriftsteller wie Klopstock und Kosegarten, Jacobis *Woldemar, Luise* von Voß und Tiecks *Genoveva* und selbstverständlich alles, was sie von Goethe und Schiller, den Karoline verehrte, bekommen konnten. Kaum lag ein neues Werk von Schiller gedruckt vor, wurde es heftig diskutiert, ja es kam vor, daß man sich zankte, wer es zuerst lesen dürfe. Überlegungen werden angestellt, wie man ohne Geld in den Besitz begehrter Romane gelangen könnte. Karoline scheint sich als erste den neuen, »romantischen« Schriftstellern zugewandt zu haben wie Friedrich Schlegel und Novalis, wußte sich auch ohne Geld die Romane von Jean Paul zu verschaffen und ruhte nicht, bis man ihr Hölderlins *Hyperion* aushändigte.

Im März 1799 war Schillers *Wallenstein* erschienen. Die Nachricht muß ihre Schwester Charlotte geradezu elektrisiert haben. *Eine erfreuliche Nachricht kann ich Dir doch geben: nemlich Wallenstein so wie auch Titan von J. P.* [Jean Paul] *sind im Druck erschienen.*[20] Bücher sind teuer. Ob Karoline sie aus Frankfurt mitbringen könne. Amalie, die Jüngste, klagt in einem unveröffentlichten Briefchen, sie habe Schillers *Geisterseher* zwar erhalten, doch nur gekürzt, sie verlange von Karoline eine andere Ausgabe, wenn es sein muß auf schlechterem Papier, *wenn nur die Worte dieselben sind.*[21]

Der schwesterliche Wunsch, geäußert Mitte Juni 1799, erreichte Karoline nicht mehr. Sie hatte eine Einladung von Caroline von Barkhaus-Leonhardi erhalten, die Sommerwochen auf ihrem Landgut im Odenwald zu verbringen, hatte ihre Kleider und Bücher eingepackt, die nötige Erlaubnis bei den Administratoren eingeholt und war abgereist.

IV. *Der Freund Friedrich von Savigny. 1799*

Ein anderer fremder Gast war außer Karoline auf dem schönen Landgut eingetroffen, ein Student, dessen Namen sie noch nie gehört hatte und den sie in Zukunft grundsätzlich falsch schrieb: Friedrich Carl von Savigny. Obwohl erst zwanzig Jahre alt, hatte er sein Jurastudium mit Erfolg abgeschlossen und war, wie Karoline erfuhr, nach Lengfeld gekommen, um sich von den Prüfungsstrapazen zu erholen. Seine Freunde nannten ihn scherzhaft eine »Studiermaschine«, da er immer arbeite. Er wirkte verschlossen und unzugänglich, besitze aber, wie die Gastgeberin betonte, »ein fühlendes Herz«, und seine Großzügigkeit sei schier unglaublich, denn er unterstütze mittellose Freunde und ermögliche ihnen ihre akademische Laufbahn. Ein »wahres Wunderwerk« nannte ihn Clemens Brentano.[22]

Als die neunzehnjährige Karoline von Günderrode Savigny kennenlernte, galt er unter seinen Kommilitonen, ja sogar bei den Professoren bereits als der herausragende Wissenschaftler, als der er sich später erweisen würde. In der Tat wurde er der bedeutendste Rechtgelehrte seiner Zeit, Universitätsprofessor, Geheimer Justizrat, schließlich preußischer Justizminister.

Über sein Aussehen schrieb Bettine Brentano: *Sie haben große blaulichte Augen und einen sehr frommen Mund, übrigens haben Sie einen sehr wunderbaren Kopf, und um diesen sind Sie größer als viele andre und um 3 größer als ich.* (Sommer 1800) Auf Karoline von Günderrode wirkten Savignys *blaulichte Augen* »zauberisch«, sein »wunderbarer Kopf« mit dem halblangen glatten Haar beeindruckte sie, und der Größe nach paßten sie wunderbar zusammen – auch sie war überdurch-

Friedrich Carl von Savigny als Professor im Alter von dreißig Jahren.
Zeichnung von Ludwig Grimm, Landshut 1809.

schnittlich groß und schlank. Freunde wie Joseph Görres schwärmten von Savignys *olympischer Ruhe* und seiner *klassischen Klarheit* – kein Wunder, daß Karoline sich angezogen fühlte. Über seinem Wesen lag eine unergründliche Melancholie, die mit seiner traurigen Jugend begründet wurde. Aber auch das gefiel ihr. Gerade zu ihr paßte es. Nach dem Ferienaufenthalt schrieb sie an die Gastgeberin: *schon beim ersten Anblick machte S.* [Savigny] *einen tiefen Eindruck auf mich, ich suchte es mir zu verbergen und überredete mich, es sei bloß Teilnahme an dem sanften Schmerz, den sein ganzes Wesen ausdrückt* ... (4. Juli 1799)

Im Leben der beiden jungen Leute, die sich in diesem Sommer 1799 zum ersten Mal sahen, gab es viele Gemeinsamkeiten. Beide hatten früh den Vater verloren, Karoline mit sechs, Savigny mit zehn Jahren. Beide Väter waren Juristen gewesen. Karoline erklärte, ihr Vater habe sich nie geschont und durch das übergroße Arbeitspensum seine Gesundheit ruiniert, darum sei er, wie die Mutter sagte, so früh durch »Anfälle von Blutspeien« gestorben.[23] Sie sagte es warnend, denn auch Savigny schlug die Ermahnungen seiner Kommilitonen in den Wind und arbeitete so besessen, daß es Anfang des Jahres zu einem Blutsturz gekommen war.

Savigny berichtete von seinen Eltern, die in ihrem Leben ein nahezu beispielloses Unglück erfuhren. Dabei hatte ihre Ehe glückverheißend begonnen. Nachdem Savignys Vater das Landgut Trages – das Karoline noch kennenlernen würde – sowie zwei weitere Güter nebst einem großen Kapital von einem kinderlosen Onkel erbte, nahm er die junge Tochter eines wohlhabenden Freundes zur Frau und bekam zwölf Kinder mit ihr. Doch weder der verdoppelte Reichtum noch die glückliche Ehe konnten Savignys Eltern vor ihrem unseligen Schicksal bewahren. Sie verloren neun Kinder in den ersten Lebensjahren, dann starben auch der dreizehnjährige Ernst und die zwölfjährige Christine. Savignys Vater überlebte diese Schicksalsschläge nicht. Die Mutter siedelte mit ihrem einzigen übriggebliebenen Sohn nach Hanau über. Auch Karolines Mutter war nach dem Tod ihres Mannes nach Hanau gezogen; möglicherweise sind sich beide Frauen in der kleinen Residenzstadt begegnet.

Ein Jahr später starb auch Savignys Mutter. Ein Freund des Vaters nahm den zwölfjährigen Jungen, der nun zum Alleinerben des riesigen elterlichen Vermögens geworden war, in sein Haus in Wetzlar auf und ließ ihn mit dem eigenen Sohn erziehen. Mit sechzehn Jahren bezog Savigny die Universität Marburg und studierte Jura bei Professor Weiss, in dessen Haus unterhalb der steilen Schloßbefestigung später auch Bettine Brentano wohnen würde; sie hat ihrer Freundin Karoline von dort berichtet, was für Turbulenzen sich im Hause Weiss abspielten. In Marburg besuchte er die Vorlesungen des Privatdozenten für alte Geschichte, Friedrich Creuzer, und freundete sich mit ihm an. Der neun Jahre Ältere ersetzte ihm gleichsam den fehlenden Bruder. Aus den 145 Briefen, die Friedrich von Savigny an Friedrich Creuzer und dessen Vetter Leonhard schrieb, ist abzulesen, wie sehr der verwaiste Junge jeden beneidete, der das Glück hatte, unter Geschwistern aufzuwachsen. Er hatte ein heiteres Familienleben nie gekannt, auch darum war er von dem ein Jahr älteren Fritz von Leonhardi ins Sommerhaus eingeladen worden: Savigny sollte unter Menschen kommen. Das gleiche mag auch Leonhardis Schwester Caroline von Barkhaus gedacht haben: das arme Stiftsfräulein sollte Freunde finden.

Bei den Ausflügen in den Odenwald wurde man näher

bekannt. Clemens Brentano sagte, Savigny sei wie eine Schnecke, er liebe die Menschen nur durch seine Fühlhörner hindurch – auch das waren ihr verwandte Züge. Der Aufenthalt im Lengfelder Kreis wirkte auf Savigny befreiend und beglückend; gelegentlich entfaltete der strenge Jurist sogar einige Keime von Humor.

Man unterhielt sich ausgezeichnet. »Das Günderrödchen« aus Frankfurt, der Stadt, in der Savigny selber geboren und aufgewachsen war, trug zu seiner Aufgeschlossenheit entschieden bei. Lieblich war sie mit ihren langen Locken, die ihr über die Schultern fielen, wenn sie nicht mit einem Schildpattkamm im Nacken aufgesteckt wurden. Man erfährt solche Details von Bettine, bei der Kamm und Handarbeitsbeutel einmal liegenblieben. Karoline mit der schlanken Gestalt, dem *sanften Blick* unter schwarzen Augenbrauen, die sie, obwohl man sie nicht für eitel hielt, mit »berußtem Kork« noch schwärzer malte, gefiel ihm. Er betrachtete ihr Profil, das zart war wie das einer griechischen Gemme. Ihre Klugheit und Nachdenklichkeit machten entschieden Eindruck auf ihn.

Sie standen am Fenster des Gartenhauses. Im Dunst der Ferne sah man die Konturen der Berge, ahnte man den Rhein. Wie zufällig berührten sich ihre Hände. Der Funke sprang über. Ihm sei seltsam zumute gewesen, sagte Savigny später.

Durch Schaden wird man klug, Erfahrung ist die beste Lehrmeisterin, und ein gebranntes Kind scheut das Feuer, schrieb er bedeutungsvoll am 14. Dezember 1803, *man spricht viel von den Leiden des jungen Werther, aber andere Leute haben auch ihre Leiden gehabt, sie sind nur nicht gedruckt worden.*

Manchmal kam es zu heiter amourösen Verwicklungen. Da war eine kleine goldene Uhr im Spiel, die er ihr, wie es

Zeichnungen Karoline von Günderrodes zu ihrem Dramolett:
Geschichte der schönen Göttin und edlen Nympfe Kallipso, 1797.

scheint, geschenkt hatte und die sie um den Hals trug. Ein dünner Musselinstoff gab Anlaß zu spielerischer Verkettung, eine Bergbesteigung zu Gelächter und langen Gesprächen. Höhepunkt des Aufenthalts war der Tag, an dem Brüderschaft getrunken wurde.

Je näher sie sich kamen, desto mehr erkannte er in ihr die Frau, die für seinen wissenschaftlichen Ehrgeiz Verständnis zeigte und sein eigenbrötlerisches Wesen akzeptierte. Denn auch Karoline ließ durchblicken, daß sie ihrem Bildungsfleiß mit Feuereifer nachkam. Die Neunzehnjährige hatte nicht, wie andere Mädchen, ein Tagebuch oder Poesiealbum angelegt, sondern ein veritables »Studienheft«, in das sie ihre naturwissenschaftlichen und philologischen Notizen eintrug. Die ersten Studien, die sich erhalten haben, stammen aus dem Jahr 1799, in dem sie Savigny kennenlernte. Sie zeigen das eigenständige Erarbeiten auch der abgelegensten Themen. Ihre Aufzeichnungen aus der dreibändigen *Physiognomik* von Lavater und ihre dazu angelegten Zeichnungen sind frappant. Sie schrieb auf, welche Autoren sie las: Freudentheil und Seckendorf, Knebel und Heinrich Steffens, die philosophischen Werke von Herder, Fichte und Kant. Sie notierte sich Verse von Hölderlin und Novalis, von diesem besonders, sie liebte Novalis und verfaßte ihm gewidmete Gedichte.

> *Novalis, deinen heilgen Seherblicken*
> *Sind aufgeschlossen aller Welten Räume,*
> *Dir offenbart sich weihend das Geheime,*
> *Du schaust es in prophetischem Entzücken.*[24]

Sie übte sich auch in der Metrik. *Der Hexameter hat gewöhnlich seine Cessur im dritten Takt, gut ist es wenn diese Cessur ab-*

wechselnd bald nach einem männlichen und bald nach einem weiblichen Wort erfolgt.[25] Vorübungen einer Dichterin.

Karoline erzählte, daß sie sich im Stift am liebsten in die Arbeit rette, was bei ihr hieß: in die Dichtung. Ihre Begabung war bereits bekannt. *Liebling der Musen* nannten sie die Schwestern. Als Achtzehnjährige hatte sie eine Parodie auf Homers *Odyssee* verfertigt mit dem Titel: *Geschichte der schönen Göttin und edlen Nympfe Kalipso, und Telemach des Prinzen von Ithaka – In der Manier des alten heidnischen Dichters und blinden Mannes Homeros,* hatte es zu Hause vorgelesen und dazu ein kleines Drama in Knittelreimen verfaßt: *Der Kanonenschlag oder Das Gastmahl des Tantalus.* Der im Olymp gelangweilte Gott Jupiter – von ihr *Jupi* genannt – spielt darin die Hauptrolle. Wie vergnügt Karoline beim Schreiben war, zeigt der Untertitel: *Zur Warnung und Exempel für thörigter Menschen ungezogne und höchst unkluge Nekkereien, daraus sie eine anständige* Conduite *erlernen können und sollen.* Das Stück war also für die ungezogenen Geschwister gedacht.

In Lengfeld war auch von Politik die Rede. Die Gespräche drehten sich um den siegreichen Korsen und ersten Konsul Napoleon Bonaparte. Schon damals entpuppte sich Savigny als entschiedener Gegner der Französischen Revolution und der in ihrem Namen begangenen Verbrechen. Er war und blieb ein erzkonservativer Monarchist. Nicht so Karoline, die in Napoleon den Erneuerer der Menschheit sah und ihren Standpunkt energisch verteidigte. Savigny warf ihr heftig ihre *republikanische Gesinnung* vor, unbeirrt hielt sie an ihrer Utopie fest. Im gleichen Jahr noch verfaßte sie ihr Gedicht *Buonaparte,* in dem sich beide Standpunkte wiederfinden, Freiheit und Begeisterung, aber auch die Kehrseite, »blutige Tränen« und eine »leidende Menschheit«.

Endlich fliehet die Nacht! und herrlicher Morgen
Golden entsteigst du dem bläulichen Bette der Tiefe
Und erleuchtest das dunkle Land …
Die Flamme, sie kehret mit hochaufloderndem Glanz hin.
Alte Bande der Knechtschaft löset die Freiheit,
Der Begeisterung Funke erweckt die Söhne Ägyptens.—
Wer bewirkt die Erscheinung? Wer ruft der Vorwelt
Tage zurück? Wer reißet Hüll' und Ketten vom Bilde
Jener Isis, die der Vergangenheit Rätsel
Dasteht, ein Denkmal vergessener Weisheit der Urwelt?
Bonaparte ist's, Italiens Erobrer,
Frankreichs Liebling, die Säule der würdigeren Freiheit
Rufet er der Vorzeit Begeisterung zurücke
Zeiget dem erschlafften Jahrhunderte römische Kraft.—

Möge dem Helden das Werk gelingen Völker
Zu beglücken, möge der schöne Morgen der Freiheit
Sich entwinden der Dämmerung finstrem Schoße.
Möge der späte Enkel sich freuen der labenden
Der gereiften Frucht, die mit Todesgefahren
In dem schrecklichen Kampf mit finsterem Wahn, der Menge
Irrtum, der Großen Härte, des Volks Verblendung
Blutige Tränen vergießend die leidende Menschheit
Zitternd in dieses Jahrhunderts Laufe gepflanzt.

(7. Dezember 1799)[26]

Auf Gut Lengfeld lasen Savigny und Karoline gemeinsam
Goethes *Clavigo*, lasen *Hermann und Dorothea*. Savigny war
alles andere als taub und auch keineswegs blind gegenüber

der neuen Freundin, die trotz aller Schüchternheit ein unmißverständlich erotisches Flair entwickelte. Karoline empfand mit aller Stärke Savignys liebenswürdiges Wesen; seine *zauberische Gegenwart* übte eine magische Wirkung auf sie aus.

An einem dieser Abende kam es zum Kuß. Die Berührung muß für die Neunzehnjährige eine Sehnsuchtserfüllung gewesen sein, die Erfüllung eines Traums. Karoline war glücklich, sie hatte den Kuß erwidert, er hatte ihr *Leben* bedeutet. In ihrem Wunsch nach dem seltenen Glück gegenseitigen Verstehens scheint sie sehr weit gegangen zu sein. Jedenfalls bekannte sie ihrer Freundin Caroline von Barkhaus unmittelbar nach der Rückkehr am 4. Juli 1799: *Zürnen möchte ich mir selbst, daß ich mein Herz so schnell einem Manne hingab, dem ich wahrscheinlich ganz gleichgültig bin.* Sie wußte sehr wohl, daß sie Savigny nicht »gleichgültig« war. Gegen ihre sonstige Zurückhaltung hatte sie ihn spüren lassen, wie sehr er ihr gefiel. War das falsch, fragte sie, war sie zu vertraulich geworden? Schließlich war er nicht nur der angesehene Nachkomme einer alten adligen Familie, er war auch der Besitzer eines riesigen Vermögens. Dagegen hatte ihre eigene unbefriedigende Situation sie unsicher erscheinen lassen. Wäre sie selbstbewußter gewesen und freier, schrieb ihr Savigny später, würde manches anders verlaufen sein.

Mit welchen Augen hatte Savigny sie, das arme »Stiftsfräulein«, betrachtet? Zwar genoß man im Kranichhof immerhin die Vergünstigung einer eigenen Wohnung, während Töchter gewöhnlich mit Hauswirtschaft und Handarbeit im Elternhaus auf eine standesgemäße Partie warten mußten. Auch Stiftsdamen durften heiraten, doch stand für sie eine »gute Partie« nur selten in Aussicht. Es war keine einfache Situation für Karoline, in der Umgebung frommer älterer Damen zu leben. Wie sollte sie unter diesen Umständen frei und offen wirken? Sie fürchte sich vor der Rückkehr ins Stift, schrieb sie einer Freundin, die sich wohl vorstellen könne, wie *unangenehm* es dort besonders für sie sei. Daß sie sich in dem alten Kasten unwohl fühlte, besagt auch ein Brief vom 18. Juli 1799 an Frau von Barkhaus. *Da sitze ich wieder in meiner einsamen Zelle, und die vergangnen schönen Tage scheinen mir ein Traum.*

Ein ungutes Gefühl hatte sie allerdings auch in Lengfeld schon beschlichen. Zwar hatte der Anblick des Rheins sie begeistert: *Gestern waren wir auf dem Ozberg, welche Aussicht! ... in der Ferne glänzt der Rhein wie ein breiter Silberfaden, einige Thurmspizen in ungewissem Nebel verrathen Mainz ...* Doch, so klagte sie ihrer Schwester Charlotte, wenn sie die fernen Berge und Täler sehe, *dann wird es mir so sehnsüchtig ums Herz, und ich scheine mir arm.* Der Anblick des Rheins, der Freund in der Nähe, und sie selber fühlte sich arm?

Bevor sich der Aufenthalt in Lengfeld dem Ende näherte, hatten Karoline von Günderrode und Friedrich von Savigny auf dem Balkon des Gartenhauses gestanden und in die Blütenpracht hinabgesehen. Keiner sprach ein Wort. Karoline war innerlich sehr erregt. Savigny, der sie verstohlen ansah, würde wissen, wie es um sie stand. Sie lehnte an seiner Seite, wartete auf den einzig möglichen Satz, der nun kommen mußte. Sie war bereit. Sie wollte ihr Leben mit ihm teilen.

Vor einigen Jahren stand ich mit einem gewissen jungen Menschen in dem Leonhardischen Garten auf dem Balkon, wir waren allein, und ich hätte gerne mit ihm gesprochen aber eine gewisse Beklemmung vielleicht gar Herzklopfen hielt mich zurük, der junge Mensch war auch eine Weile still, endlich mogte er wohl

42

das lange Schweigen für unschiklich halten, er fragte mich: ›Wie geht es Ihrem Bruder? Ist er noch in Hanau?‹ – Diese Frage machte mir einen äuserst unangenehmen Eindruck, ich hatte allerlei Empfindungen dabei die ich nicht leiden kann. Sagen Sie selber hätte der junge Mensch nicht etwas viel ordentlicheres fragen können? Seither sei sie ihm, so schloß der Brief, immer *ein wenig böse gewesen.* Er hatte im entscheidenden Augenblick den entscheidenden Satz nicht gesprochen.

Der letzte Morgen in Lengfeld. Die Kutsche war vorgefahren, Karoline stieg ein, Savigny eilte herzu. Beide waren sehr verlegen. Man würde sich trennen. Für wie lange? Savigny half Karoline beim Einsteigen. Insgeheim erhoffte er sich *eine besondere Belohnung* für seinen Dienst, nämlich einen Abschiedskuß – doch der wurde ihm verweigert. Verwirrt und nervös zog Karoline den Kutschenschlag zu. Savignys Hand, die er ihr hatte reichen wollen, klemmte dazwischen, es tat weh. Ihm sei, als habe er sich verbrannt, und noch sei die Hand nicht geheilt. Das war seine Art der diskreten Umschreibung. Savigny hatte sich verbrannt. Er liebte. Entstanden sei ein wiederkehrender *periodischer Schmerz*, behauptete er später, den er jedesmal neu spüre, wenn er an sie denke.

Kaum im Stift zurück, vertraute sich Karoline jener Freundin an, die ihr den Besuch in Lengfeld ermöglicht hatte. Es war die drei Jahre ältere Caroline von Barkhaus, die einzige, an die sie sich wenden konnte. Sie fragte nach Savigny. Ihre wahren Gefühle zu bekennen war ihr peinlich. Selbst als die Freundin ihr persönlich gegenübersaß, hatte sie Scheu, sich zu verraten. Da wußte sie noch nicht, daß sie längst durchschaut wurde. Endlich aber bekannte sie, was in ihr vorging. *Ich bitte verbrennen sie diesen Brief,* kritzelte sie darunter. Doch Frau von Barkhaus hat alle Mitteilungen Karolines aus dem Jahre 1799, von denen allein zehn Briefe von Savigny handeln, aufbewahrt.

Ungern verließ ich Sie gestern und im heftigen Kampfe mit mir selbst, ob ich Ihnen die Lage meines Herzens entdecken sollte oder nicht, ich sehnte mich nach dem Trost, mein Herz in das Ihrige ausschütten zu können ... Schon beim ersten Anblick machte Savigny einen tiefen Eindruck auf mich, ich suchte es mir zu verbergen, aber bald sehr bald belehrte mich die zunehmende Stärke meines Gefühls, daß es Leidenschaft sei was ich fühlte. Ständig habe sie gehofft, ihm irgendwo zu begegnen, sei sogar nach Wilhelmsbad gefahren, weil sie gehört hatte, er käme auch dorthin, *ich wußte mich vor Freude kaum zu fassen, als Sie mir in Ihrem letzten Brief schrieben, S. käme mit nach Wilhelmsbad.* Sie habe sich gegen ihren Willen verliebt. (4. Juli 1799)

Frau von Barkhaus zeigte Verständnis. *Ihre Entdeckung befremdete mich nicht, denn schon in Lengfeld glaube ich bemerkt zu haben, dass S. [Savigny] Eindruck auf Sie gemacht hatte, und am Donnerstag wurde es mir Gewißheit ...* Offenbar hatte sie den Kuß, von dem Karoline glaubte, daß niemand ihn bemerkte, beobachtet. Mit dreiundzwanzig Jahren längst eine verheiratete Frau, konnte sie die Zuneigung der beiden Einzelgänger mitempfinden, hatte sie vielleicht gerade deshalb zusammen eingeladen.

Dennoch fühlte sie sich zur Warnung verpflichtet. Savigny sei ein sehr reicher und eigenartiger Mann, bemerkte sie, *und wer sich einstens das Weib dieses Mannes nennen kann, hat gewiß ein beneidenswertes Los.* Da er bisher einsam gelebt und mit Frauen keine Erfahrungen gesammelt habe, sei er äußerst weltfremd. Es schwebe ihm ein *weibliches Ideal* vor, *das er schwerlich in dieser Welt wird realisiert finden* ... Sie hatte nicht unrecht, der Sonderling schien Frauen nur aus Romanen zu kennen ... *über seine künftige Bestimmung ist er noch völlig unentschieden.* Das sei vorläufig alles, sagte die erfahrene Freundin, *»wenn wir aber wieder beysammen sind, dann mehr davon«.* (6. Juli 1799)

Sehr lieb war es mir, meine Liebe, daß Sie meinen Brief so bald und so theilnehmend beantworteten, und gerne möchte ich noch recht viel mit Ihnen darüber sprechen. In Wirklichkeit war Karoline verwirrt und verstört. Die Nachrichten klangen nicht gerade ermutigend. *Ich fühle es nur zu sehr, wie weit ich von dem Ideal entfernt bin, das sich ein S. [Savigny] erträumen kann, als daß ich hoffen dürfte* ...

Bei dieser Gelegenheit ließ Karoline durchblicken, daß sie schon einmal in eine Affaire verstrickt war. *Kaum glaubte ich mich aus den Stürmen der Leidenschaft gerettet, glaube ich mich sicher, und ich sehe mich wieder verstrickt, ich liebe, wünsche, glaube, hoffe wieder, vielleicht stärker als iemals* ... Auch damals hatten die Hoffnungen sich zerschlagen. Vielleicht war es jener Freund namens Langer, dessen Liebesbriefe man nach ihrem Tod im Schreibtisch fand, darunter Billets des

Inhalts: *Ach! beste Günterode wärest du mir da, ich bin gar un-glücklich . . .*[27]

Die Freundinnen trafen sich, und natürlich war Savigny der Gesprächsgegenstand. Karoline wirkte anschließend kleinlaut und bedrückt. So hochgestimmt sie vorher war, so niedergeschlagen ist sie jetzt. Die Unterredung muß ihre Illusionen zerstört haben. Zum ersten Mal tauchen selbst-quälerische Zweifel auf. Sollte sie auf Savigny verzichten? *... beinahe liebe ich ihn zu sehr, zu uneigennützig, um zu wün-schen, er möchte sein Ideal nicht finden; ich weiß selbst nicht, was im Innern meines Herzens vorgeht, mit welcher Hoffnung ich mich trotz jenem traurigen Bewußtsein hinhalte, aber doch ists so, ich kann mir es nicht verbergen, ein leiser dunkler Glaube ist noch in mir.* (10. Juli 1799)

Wenn Savigny doch nach Frankfurt käme. Sie mußte ihn sehen, ihn sprechen. Doch gerade da traf ein Befehl der Mut-ter ein, die sie nach Hanau rief. Karoline reiste unglücklich ab. *Ich bin nicht krank aber doch kränklich, alle behaupten ich sehe blaß und niedergeschlagen aus, unsrer hiesiger Arzt glaubt eine Badekur würde mir helfen ...* (16. Juli 1799) Die Mutter, zu der kein liebevolles Verhältnis bestand, verlangte ihre Anwesenheit im Haus und zerstörte damit, ohne es zu wis-sen, alle Pläne. Sie dürfe niemals etwas von ihrer Herzens-angelegenheit erfahren, schrieb Karoline der Freundin. Das wirft erneut ein merkwürdiges Licht auf die schwierige Mut-ter-Tochter-Beziehung. Man sollte annehmen, daß Karoline sich der Mutter anvertrauen konnte. Das Gegenteil war der Fall. Louise von Günderrode interessierte sich mehr für die eigenen Angelegenheiten als für die Zukunft der Toch-ter, in deren Leben sie eine verantwortungslose Rolle spielte. Schon zu diesem Zeitpunkt war das Vertrauen gestört.

Für Karoline war die Lage doppelt verquer: *ich muß*[te] *also*

versprechen, noch 14 Tage in Hanau zu bleiben, um die geheime
Sehnsucht, welche mich dahin zieht, wo ich von ihm hören kann,
zu verbergen, willigte ich ein, denn meine Mutter darf und soll es
nicht wissen. (16. Juli 1799)

Wie glücklich wäre sie gewesen zu erfahren, daß auch Savigny sie vermißte. Erfüllt von den Erlebnissen mit dieser erstaunlichen Frau, hatte er sich am 1. Juli 1799 an seine Freunde in Marburg gewandt und um Auskunft gebeten. Es war Ironie des Schicksals, daß er sich ausgerechnet an Friedrich Creuzer wandte, den Mann, der einmal Karolines Freund und Liebhaber werden würde.

Savigny begann seinen Brief umständlich mit einem Lob des Romans *Siebenkäs* von Jean Paul. Die Romanheldin hatte es ihm angetan, und er widmete sich ihr mit einem Interesse, als handele es sich um eine Frau aus seinem Bekanntenkreis. Bemerkenswert ist, daß er schon in Lengfeld Karoline dieses Buch ans Herz legte. Sie las es sofort. Über die Entfernung hinweg wußte sie sich wenigstens durch einen Roman mit ihm verbunden.

Am Schluß seines Briefes kam Savigny zur Sache. Er möchte wissen, wie es um die Familie von Günderrode bestellt sei. Da es ihm unangenehm war, sich direkt nach Karoline zu erkundigen, kam er auf die Idee, seine Nachforschung mit einer Lüge zu tarnen. *In Hanau wohnt eine Witwe von Günderode, über deren häusliche Verhältnisse, Kindererziehung pp. ich unterrichtet zu sein wünschte. Da ich nun glaube, daß Luxborg weiß, wie ein gewisser Theil des Publikums davon spricht – ... so tun Sie mir den Gefallen, wenn Sie ihn gelegentlich und ohne, daß er den Anlaß errät, darum fragen. Ich kann Ihnen meine Veranlassung nicht sagen, weil die Sache mich nicht betrifft. Savigny.*[28]

Die Sache »betrifft ihn nicht«? Das war gelogen. Die »Sa-

47

che« betraf ihn sehr wohl. »Luxborg« war der Deckname für Friedrich – Fritz – von Leonhardi. Der junge Mann, seiner schwachen Konstitution wegen oft in Bädern zur Kur, hatte sich in Lengfeld blendend mit Karoline verstanden, Savigny hatte es wohl bemerkt und fragte an, ob er in bezug auf Fräulein von Günderrode ernste Absichten hege. Wußte er, daß die beiden ihr Geplänkel auch nach den Ferien noch fortgesetzt hatten? Als nämlich im Hause Leonhardi vom Sündenfall die Rede war und Student Fritz darauf hinwies, daß Eva es war, die nach dem Apfel der Erkenntnis griff und dadurch dem Mann das Paradies verscherzte, konterte Karoline, es sei genau umgekehrt gewesen. Sie verteidigte die Rolle der Frau: *Gewiß hat der Mann zuerst seine frevelhafte Hand nach unheiliger Erkenntnis ausgestreckt . . .* Derartige Gespräche müssen Savigny alarmiert haben.

Was Karolines Familie betraf, konnten die Auskünfte ihn beruhigen. Drei Jahrhunderte hindurch hatten die Günderrodes Ratsherren und Bürgermeister, Offiziere, Diplomaten und Gelehrte hervorgebracht. Karolines Vater war Regierungsrat und Verfasser staatsrechtlicher Werke. Ihre Mutter stand im Dienst der Prinzessin Auguste von Hessen und hatte ihren Kindern, wie man hörte, eine gute Erziehung zukommen lassen. Nichts sprach gegen die Günderrodes. Nur eine Frage blieb offen: war die älteste Tochter etwa schon gebunden?

Karoline litt währenddessen unter dem Kommando der Mutter und unter der Enttäuschung, daß keine Nachricht kam – Savigny hatte sie offenbar vergessen. Sie las Jean Paul, schrieb Briefe, verfaßte Gedichte und dachte an die glücklichen Tage in Lengfeld, wo sie erstmals eine Zuneigung spürte, die sie aufrichtig erwidern konnte: sie hatte Savigny das Du angeboten. *Wie freute ich mich an jenem Morgen in*

Lengfeld, wie wir Geschwister wurden, Bruder nannte ihn meine Seele mit einer heitern Innigkeit, die nicht größer, nicht reiner hätte sein können, hätte ich ihn Geliebter genannt. (10. Juli 1799) »Geliebter« – endlich konnte sie das Wort benutzen. *Wohl würde es besser sein, nähme ich an S.* [Savigny] *nur den Anteil einer liebenden Schwester,* schrieb sie am 16. August 1799, *doch jetzt steht der Grad dieses Anteils nicht mehr in meinem Willen.*

Etwas geschwisterlich Vertrautes scheint tatsächlich in ihren beiden Naturen gelegen zu haben. Clemens Brentano hat als erster ihre Wesens- und Charakterähnlichkeit erkannt, die er »Seelenverwandtschaft« nannte. Sogar die Augenkrankheit war beiden gemeinsam. *Meine Augen waren wieder so schlimm geworden, daß ich diese zwei Tage größtenteils mit verbundenem Haupt zu Hause sitzen mußte,* schrieb Savigny am 8. September 1799 an Creuzer.[29] Der gleiche Creuzer wird später seine Handschrift ändern, damit die Geliebte mit ihren schwachen Augen sie besser lesen kann.

Sie sei krank, sie sei elend, meldete Karoline aus Hanau der Freundin Barkhaus. *Ich habe den größten Teil des heutigen Tags im Bette zugebracht, mein Kopf ist wüst* ... Ihr einziger Trost, behauptete sie, sei die Lektüre von Herders *Ideen zu einer Philosophie der Geschichte der Menschheit: bei allen meinen Schmerzen ist mir dies Buch ein wahrer Trost, ich vergesse mich, meine Leiden und Freuden in dem Wohl und Wehe der ganzen Menschheit, und ich selbst scheine mir in solche Augenblikken ein so kleiner unbedeutender Punkt in der Schöpfung, daß mir meine eigne[n] Angelegenheiten keiner Thräne, keiner bangen Minute werth scheinen* ...[30] Auf die Dauer scheint aber auch Herder kein wahrer Trost für sie gewesen zu sein. Als sie wieder anfragte, warum man nichts von Savigny höre, teilte ihr die Freundin mit, er habe Frankfurt verlassen und befinde sich auf einer ausgedehnten Studienreise.

Karoline antwortete in einem überraschten, gänzlich veränderten Ton. Savigny war fort? Sie war beruhigt. Vergessen werde sie ihn nicht, *nein, so viel Kummer mir auch diese Liebe machen mag, ich werde es nie bedauern, ihn gesehen zu haben.* Sie las Jean Pauls Roman *Das Kampaner Tal oder über die Unsterblichkeit der Seele* in Erinnerung an den Entfernten. *Wenn Sie etwas von S. [Savigny] hören, darf ich Sie bitten, es mir zu schreiben, verargen Sie mir diese Bitte nicht, es ist ja das Einzige was ich von ihm haben kann, der Schatten eines Traumes.* (26. Juli 1799)

Der Schatten eines Traumes.

Wenn ihr das Glück im Leben verweigert wurde, mußte der Traum das Leben ersetzen. *So leb ich, ewig Träume zu betrachten ...*

In der Zeit des Wartens entstand das Gedicht *Zilia an Edgar.* Der Stoff – Trauer um den verschollenen Geliebten – war der isländischen Sage entnommen. Darin taucht eine neue Wortschöpfung auf, *Trauerschatten,* ein Begriff, der ihren eigenen Zustand kennzeichnet. *Und lange Nacht umringt, wie Grabesschlünde, / Mit dunklen Trauerschatten Meer und Land.* Träume sind es, in denen Zilia den Geliebten umfängt – Träume, die das Leben ersetzen müssen.

> *Ich weine einsam am verlaßnen Strande*
> *Vom rauen Nordwind stürmisch nur umsaust;*
> *Und Nebel sinken zum beeisten Lande*
> *Das schäumend wild die hohe See umbraust ...*
>
> *Drum komm! Ich fühle meine Kraft entfliehen,*
> *In Träumen löst sich mein Bewußtsein auf.*
> *Der bleiche Lebensfunke wird verglühen,*
> *In tiefen Schmerzen hört mein Dasein auf.*[31]

Währenddessen lernte Savigny auf seiner Reise ebenjene Persönlichkeiten kennen, von denen Karoline mit Bewunderung gesprochen hatte: Fichte, Schlegel – und Schelling, dessen Bücher sie las, dessen Ideen sie sich zu eigen machte. Doch Savigny scheint kein heiterer Reisender gewesen zu sein. Der Brief an seinen Jugendfreund Constantin von Neurath läßt erkennen, wie sehr sein seelischer Zustand dem von Karoline glich. *So habe ich denn ziemlich oft das Gefühl des Sterbens, und es kommt mir das oft sonderbar vor, daß ich nicht auch wirklich sterbe. Und wenn mir zuweilen die Aussicht in ein fremdes Land oder ein unbekanntes Verhältnis in wunderbaren Gestalten und Farben erscheint und mich heftig anregt, so entfernt mich das nur noch mehr von der Würklichkeit.* (28. April 1800)[32] Empfindlichkeit, Melancholie und Schwermut, das waren Günderrode-Töne.

Savigny war zu Wieland gereist, wo er unerwartet eine flüchtige Bekanntschaft aus Frankfurt wiedersah: Sophie, die Älteste der Brentano-Geschwister, die mit ihrer Großmutter, der berühmten Sophie La Roche, Wielands Jugendliebe, nach Oßmannstädt gekommen war. Er hätte zwei Tage früher kommen sollen, sagte die Schriftstellerin bedauernd, dann hätte er auch ihre Enkelin Gunda Brentano kennengelernt. Nun müsse er mit Clemens vorliebnehmen, der im nahen Jena studiere. Savigny folgte ihrem Rat und suchte Clemens Brentano auf, wo er zugleich auch die Dichterin Sophie Mereau kennenlernte, eine zierliche Frau, deren *äußerst einnehmende, sanfte Züge* ihm wohl gefielen, wenn sie auch, wie Savigny spottete, unter reichlich *starker Schminke verborgen* seien.[33] Noch konnte er nicht ahnen, daß Sophie Mereau einmal seine Schwägerin sein würde.

Durch die Bekanntschaft mit dem umtriebigen Clemens Brentano eröffnete sich für Savignys Zukunft eine unerwartete Aussicht. Er erhielt Zutritt zu der großen Frankfurter Brentano-Familie. Diese Begegnung sollte seinem ganzen Leben eine neue Richtung geben.

VI. *Der zwanzigste Geburtstag. 1800*

O wie traurig ist für uns der Anfang des Jahres! Für Karoline
von Günderrode begann das neue Jahr ausgesprochen unglücklich. Sie saß vierzig Kilometer von Hanau entfernt
im kleinen Butzbach, um ihren Großvater zu trösten, dem
nacheinander Frau und Schwester gestorben waren. Die
Mutter hatte sie dorthin befohlen, obwohl es ihr gesund-
heitlich so schlecht ging, daß Charlotte sich Sorgen machte:
*Es ist mir wirklich recht bang für die arme Karoline, da sie sehr
schwächlich ist.*

*Mein Großvater, ein guter Greis von 70 Jahren, war durch den Tod
meiner Großmutter und Großtante ganz verlassen ... ich erbot
mich einige Zeit bei ihm zu bleiben, ein Vorschlag, welchen er
mit großer Freude annahm. Ich bin nun hier, auf wie lange weiß
ich nicht –* Der Großvater hat seine Enkelin um sieben Jahre
überlebt; er starb 1813 mit dreiundachtzig Jahren.

In der Butzbacher Einsamkeit hatte Karoline niemanden,
mit dem sich ein Gespräch gelohnt hätte. Zum Glück hatte
ihr Fritz von Leonhardi vor der Abreise ein Buch geliehen,
das sie unbedingt lesen wollte: Hölderlins Briefroman *Hyperion oder der Eremit in Griechenland*, 1797 und 1799 in zwei
Bänden erschienen und trotz Cottas eifriger Werbung ohne
Resonanz geblieben – um so erstaunlicher ihr Interesse. Hölderlins Schilderung des Griechenjünglings Hyperion, der
sich dem Befreiungskampf seines von den Türken unterdrückten Volkes anschließt und durch die Briefe an seine
Braut Diotima zum Dichter wird, machten auf sie einen
tiefen Eindruck. Sie empfand die Ähnlichkeit der geschil-
derten Situation mit der politischen Lage des eigenen Lan-

des, zugleich entflammte sie Hölderlins kühne Sprache. Begeistert dichtete sie:

> *Von Schönheit ist das Leben ausgegangen,*
> *Doch es vergißt den hohen Ursprung nicht ...*[34]

Es ist durchaus möglich, daß Karoline den Dichter Hölderlin, den sie sehr verehrte, auch persönlich getroffen hat. Bettine Brentano setzt in ihrem Buch die Bekanntschaft als selbstverständlich voraus und fordert die Freundin auf, den Dichter mit ihr zu besuchen. Karoline lebte schon im Cronstetten-Stift, als Hölderlin, Hauslehrer bei den Kindern des Bankiers Gontard, seinen Philosophenfreund Friedrich Hegel, der sich im Frühjahr 1797 nur wenige Schritte vom Stift entfernt am Roßmarkt Nr. 15 einquartiert hatte, häufig dort besuchte. Da der Park des Stifts unmittelbar an das Gontardsche Grundstück angrenzte, konnte sie auch Hölderlins »Diotima« Suzette Gontard begegnen. Die überstürzte Abreise Hölderlins, dem der über die Liebschaft seiner Frau empörte Bankier das Haus verbot, wird ihr nicht entgangen sein. Gerüchte über die unerlaubte Beziehung des Hauslehrers zur Gattin seines Brotgebers beschäftigten halb Frankfurt. Man konnte das Liebesverhältnis sogar im *Hyperion* wiederfinden.[35]

Bettine Brentano hat in Karolines Gedichten Hölderlins Ton wiederzufinden gemeint. *Und Du, Günderode, so adelig wie Du bist in Deinen poetischen Schwingungen! Klirrt da nicht die Sehne des Bogens des Dichtergottes und lässet die Schauer uns fühlen auch in diesen leisen träumentappenden Liedern:*

> *Drum laß mich, wie mich der Moment geboren,*
> *In ewgen Kreisen drehen sich die Horen,*
> *Die Sterne wandeln ohne festen Stand.*

*Das Haus der Großeltern von Karoline von Günderrode
in Butzbach. Foto um 1885.*

*Sagst Du nicht dasselbe hier? – klingt nicht so der Widerhall aus
der Öde in Hölderlins Seele? –* [36]

In Butzbach litt Karoline mehr als unter der Abgeschieden-
heit unter der ertötenden Geistlosigkeit ihrer Umgebung.
Keiner teilte ihre Interessen. *Wie ich lebe?* antwortete sie
Caroline von Barkhaus.[37] *Oft unzufrieden mit mir selbst – von
denen, die mich hier näher umgeben (zürnen Sie mir nicht deswegen) kann ich keinen eigentlich lieben, ich kann mir keine Liebe
ohne Harmonie der Gesinnungen denken, diese ist hier unmöglich. Und oft, ich kann es einer Freundin wie Sie nicht läugnen,
oft fühle ich Bitterkeit gegen diese Menschen wenn ich sehe, daß
sie so gar kein Gefühl haben für das, was mich intereßirt . . .* Sie
werde dann selber kalt und gefühllos.

Außerdem ging es ihr körperlich schlecht. Das immer
wieder erwähnte Kranksein beweist, daß ihre Leiden auch
psychosomatischer Natur waren. Sie hat Schluckbeschwer-
den, kann nicht denken, nicht lesen. . . . *ich war schon seit mehreren Tagen nicht wohl, besonders war ich sehr mit der heftigsten
und unerträglichsten Art des Kopfwehs gequält . . .* Der Husten
ließ ihr Tag und Nacht keine Ruhe. Sie nennt ihren Körper
den armen gefolterten Gefährten ihrer Seele. Als sie diese Klage
im Februar 1800 abschickte, wurde sie gerade zwanzig Jahre
alt.

Vielleicht hatten die »unerträglichen« Kopf- und Augenschmerzen ihre Ursache auch in einer Ansteckung bei den
Schwestern, die an Lungentuberkulose starben. Tuberkulöse
Veränderungen der Tränendrüsen können zu heftigen Schmerzen führen, besonders wenn die Hornhaut betroffen ist. Eine
chronische Bindehautentzündung entsteht. Karolines Au-
genleiden verschlimmerte sich im Lauf der Zeit erheblich.[38]
Sie spricht von *grauen Körpern*, die das Sehen beeinträchtig-

ten, fürchtete schließlich sogar, durch den schwarzen Star zu erblinden.

Eine Zufallsbekanntschaft verschönte ihr immerhin den traurigen Geburtstag, an dem nur Hauslehrer Schuchard mit Briefschaften vorbeikam. Es war die Begegnung mit einem noch jungen Pfarrer namens Diefenbach, einem aufklärerischen Freigeist. Mit ihm konnte sie über alles sprechen, was ihr wichtig war, ganz gleich, ob es um Religion ging oder um Politik ... *ganz zwanglos gerieth ich nach einigen gewöhnlichen Fragen und Antworten in ein Gespräch über die wichtigsten Gegenstände mit ihm, mit Wärme und Offenheit sprach er über Religion, Aufklärung, Vorurtheil und Völkerwohl. So viel ich in so kurzer Zeit sehen konnte, scheint er mir von gleichen Religions-Meinungen mit uns; dies allein empfiehlt ihn mir schon sehr; ...er hat mir versprochen, mich oft zu besuchen ...*[39]

Diefenbach regte Karoline zur Lektüre der Schriften Kants an. Eine Folge dieser Lektüre war ein Gedicht, in dem sie ihr Ungenügen an dem »aufgeklärten Jahrhundert« vorbringt. Es hat sich im Nachlaß gefunden.

Vorzeit und neue Zeit

Ein schmaler rauer Pfad schien sonst die Erde,
Und auf den Bergen glänzt der Himmel über ihr,
Ein Abgrund ihr zur Seite war die Hölle,
Und Pfade führten in den Himmel und zur Hölle.

Doch alles ist ganz anders nun geworden,
Der Himmel ist gestürzt, der Abgrund ausgefüllt,
Und mit Vernunft bedeckt, und sehr bequem zu gehen.
Des Glaubens Höhen sind nun demolieret.

Und auf der flachen Erde schreitet der Verstand,
Und misset alles aus, nach Klaftern und nach Schuhen.[40]

Auch während seiner langen Abwesenheit hatte Friedrich von Savigny Grund, an Karoline von Günderrode zu denken. Es wurde ihm nämlich ein Brief übermittelt, der von Fritz von Leonhardi stammte und die Antwort auf seine verschlüsselte Frage enthielt, ob Karoline schon verlobt sei.

Das Gerücht, der zweiundzwanzigjährige Leonhardi, Sproß eines alten Frankfurter Bankhauses, wolle das Fräulein aus dem Stift heiraten, war sogar schon bis zur Familie Günderrode gedrungen, Charlotte fragte vorsichtig an, ob Karoline sich mit Fritz von Leonhardi verlobt habe, am Hof der Prinzessin Marie sei die Rede davon. Obwohl ihn die Frage nach seinem Privatleben offenbar überrascht hatte, gab Leonhardi offen Auskunft. Er hatte keine Ahnung, daß es um Savignys Zukunft ging. Seine Antwort war an die Vettern Creuzer gerichtet – die beide Karoline noch nie gesehen hatten. *Ich leugne nicht, dass ich die Frl. v. G. kenne und sie für ein bildungsfähiges und gutes Geschöpf halte*, schrieb er, *versichere Sie aber dagegen, dass ich in diesem Augenblick gar nicht an H e u r a t h denke, u. am wenigsten an die G., und daß ich binnen einem Jahr nur einmal in Hanau war. So viel zur Antwort ... Mein ganzer innerer Mensch ist i m und ü b e r den Punkt der Liebe am meisten mit sich selbst zerfallen und völlig im unreinen, und mein Herz ein Chaos von heterogenen Empfindungen und disharmonischen Accorden; es ist wohl besser, ich überlasse das verstimmte Instrument sich selbst und warte geduldig, was daraus hervorgeht, als daß ich im Fieberfrost handle und mich dann eine lange Reue quält.*[41]

Savigny war erleichtert und aufgeregt zugleich. Er beschwor die Creuzers: *Hatten Sie ihm etwas darüber geschrieben und kennen Sie vielleicht die G [Günderode]? Ich weiß nicht, ob ich über dieses Mädchen dem Gerücht glauben soll, nach welchem sie kokett oder prüd oder ein starker männlicher Geist seyn müsse, oder ihren blauen Augen, in denen viel sanfte Weiblichkeit wohnt ...*[42] (7. Juli 1800 aus Jena). Er selber fand die Freundin »sanft« und »weiblich«, Brentano hingegen hatte sie als »kokett« bezeichnet. Savigny war unsicher, besonders was Frauen betraf, und suchte freundschaftlichen Rat. Schon einmal hatte er sich gewundert, als man ihm sagte, die Günderrode sei »schwach«, er habe darüber nur den Kopf geschüttelt. Ebenso irritiert wie eifersüchtig fuhr er in seinem Brief fort: *Ich glaube nicht, dass sie [Karoline] für L. [Leonhardi] taugt .... Wir müssen darüber noch mündlich handeln.* Das einzige, was ihn interessierte, war nur persönlich zu klären.

Inzwischen war Karoline noch einmal in Hanau, bevor sie ins Stift zurückmußte. Sie liebte die Abende mit den Schwestern und ihren Besuchern, den Brüdern Merz, dem Vetter Otto. Bei Kerzenlicht wurden »romantische Gegenden« entworfen, die man zwar nie sah, von denen man aber um so mehr schwärmte ... *ich kann mir keinen schöneren Sinnengenuß denken, als ein heiterer Sommerabend in einem Orangenwald, wo der Mond ein ungewisses Licht durch die Blätter sendet und der Gesang der Nachtigallen das einfache Murmeln einer Quelle unterbricht,* das war ihre Vorstellung von Romantik. *Wie gerne wäre sie nach Italien gereist! Otto behauptete nach seiner gewöhnlichen Art, dies befriedige ihn noch nicht; zu seinem Glücke gehöre notwendig eine Flasche perlenden Rheinweins. Merz schalt die grobe Sinnlichkeit seines Freundes und sagte, es würde ihm ein höherer Genuß sein, auf einem überhangenden Fel-*

sen bei Nacht zu stehen, das Brausen des stürmischen Meeres zu hören ... und ich mußte ihm recht geben. Das »brausende Meer« wird in ihren Gedichten und Balladen immer wieder auftauchen. In der Erzählung *Timur* schreibt sie, die das Meer noch nie mit Augen sah: *Der Himmel war mit schweren Wolken bedeckt, eisigte Regen fielen herab, der Nordwind zerwühlte den Wald und trieb die falben Blätter in wilden Wirbeln umher, die Brandung brauste an der Küste, und der krächzende Rabe unterredete sich mit dem Widerhall ...*[43]

Die Schwestern nahmen an einer großen Hochzeit teil, zu der sie sich Kleider »à la Camise« anfertigen ließen, frei herabwallende Musselin-Gewänder im neuen »griechischen Stil«, mit denen man sich von Schnürbrust und Krinoline befreite und zugleich seine Sympathie mit dem revolutionären Frankreich bekundete. Dabei sah Karoline eine Freundin wieder, die in Erbach im Odenwald geboren war, doch in Frankfurt lebte, Elisabetha Jacobina von Mettingh, genannt Lisette, drei Jahre jünger als sie, intelligent und mit einer erstaunlichen literarischen Urteilsfähigkeit begabt.

Für die intellektuell anspruchsvolle Lisette besaß Karoline mit ihrer poetischen Begabung, ihren Kenntnissen und dem lieblichen Äußeren eine große Anziehungskraft. Immer öfter kam sie ins Stift, schließlich sogar heimlich, und wie Savigny empfand auch sie Karolines Doppelwirkung, den »männlich« scharfen Verstand, ihr »weiblich nachgebendes Gefühl«, die bestrickende *sanfte Weiblichkeit*. Als eine ungebetene Besucherin kam, geleitete Karoline sie höflich zur Tür und schlich sich durch die Hintertür wieder herein, wo Lisette bereits wartete und sich wie ein heimlicher Liebhaber fühlte. *Ach beste Lina wäre ich doch einmal bey Dir oder könnte Dich nur sehen; ich sehne mich oft darnach,* schrieb Lisette im Juni 1800, ... *mir war als wenn Du mein Geliebter*

wärest; da dachte ich O mein Carlos wann wirst Du erscheinen!
Sieh ich harre Deiner am heimlichen Pförtchen und mein Herz
klopft wenn ich etwas rauschen höre — Die Frühlingswinde bewe-
gen die laue Luft – o Lüfte tragt Carlos meinen Kuß entgegen. –
Doch siehe itzt kömmst Du und mein Herz pocht stärker!; ... oft
bin ich ausgelassen lustig, aber dann werde ich plötzlich still und
sehr sehnsüchtig. Weißt Du was ich dann thue? Ich küsse meinen
Bruder.[44]

Schwester Wilhelmine meldete am 31. Juli 1800 aus Hanau eine Neuigkeit ins Stift: *Herr S. und Hector gehen morgen*
nach Frankfurt, vermuthlich werden sie Dir einen Besuch abstat-
ten. Sollte mit »Herr S.« Savigny gemeint sein, dann wäre
dies ein Hinweis darauf, daß er und Karoline sich wieder-
sahen. Es gibt dafür nur ein Indiz: Karoline bat unmittelbar
danach ihre Lieblingsschwester Charlotte dringend, zu ihr
ins Stift zu kommen, da es Dinge gebe, die sie nur ihr allein
anvertrauen könne.

Glücklich aber klingen ihre Botschaften nicht. Karoline
will ausgerechnet den *Werther* lesen, über dessen Selbstmord
sie in Lengfeld mit Savigny sprach. Sie schreibt auffallend
knapp an Charlotte: *Wenn Du mich im geringsten liebst, so halte*
Dein Versprechen u kom, bist Dus allein so kann ich Dich 1 bis 2
Nächte bei mir einquartieren, vor Essen u Trinken u Dein leib-
liches Wohlergehen lasse mich nur sorgen. Ich bitte Dich kom, sonst
werde ich Dir böse u. melancholisch. Karoline. Schikke mir doch
den Werther. Otto hat ihn, u ich brauche ihn.[45]

Sie las den *Werther*. In ihr Studienheft notierte sie sich:
Der lange Schlaf des Todes schließt unsere Narben, der kurze des
Lebens unsere Wunden ... der Mensch muß der Leidenschaft fähig
und mächtig sein.[46] Sie schrieb ein in seiner konzentrierten
Kürze unerbittliches Liebesgedicht.

Du innig Rot,
Bis an den Tod
Soll meine Lieb dir gleichen,
Soll nimmer bleichen,
Bis an den Tod,
Du glühend Rot,
Soll sie dir gleichen.[47]

Friedrich von Savigny, an den sie dachte, reiste am 16. August 1800 mit dem neuen Freund Clemens Brentano auf sein Landgut Trages am Main, wo sie zwei Wochen blieben. Karoline hatte gehofft, ihn vielleicht in Lengfeld wiederzusehen. *Wenn der schöne Plan nur realisiert wird!* rief sie aus. Doch aus dem Aufenthalt wurde nichts. Ende des Jahres 1800 wurde sie schwer krank und erholte sich nur mühsam. Ihre Bemühungen um Savigny, seine Fragen nach ihr waren vergeblich gewesen. Karoline sah ihn erst wieder, als es zu spät war. Clemens Brentano hatte mit dem neuen Freund seine eigenen Pläne. Er nahm ihn mit nach Frankfurt und führte ihn im Haus zum Goldenen Kopf bei seinen Schwestern ein.

VII. »Hand in Hand« –
Bettine Brentano. 1801

Bettine Brentano, geboren am 4. April 1785 in Frankfurt am Main, war sechzehn Jahre alt, als sie Karoline von Günderrode zum ersten Mal sah. Das war an einem Frühlingstag des Jahres 1801, und man kann vermuten, daß es Bettines Großmutter Sophie La Roche war, die die Bekanntschaft herbeiführte. Die alte Dame liebte es, Verbindungen zu knüpfen und Paare zu arrangieren, auch wenn es, wie bei ihren eigenen Töchtern, nicht immer glücklich verlief.

Die Schriftstellerin war mit Karolines Mutter Louise von Günderrode befreundet, beide besuchten sich gelegentlich, da auch Frau von Günderrode gefühlvolle Erzählungen verfaßte, deren Originalmanuskripte sich im Nachlaß fanden. Sie tragen Titel wie: *Gabrielens Tagebuch, eine Erzählung, 70 Quartseiten im Stil der La Roche. Donna Clara und St. Valerie. Aus den Papieren eines deutschen Offiziers.* Ferner eine »Rittererzählung« im Stil Fouqués, ein Briefroman *Über den Märtyrer St. Sebastian* sowie ein Manuskript, dessen Titel an Gedanken von Karoline erinnert: *Was ist der Übergang von Leben zum Tode? Wer löst die großen Räzel?* [48]

Für die einundzwanzigjährige Karoline, die wohl schon als Kind mit der Mutter in Offenbach war, hatte das Jahr 1801 vielversprechend begonnen. *In leichtsinniger Stimmung* hatte sie einen Neujahrsball besucht, ein »Liebhaberkonzert« gehört und im Februar an einem Maskenfest teilgenommen, was sie heiter-ironisch kommentierte: *Unsere Maskeraden gehen bald an, ich werde allda meinen Wiz u. Lustigkeit dem Publikum zeigen, jedoch inkognito* (am 11. Januar 1801 an Caroline von Barkhaus). Daß sie im März einen weiteren

63

Die Schriftstellerin Sophie La Roche,
Großmutter von Bettine Brentano. Anonymes Pastellbild.

Ball besuchte, kommentierte ihre witzige sechzehnjährige Schwester Amalie mit leichtem Spott. *Du hast, wie ich wohl dachte, schon im Lustpfuhl herumgejagt. Ich dachte Du würdest Dein Leben keinen Fuß mehr zum Tanzen aufheben; da hörte ich, daß das fromme Kind . . . wirklich einen ganzen Ball beigewohnt hat, indeß die weltlichen Schwestern fein stille zu hause sitzen und ein frommes Buch lesen.*[49] Der Abstand der »weltlichen Schwestern« zu der nonnenhaft gehaltenen Ältesten wird hier offenkundig.

Dann traf die Einladung zu der berühmten Schriftstellerin ein. Karoline wurde mit der Kutsche abgeholt. Man schritt durch das hübsche Haus und trat in den Garten, den Bettine ihr grünes Paradies nannte. Sie hatte auf die Besucherin, von der die Großmutter eine Erzählung besaß, neugierig gewartet. Das Kennenlernen wurde für Bettine zu einem einschneidenden Erlebnis, zum Beginn einer überwältigenden Freundschaft.

Deutlich erinnert sich noch die gealterte Bettine an jenen ersten Augenblick, in dem ihr die Fremde im grün umrankten Gartenhaus gegenüberstand. Sie hat ihre Worte noch im Gedächtnis und versucht, das Anders-Sein, das Ahnungsvoll-Tiefgründige und »Weisheitsvolle« zu erfassen. Man sprach von blühenden und welkenden Pflanzen, von den Jahreszeiten, vom Gang der Natur. *Im Gartenhäuschen, wo wir vorm Jahr um die Zeit uns zum erstenmal gesehen haben . . .* Auf ihre Bemerkung über die brutale Zerstörungskraft des Winters habe Karoline ruhig erwidert: *Die Sonne gibt, und die Laube nimmt; was sie nicht fassen kann vom Licht, das muß sie durchlassen zu uns . . .*[50]

Bettine, klein von Gestalt, mit bräunlicher Haut, den Kopf voll ungebändigter Locken, betrachtete die so anders geartete Fremde und merkte bald, wie auch sie betrachtet, fast taxiert wurde. Karoline strich ihr über das dunkle Haar, besah das geblümte Kleid, das sie trug, riet ihr zu einfarbiger, weißer Kleidung, die besser zu Bettines schwarzen Haaren passe. *Und dann sagtest Du, ich solle mich doch weiß kleiden der Natur zulieb, die rund um uns so herrliche Blumen aussprieße; dabei ein Kleid tragen zu wollen mit gedruckten Blumen, das sei geschmacklos, und man müsse im Einklang leben wollen mit der Natur, sonst könne die Knospe des Menschengeistes nicht aufblühen...* Tatsächlich trug Bettine fortan nur einfarbige Kleider, aufgehellt durch einen weißen Kragen – Ludwig Grimm hat sie verschiedene Male so gezeichnet.

Wie eine Liebeserklärung klingt das Zurückholen der ersten Stunden ihrer Bekanntschaft mit einer Frau, deren Wesen undeutbar und unergründlich war. *Wie sehr hab ich an Dich gedacht und Deine Worte und an Deine schwarzen Augenwimpern, die Dein blau Aug decken, wie ich Dich gesehen hatt zum allerersten Mal, und Dein freundlich Mienenspiel und Deine Hand, die mein Haar streichelte ...*[51]

Für Bettine Brentano begann ein neues Leben. Von ihrem Elternhaus in der großen Sandgasse lief sie durch die Weißadlergasse zu den verwinkelten Bauten des Kranichhofs am Roßmarkt. Hier hatte 1764 Joseph II. gewohnt, als er in Frankfurt zum Kaiser gekrönt wurde und seiner Mutter Maria-Theresia meldete, die Räume seien so nachlässig mit Brettern abgeteilt, daß man hindurchsehen könne. Dem Kaiser verdankte das Haus die »Kaisertreppe« und den Doppeladler am Giebel, auch die prächtigen schmiedeeisernen Tore, hinter denen der alte Garten mit hohen Bäumen lag. Schon Goethe hatte vom Fenster seines Elternhauses im Hirschgraben auf die unübersehbare Fläche der Gärten geblickt und bedauert, daß er von diesen Paradiesen ausgeschlossen war.

Hinter den barocken Eingangstoren lag eine Welt, in der sich Bettine bald wie zu Hause fühlte. Sie lief zu dem Seitenflügel, in welchem die Stiftsdamen residierten. Man hatte Karoline von Günderrode zwei ebenerdige Zimmer zum Garten hin angewiesen. Vor ihrem Fenster stand eine Pappel, die Bettine hinaufkletterte, um von oben herab Texte zu deklamieren. *Keiner von uns hatte eine trübe Minute,* behauptet sie, *denn alles Schmerzgefühl, alle Sehnsucht kommt doch nur daher, weil die gerade Bahn des Lebens gehemmt ist.*

Hemmen lassen aber wollten sich die jungen Frauen durch nichts. Sie saßen auf dem Fußboden oder auf der Fensterbank, zeichneten, erzählten, planten. Die Gespräche waren für Bettine unendlich wichtig, *ja, was ist auch Gespräch als bloß die Liebe – so ist denn alle Form in der Natur ein Ausdruck der Liebe ... Und die Seele, die mich am tiefsten versteht – mir am sehnsüchtigsten Antwort gibt, mich wieder frägt um Antwort, die muß ich lieben.*[52]

Was konnte die beiden im Alter wie im Wesen so unterschiedlichen Frauen miteinander verbinden? Auch Bettine war nach dem frühen Tod der Mutter in einem Ursulinen-Kloster erzogen worden, sie kannte das Klosterleben mit seinen Licht- und Schattenseiten seit ihrem achten Lebensjahr. Ihr Interesse, ihre Belesenheit und Aufgeschlossenheit werden Karoline gefallen haben. Bettine jedenfalls fand, daß sie wunderbar zueinander paßten und sich in allem glücklich ergänzten. Beide hatten sie den festen Vorsatz, jenseits der spießigen Bürgerwelt, der Geschäfts- und Geldleute etwas Großes aus sich zu machen. Sie spürten ihre Kraft und waren entschlossen, Persönlichkeiten, Künstlerinnen zu werden. *Wir müssen uns miteinander abschließen; in der Natur,*

Die »Kaisertreppe«, so genannt nach dem Besuch
Kaiser Josephs II. im Kranichhof,
dem späteren Cronstett-Hynspergischen Damenstift.

da müssen wir Hand in Hand gehen und miteinander sprechen nicht von Dingen, sondern eine große Sprache.[53]

Karoline wurde ihr unentbehrlich. *Ich konnte sie keinen Tag mehr missen, ich lief alle Nachmittag' zu ihr; wenn ich an die Tür des Stifts kam, da sah ich durch das Schlüsselloch bis nach ihrer Tür, bis mir aufgetan ward; – ihre kleine Wohnung war ebner Erde nach dem Garten; vor dem Fenster stand eine Silberpappel, auf die kletterte ich während dem Vorlesen; bei jedem Kapitel erstieg ich einen höheren Ast und las von oben herunter; – sie stand am Fenster und hörte zu ... jetzt weiß ich erst, wie glücklich ich in der damaligen Zeit war ...* Anscheinend erreichte sie es sogar, die fast pathologisch anmutende Schwermut der Freundin zeitweilig zu bekämpfen. Sie schreibt noch nach Jahren: *ich schlang meine Arme um Dich so fest in Gedanken, ... mit Gewalt wollt ich Dich fröhlich machen und dachte einen Augenblick, es solle mir gelingen ...*[54]

Damals empfand auch Karoline Freude und Glück. *Glükliche Nacht, wo die Gedanken wie Blüten im Südwind sich auftun, fröhlicher Hoffnungen voll – und ein Gefühl heiteren Geschicks wie glänzende Strahlen aus den feurigen Blitzen sich ergießt,* notierte sie in ihr Studienbuch. *Einstens lebt ich süßes Leben,* so beginnt ein Gedicht, das sie nie veröffentlicht hat, ein leichtes Versgebilde aus 113 Zeilen.[55]

> *Einstens lebt ich süßes Leben*
> *Denn mir war als sey ich plözlich*
> *Nur ein duftiges Gewölke.*
> *Über mir war nichts zu schauen*
> *Als ein tiefes blaues Meer*
> *Und ich schiffte auf den Wogen*
> *Dieses Meeres leicht umher ...*

Farbige Lichter
stiegen hernieder
hüpfend und spielend
wiegend auf Lüften
Duftige Glieder.

Sie lasen gemeinsam Homers *Odyssee*, zeichneten eine Land-
karte mit den griechischen Inseln, trugen die Irrfahrten des
Odysseus darauf ein. Bettine war überglücklich, Karolines
Anerkennung zu finden. Zum erstenmal wurde sie beachtet
und akzeptiert, wurden ihre naiven Fragen verständig be-
antwortet. *Und alles, was ich erfahre von der Kunst, von Poesie
und Wissen, das schlägt an wie Echo in den unbekannten Tiefen
meiner Brust ..., und daß, wenn ich heiß mich sehne, verstanden
zu sein, daß ich dann verstanden werde ...*[56]

Die Freundschaft verlieh Bettine ein Selbstwertgefühl,
das sich in den Briefen an Clemens deutlich spiegelt. Neuer-
dings betonte sie ihren Freiheitsanspruch und bestand nach-
drücklich auf ihrer *Eigenmacht*, so daß der Bruder sich über
sie ärgerte. »Eigenmacht« war es gerade nicht, was man an
einer jungen Frau liebte. Natürlich war es diese Günderrode,
von der seine Schwester lernte, man sei von nichts und niemandem abhängig, nicht von der *Tags- und Weltgeschichte*
und erst recht nicht von einem Mann. Wenn Bettine ihm
lauthals erklärte, sie wolle sich *im Leben nicht züglen lassen*,
dann kamen solche Ideen nur von der Günderrode her.

Clemens empörte sich, mahnte zur Pflicht, gab gute Ratschläge. Bettine lief mit der Post zu Karoline, die über den
lehrmeisterhaften Ton, den der Student an den Tag legte,
gewöhnlich lächeln mußte. Unter ihrem Schutz antwortete Bettine frech und aufsässig: *Sehe ich mich um nach meiner*

Bettine von Arnim im Alter von vierundzwanzig Jahren.
Zeichnung von Ludwig Grimm, 1809.

Pflicht, so freut michs recht sehr, daß sie sich aus dem Staub macht vor mir, denn erwischte ich sie, ich würde ihr den Hals herum drehen![57] Die Günderrode, fügte sie hinzu, müsse schon bei dem Wort »Ratschläge« immer lachen und an Purzelbäume denken.

VIII. *Eine Haßliebe: Gunda Brentano*

Stolz auf die neue Freundin, führte Bettine sie in ihrem Elternhaus in der großen Sandgasse ein. Es wurde »Haus zum Goldenen Kopf« genannt, ein prächtiger Bau nahe dem Goethehaus, mit einer Front von neun Fenstern. Alle sollten Karoline kennenlernen, besonders der Götterjüngling Clemens, der wie Karoline dichtete und schon seinen ersten Roman *Godwi* veröffentlicht hatte. Im Haus zum Goldenen Kopf lernte Karoline die zahlreiche Brentano-Familie nach und nach kennen: Bettines Vormund Franz Brentano, Leiter des großen Handelshauses und Schöffe der Freien Reichsstadt, ihre Halbbrüder aus des Vaters erster Ehe, die Brüder Georg und Christian, die beiden jüngeren Schwestern Ludovica, genannt Lulu, und Magdalena, genannt Meline, vierzehn und dreizehn Jahre alt.

Wen Karoline nicht erst kennenlernen mußte, das war Bettines Schwester Kunigunde, genannt Gunda, die, 1780 geboren, mit Karoline gleichaltrig war. Gunda trug ihr dickes Haar zum Zopf hochgesteckt, als »die Blonde« erscheint sie in Clemens' Roman, und wenn sie auch weder hübsch noch apart aussah, wirkte sie doch feminin und kokett. Im Gespräch blieb Gunda zwar sachlich, war aber von einer nicht eben höflichen, oft sogar zynischen Aufrichtigkeit, mit der sie viele Leute vor den Kopf stieß. Nach Jacob Grimm war sie *das Gegenteil von dem, was man sonst von einer Brentano erwarte,* nämlich farblos, bodenständig und praktisch. Wilhelm Grimm bemerkte, schön sei sie gerade nicht, doch habe sie *die schönsten Augen.*[58]

Gunda und Bettine waren so unterschiedlich, als hätte man sie, wie Marianne von Willemer an Goethe schrieb,

Das Frankfurter Brentano-Haus
»Zum Goldenen Kopf« in der Großen Sandgasse.
Kolorierter Holzstich des 19. Jahrhunderts.

aus verschiedenen Weltteilen zusammengesucht.[59] Gunda, die für Bettines geniale Art nicht das mindeste Verständnis besaß und über dieses von Tatendrang und Phantasie überquellende Geschöpf nur den Kopf schüttelte, wirkte neben ihr recht hausbacken. Jakob Grimm fand sie wenig geistreich.[60] Uninteressant war Gunda indessen nicht. Sie konnte Karoline von ihrer Reise zu Schiller berichten, den sie, kurz bevor Savigny eintraf, in Jena aufgesucht hatte. Auch über Hölderlin konnte man sprechen, da Gunda gemeinsam mit Suzette Gontard, Hölderlins geliebter »Diotima«, gereist war. Doch für Hölderlins *Hyperion* interessierte sich Gunda nicht im geringsten, während Karoline das Buch gleich zweimal gelesen hatte.

Gunda war, wie Karoline durch Andeutungen erfuhr, in einen Studienfreund von Clemens verliebt. Es war der Mediziner Stephan August Winkelmann, der sich ihre Sympathien auch dadurch erworben hatte, daß er der Arzt ihrer schönen, kränklichen Schwester Sophie war. Nebenbei hatte Gunda aber noch andere Eisen im Feuer. So unterhielt sie eine lockere Liebesbeziehung zu dem Engländer Henry Crabb Robinson. Clemens, dem diese Schwester von allen am wenigsten lag, warf ihr Oberflächlichkeit und Gefallsucht vor, behauptete sogar, daß sie mit allen Männern liebäugele, die ihr begegneten. Gunda verstand es in der Tat, ihre diversen Freunde aufeinander eifersüchtig zu machen, sie würde diese Fähigkeit auch bei Friedrich von Savigny mit Erfolg erproben.

Der erste bekannte Brief von Karoline von Günderrode an Gunda Brentano deutet zwar schon auf eine gewisse Vertrautheit hin, zeigt zugleich aber auch ihre Sympathie für die jüngere Schwester. *Deine Schwester Bettina hat soviel ich weis die Genoveva von Tieck*, schreibt Karoline. *Ich bitte daß sie mir solche auf kurze Zeit giebt. Küsse Bettina von mir, ich wollte es lieber selbst thun, als Dir auftragen.*[61]

Während Bettine im Sommer 1801 zur Großmutter nach Offenbach fuhr, bei der sie seit des Vaters Tod mit den jüngeren Schwestern gelebt hatte, traf Karoline sich mit Gunda, und es scheint, als versuche ein innerlich einsamer, hochgeistiger und komplizierter Mensch sich mit einer bodenständigen und realistischen Freundin zu verbinden, um an ihrer Seite das Leben besser bestehen zu können. Karoline bemerkte nicht, daß Gunda kaum Verständnis für ihre weltfremden Ideale und versponnenen Lebensmaximen aufbrachte. Spöttisch lehnte sie ihren Vorschlag von der Idee einer neuen Tugendlehre und moralischen Vervollkommnung ab. Die Welt sei im Grunde schlecht, erklärte Gunda nüchtern, die Philosophie tauge zu gar nichts, und sie verspüre auch nicht die mindeste Lust, sich zu vervollkommnen. Der Bruch war vorhersehbar, und er würde nicht zugunsten von Karoline ausgehen. Eine Haßliebe entstand, der sie nicht gewachsen war. Sie wird am Ende die Verliererin und die Betrogene sein.

War Gundas hochmütige Herablassung, mit der sie die Freundin behandelte, Teil ihrer Strategie, Karoline über ihre wahren Absichten im unklaren zu halten? War die listige Verschwiegenheit beabsichtigt? Denn gerade zu jener Zeit lernte Gunda Friedrich von Savigny kennen. Clemens, der im Januar 1801 in seine Nähe gezogen war, hatte ihn Mitte April nach Frankfurt mitgebracht, wobei ihn die Hoffnung beseligte, der Freund werde sich für die von ihm bevorzugte Bettine begeistern. Savigny aber lernte zuerst Gunda kennen, deren praktisches Denken ihm, dem Weltungewandten, zusagte. Gunda wiederum war außerordentlich von Savigny

Gunda von Savigny, geb. Brentano, im Alter
von neunundzwanzig Jahren.
Zeichnung von Ludwig Grimm, Landshut 1809.

angetan und beteuerte Clemens, noch nie einen Mann erlebt zu haben, der so klar und bewußt seine Laufbahn verfolge wie dieser Mann. Die Ruhe und Überlegenheit des jungen Juristen hatten ihr sehr imponiert.

Wurde bei diesem Besuch auch über Karoline von Günderrode gesprochen? Hatte sich Savigny nach ihr erkundigt, als er hörte, sie sei oft im Hause? Jedenfalls spürte Gunda in Karoline die Nebenbuhlerin, so daß es ihr ratsam schien, die Begegnung geheimzuhalten. Karoline erfuhr nichts von Savignys Besuch, in keinem von Gundas Briefen taucht sein Name auf.

Mitten im Sommer 1801 ereignete sich etwas Furchtbares. Karolines Schwester, die temperamentvolle und kluge Charlotte, die sie sehr liebte, erkrankte schwer. Die kaum Achtzehnjährige, eine begabte Zeichnerin, die Kopien nach italienischen Kupferstichen anfertigte, litt an Schwächeanfällen. »Schwindsucht« lautete die Diagnose, oder »Auszehrung«. Daran war seinerzeit schon die dreizehnjährige Louise gestorben. Die Krankheit, in Wirklichkeit Lungentuberkulose, war unheilbar. Man rief nach Karoline.

Am Krankenbett sitzend, Charlottes Sterben vor Augen, befaßte sich Karoline mit dem Gedanken einer frühen Vollendung, die dem Tod seinen Sinn verlieh. Charlotte wurde dünner und durchsichtiger, man konnte zusehen, wie sie litt. Es gab keinen Arzt und keine Medizin, die ihr hätten helfen können. Der Tod könne das Ende nicht sein, erklärte ihr Karoline fest, allenfalls eine veränderte, gleichsam veredelte Form, der Übergang von der irdisch begrenzten in eine universelle Existenz. In dieser Phase der Krankheit war es an ihr, die Schwester zu ermutigen, und sie tat es auf rührende Weise. »Vollkommenheit« war das Zauberwort.

Recht viel wissen, recht viel lernen, und nur die Jugend nicht über-
leben. Viel lernen und jung sterben, es wurde zu ihrer Lebens-
maxime. Um es zu verdeutlichen, machte sie für die Schwester ein Gedicht.

Schicksal und Bestimmung

Hoffend, wünschend, suchst du – doch vernimm die Lehre,
Wenn dem Herzen jeder Wunsch befriedigt wäre,
Ungestillet bleibt das Sehnen deiner Brust.

Freundschaft, Liebe winken freundlich aus der Ferne,
Wie am Horizonte hell die Brüder Sterne,
Doch das eherne Geschick verschont sie nicht …

Darum entsage willig auch dem liebsten Gute,
Daß dein oft getäuschtes Herz nicht schmerzlich blute.
Edlerm Streben spare deines Geistes Kraft …

Blicke stolz hinauf zum herrlich hohen Ziele,
Dräng' ihm zu, und wankst du, irret auch dein Wille,
Deiner Würd' und Freiheit bleibst du dir bewußt.[62]

In Hanau hatte Karoline niemanden, zu dem sie hätte kommen können mit ihren schweren Gedanken. In ihrer Einsamkeit wandte sie sich ausgerechnet an Gunda, die davon
nichts verstand und auch nicht wissen wollte. Jeder Mensch
trage ein höchstes Ideal in sich, bemerkte Karoline. Habe er
dieses Ideal erreicht, so könne er, unabhängig von seinem
Alter, ruhig sterben. Lotte, obwohl erst siebzehn, habe diese
Reife erreicht. *Meine Schwester Lotte ist sehr übel, lange kann*
sie nicht mehr leben, und die wehnige Tage kann ich ihr noch durch

*mein Hiersein Vergnügen machen. Nie habe ich iemand gesehen
der dem Tode so reif ist als sie; ihre Laufbahn ist auch ihren intel-
lektuellen Kräften nach geendet; denn ihre Seele ist so geartet daß
sie sich nie nach außen glüklich entwiklen wird, nie wird man ihren Blick aus ihrem Innern abziehen können, und dieses Innere
hat geblüth und seine Früchte (nur in, und für sich) getragen. Jetzt
kann in ihr nichts mehr wachsen, als der Tod und die Vernichtung; glücklich daß der physische Tod ihr zu Hülfe kommt.*[63]

Karoline suchte Trost in dem Gedanken, der Mensch könne sein individuelles Ich dem All in verschönerter, vergei-
stigter Form zurückgeben. Wenn das unendliche Leben aber
aus einem einzigen Ursprung kam, zu dem jeder Mensch mit
seinem Tod zurückkehrte, dann war sein Lebenssinn erfüllt.
Sie notierte sich: *So gibt jeder Sterbende der Erde ein erhöhteres,
entwickelteres Elementarleben zurück, welches sie in aufsteigenden
Formen fortbildet; und der Organismus, indem er immer entwik-
keltere Elemente in sich aufnimmt, muß dadurch immer vollkom-
mener und allgemeiner werden.*[64]

Doch gegen die Melancholie, die sie befiel, halfen keine
Spekulationen. *Mir ist oft schwer zu Mut,* klagte sie. *Es freut
mich nichts, es schmerzt mich nichts bestimmt,* sagte sie zu Gunda,
*ich bin in dem elendsten Zustand, dem des Nichtfühlens, des dump-
fen kalten Dahinschleppens. In diesem Zustand hasse ich mich
selbst.*[65] Dazu kam die Einsamkeit. *Mein Leben ist so leer, ich
habe so viel Langweilige und unausgefüllte Stunden.*[66] Caroline
von Barkhaus war bis zum Herbst auf ihrem Landgut. Lisette
von Mettingh stand im Begriff, sich zu verloben. Bettine
Brentano weilte bei ihrer Großmutter in Offenbach, genoß
den blühenden Garten mit der langen Reihe hoher Pappeln
und schwärmte von Beeten mit Narzissen, Rosenbüschen
und Levkojen. Von Savigny kam keine Nachricht, er schrieb
in Marburg an seiner Dissertation. Sie aber war zum Stift

*Die Promenade in Wilhelmsbad, wo sich die zweiundzwanzigjährige
Karoline von Günderrode 1802 mit Gunda Brentano
aufhielt. Gemälde von August Wilhelm Tischbein, um 1790.*

verurteilt, saß jetzt am Bett der Schwester, litt unter der bedrückenden Leere und ihren brennenden Augen. Wilhelmine las ihr den Roman *Godwi* von Clemens Brentano vor. *Es gehört zu dem Leben meiner Seele, dass mich irgend eine Idee begeistre,* hat Karoline zu Clemens gesagt.

Es ging ihr schlecht – da winkte unverhofft die Möglichkeit, mit Gunda nach Wilhelmsbad zur Kur zu fahren. Karoline kannte den Ort, seit der Arzt sie eines »Nervenleidens« wegen vor zwei Jahren dorthin beordert hatte. Das schöne Kurbad mit Brunnen, Promenaden und gläserner Orangerie schien zum gemeinsamen Aufenthalt wie geschaffen. Doch es wurde eine Enttäuschung. Gunda war unfähig, sich auf die sensible Partnerin einzustellen. Vor den Augen des eleganten Publikums benahm sie sich noch affektierter als gewöhnlich. Sie hatte gelernt, sich in einer von Männern dominierten Welt als betont weiblich zu produzieren, um möglichen Verehrern zu gefallen. Das Zusammensein wurde eine Enttäuschung.

War über Savigny gesprochen worden? Gunda war imstande, ihr auch diese Freude zu nehmen. Karolines Verhältnis zu ihr war ambivalent. Sie beteuerte, gern mit ihr zusammenzusein, und war dennoch fast immer enttäuscht. Von Clemens wissen wir, daß er Gunda durchschaute, er klagte sie an, durch ihre Intrigen jede gute Beziehung zu zerstören. Karoline lebte in ständiger Anspannung und war nach dem Aufenthalt in Wilhelmsbad unglücklicher als zuvor.

Kein einziges Mal war es zu einem richtigen Gespräch gekommen. *Gunda, ich bin ungeduldig, übler Laune ... ganz elend innerlich.* Gunda sei ekelhaft unnatürlich und falsch. *Denn Du Wandelbare bist doppelt wandelbar, aus natürlichem*

Hang und aus Koketterie, die denn auch wie Du sagst, Natur ist, schrieb sie am 4. September 1801. *Ich kann mein Urtheil über Dich nicht zurük nehmen.* Nicht nur in Wilhelmsbad, auch sonst sei sie kalt und unfreundlich. Freundschaft bedeute ihr anscheinend nichts. *Ich weis nicht Gunda ob ich Dir etwas von mir sagen soll, da ich fast gewis annehmen kann daß Du keinen Antheil an dem nehmen kanst was ich Dir von mir sagen mögte. Die Einseitigkeit unseres Briefwechsels erregt mir auch unangenehme Empfindungen. Ich schlage Töne an und höre nur immer dieselben monotonen Klänge* ... (21. September 1801)[67]

Durch Karolines Briefe an Gunda erfährt man, wie bitter sie ihre eigene Situation empfand und alles verachtete, was die Geschlechterrolle den Frauen an Demut, Heuchelei und Verstellung aufzwang. *Schon oft hatte ich den unweiblichen Wunsch mich in ein wildes Schlachtgetümmel zu werfen, zu sterben. Warum ward ich kein Mann! Ich habe keinen Sinn für weibliche Tugenden, für Weiberglükseligkeit. Nur das Wilde, Grose, Glänzende gefällt mir. Es ist ein unseliges aber unverbesserliches Misverhältniß in meiner Seele; und es wird und muß so bleiben, denn ich bin ein Weib, und habe Begierden wie ein Mann, ohne Männerkraft. Darum bin ich so wechselnd, und so uneins mit mir.* (August 1801)[68]

Das sind die Schlüsselsätze einer Frau, die die ihr zugemutete Lebensform ablehnte. Sie mußte ins Stift, mußte den alten Großvater pflegen, an Krankenbetten ausharren – ihr Bruder Hektor aber durfte studieren, Clemens Brentano reiste, wohin er wollte, und Savigny besuchte Paris. Ihr hingegen war jede Tätigkeit verwehrt, ein Beruf kam nicht in Frage, und selbst als Dichterin hatte sie stets die »Grenzen des Weiblichen« zu beachten. Tatsächlich wird ein Rezensent ihr vorwerfen, daß sie, mit einem weiblichen Körper und sanften Gesichtszügen versehen, dennoch versucht habe, *in männlichem Geist* zu dichten. Man erwartete von ihr heitere Verse und Liebesgedichte. Sie aber hatte andere Ideen, andere Vorstellungen, andere Ziele. *Ich habe keinen Sinn für weibliche Tugenden, für Weiberglükseligkeit* ...

Die Kindheit Karolines hatte stattgefunden vor dem Hintergrund der Französischen Revolution, die die gesamte europäische Geschichte über zwanzig Jahre bestimmte. Die Revolutionsarmee marschierte in Hessen ein, die preußische Armee folgte, Friedrich Wilhelm II. residierte mit seinen Söhnen in Frankfurt. Man erfuhr von den Greueln in Paris, dem wütenden Revolutionstribunal. Der französische König Ludwig XVI. und Marie Antoinette wurden unter der Guillotine enthauptet, Aristokraten ins Gefängnis geworfen und ermordet. Als Karoline dreizehn war, wurde die Stadt Mainz belagert und bombardiert, es brannten das Schloß und der Dom, der am 18. Juni 1793 mit allen Schätzen und einer kostbaren Bibliothek in Schutt und Asche sank. Goethe schilderte seiner Frau, wie *die Kirchen, die Thürme, die ganzen Gassen und Quartiere eins nach dem andern im Feuer aufgehn.*[69] Drei Jahre später wurde auch Frankfurt beschossen. Unter dem französischen General Kléber begann am 12. Juli 1796 ein Bombardement, dem 140 Häuser in der Judengasse und andere Teile der Stadt zum Opfer fielen; es entstand ein Schaden von vier Millionen Gulden. Goethes Mutter berichtete von brennenden Häusern, Löschwagen, Sterbenden und Verzweifelten.[70] Frankfurts Einwohner verließen die Stadt auf hochbepackten Wagen in Richtung Hanau; die Rätin Goethe floh zu ihrer Freundin Madame La Roche nach Offenbach. Frankfurt wurde den Franzosen übergeben und hatte Kontributionen in Höhe von sechs Millionen Franken zu leisten, dazu wurden Geiseln genommen, unter ihnen auch der Schultheiß Friedrich Maximilian Freiherr von Günderrode, der für sieben Monate nach Frankreich verschleppt wurde. Karoline erlebte als Sechzehnjährige diese Demütigungen mit. Napoleon besiegelte das Ende des Heiligen Römischen Reiches. *Gestern wurde zum ersten mahl Kaiser und Reich aus dem Kirchengebet weggelassen,* meldete Goethes Mutter ihrem Sohn, ganz Frankfurt sei bedrückt.[71] Die Bevölkerung litt unter wechselnder Einquartierung und Fremdherrschaft. Großmutter Luise von Günderrode klagte ihrer neunzehnjährigen Enkelin, daß die Soldaten und Offiziere wie Vögel in ihr Butzbacher Haus eingefallen seien. Seit ihrer Kindheit hatte Karoline Besatzung, Krieg, Unterdrückung und die Mutlosigkeit der Bevölkerung erlebt. *Schon oft hatte ich den unweiblichen Wunsch mich in ein wildes Schlachtgetümmel zu werfen, zu sterben. Warum ward ich kein Mann.*

Ihren Brief vom 21. September 1801 an Gunda beendete Karoline mit dem Ausruf: *Ein pigmäisches Zeitalter, ein pigmäisches Geschlecht spielt iezt, recht gut nach seiner Art ...* In ihrer Dichtung beschäftigte sie sich mit Frauen, die zum Schwert griffen, um das Vaterland zu retten.

Stolze Frauen, mutige Heroinen als Gegenentwurf zum kleinlichen Zeitalter? Mora im gleichnamigen Gedicht kämpft in Männerkleidung für den Geliebten, Darthula stirbt für den Vater und die Brüder den Heldentod.

Dann erfuhr sie, was Gunda verheimlicht hatte. Es war eine Entdeckung, die für Karoline entsetzlich gewesen sein muß: Gunda und Savigny hatten sich im Juni 1801 wiedergesehen und einen intensiven Briefaustausch begonnen. Gunda ging energisch und zielstrebig vor. Diesmal war es Savigny, den sie erobern wollte. Ihre Selbstsicherheit beruhte nicht zuletzt auf dem stattlichen Vermögen, das ihr der Vater hinterlassen hatte. Karoline aber erhielt gerade in diesen Tagen Post vom Vermögensverwalter, der ihr eine miserable finanzielle Situation vor Augen stellte und dem sie das Schlimmste zutraute: die Veruntreuung ihres Erbes. Sie hatte nicht die Möglichkeiten, die einer Gunda Brentano zur Verfügung standen. Ihre Lage war trostlos. Nicht krank, aber immerzu kränkelnd, saß sie seit der Rückkehr von Wilhelmsbad am Bett von Charlotte. Gunda hingegen machte Pläne. Im Oktober 1801 kam Savigny wieder für ein paar Tage nach Frankfurt, um mit Clemens zu einer zweiten Rheinreise aufzubrechen. Karoline war in Hanau, sah ihn nicht, sprach ihn nicht. ... *ich bin in dem elendsten Zustand* ...

Zwar hatte Gunda sie in Hanau besucht, doch mutloser als je zurückgelassen. Worüber war gesprochen worden bei diesem Besuch? Karoline war zutiefst niedergeschlagen. *Gunda, ist es nur die Liebe, die in diese dumpfe Leerheit Leben und Empfindung gießt?* fragte sie nahezu verzweifelt. Sie, die nach Bestätigung hungerte, bekannte offen: *Mir scheint es so süß, von ausgezeichneten Menschen geliebt zu sein; es ist mir der schmeichelhafteste Beweis meines eigenen Werthes ...* Aber sie habe Schwierigkeiten, echte Freunde zu finden. *Auch die Freundschaft versagt mir ihre glücklichen Täuschungen. Menschen, die mir Sinn und Liebe für interessante Gegenstände und ein gewisses Streben darnach zeigten, wurden oft meine Freunde, weil mir Mitteilung Bedürfnis ist.* Wenn aber diese Menschen ihr nichts geben könnten, werde sie empfindungslos und kalt. *So brachten mir freundschaftliche Verhältnisse meistens mehr Schmerz, als Freude.* Ohne den Namen zu nennen, sprach sie von Savigny. *Und fände ich auch den Freund, der alles wäre, was ich wünschte, so würde ich mich seiner unwert finden; und die Seligkeit selbst hätte Dornen für mich.*[72] (24. November 1801)

Von früh an, seit sie den Vater verlor und sich der Mutter entfremdete, wußte sie um die Zerbrechlichkeit aller Verhältnisse. Sie liebe meist nicht den Menschen, sondern nur das »Vortreffliche« an ihm, sagte sie zu Gunda. Das erinnert an ihr Narziß-Gedicht:

> *Ich liebe Menschen nicht, und nicht die Dinge,*
> *Ihr Schönes nur, und bin mir so getreu ...*[73]

Gunda scheint auf die selbstquälerischen Reflexionen, mit denen die Freundin ihr eigenes Glück zerstörte, mit Spott reagiert zu haben. Am letzten Tag des Jahres, dem 30. Dezember 1801, schrieb ihr Karoline einen Absagebrief, der ungewöhnlich böse ausfiel. *Deine Behauptung daß alles in der Welt D r e c k sei, ist mir ganz fatal,* empörte sich Karoline, *so lange ich noch Athem habe, werde ich mit Dir darüber disputieren ... Du verschonst nicht einmal das Weltall. Mich wirst Du gar nicht verschont haben seit ich hier bin. Du wirst wehnigstens Hochverrath an mir begangen haben. Ich weis was man von Dir erwarten kann ... Ich muß mich mit Gewalt zurück halten, ich würde zehn Seiten voll Lästerungen gegen Dich aufbringen können ...*[74]

Die Auseinandersetzung zweier unterschiedlicher Frauen, die beide denselben Mann liebten, war damit noch nicht beendet.

IX. *Charlottes Tod. Erste Gedichte*

Charlotte von Günderrode starb am 29. Oktober 1801, achtzehn Jahre alt. *Die Sterne wälzen sich herauf über deinem Grabe, und steigen hernieder! Der Strom der Jahre rollt über dich dahin; seine Wogen bedekken dich, und du wirst vergessen. Aber ich will aus der Vergangenheit einige zerstobene Splitter deines Geistes auffassen.*[75] Das waren Karolines Gedanken über Leben und Sterben am Todeslager der Schwester.

Es hat sich eine Traum-Aufzeichnung erhalten, die nicht zur Veröffentlichung gedacht war, sie fand sich erst im Nachlaß. Darin fällt das Bild von den Kornähren auf, gewöhnlich ein Symbol für Fruchtbarkeit, hier aber »zu Boden gedrückt« – Klage über den eigenen Zustande unterdrückter Weiblichkeit.[76] *Ich ging an Lottens Seite durch eine schöne Gegend; vor uns war ein kleines zerfallendes Landhaus zwischen Kornfelder(n) und Wiesen, aber alle Kornähren lagen wie von ihrer eignen Schwere zu Boden gedrükt. Lotte war weis gekleidet, bleich u schwankend; u meine Seele war traurig. Die Zeiten wechslen und eilen, sagte ich: die Geschlechter vergehen, u du bist so krank, u wirst auch bald vergehen. Ach! sagte sie: sei nicht traurig dass die Geschlechter vergehen, u dass ich auch bald vergehe. – –*[77]

Durch den Tod der Schwester kam Karoline zum Studium der Naturwissenschaften und der Philosophie. Sie wollte das Leben ergründen und begreifen, wollte es in naturwissenschaftlicher, organischer und weltanschaulicher Hinsicht analysieren, suchte nach einem Lehrer, der ihr Privatstunden gab, legte Studienhefte an und notierte sich das Wichtige aus geliehenen Büchern. Sie wollte lernen, lernen – es war, wie sie erkannt hatte, die einzige Möglichkeit, das nachzuholen, was den Brüdern an den Universitäten geboten wurde, es hob den Geschlechtsunterschied auf, machte sie gleichrangig auf dem Gebiet des Wissens.

Ein Trost wurde ihr in der Zeit von Charlottes qualvollem Sterben die Kenntnis von Schellings Naturphilosophie. Von ihm lernte Karoline, daß man nicht an das sichtbare Dasein gebunden war, sondern daß es außerhalb *dieser kleinen Tags- und Weltgeschichte* etwas gab, worin die Seele auch nach dem Tod aufgehoben war. Wie entscheidend diese Erkenntnis für sie war, zeigt ein späterer Brief an Creuzer: *Zugleich dankte ich dem Schicksal, daß es mich solange hatte leben lassen, um etwas von Schellings göttlicher Philosophie zu begreifen, und was ich noch nicht begriffen, zu ahnen; und daß mir wenigstens vor dem Tode der Sinn für alle himmlischen Wahrheiten dieser Lehre aufgegangen ...*[78]

Schellings Lehre gab ihrem Leben ein neues Ziel. Es ging darum, eine moralische Stärke zu entwickeln, die größer war als alle materiellen Dinge. Äußerlichkeiten fielen dann von einem ab wie Plunder. Sie hatte noch mit Charlotte darüber gesprochen, beide waren sie glücklich gewesen bei der Vorstellung, auf diese Weise zur Überlegenheit im Leben zu gelangen und zu einer Sicherheit bei dem Gedanken an den Tod, die einem niemand würde rauben können.

Ein halbes Jahr nach Charlotte starb am 6. April 1802 auch die fröhliche Amalie, Karolines jüngste Schwester. Auch sie war achtzehn Jahre alt, auch an ihrem Bett hatte Karoline gewacht, hatte sehen müssen, wie die Krankheit den Körper peinigte und auszehrte. Der Verlust muß sich tief eingegraben haben. Amalie, die lachte und scherzte und so gerne auf Bälle ging, war nicht zu ersetzen. Von nun an gab es keinen heiteren Austausch mehr über Bücher, Seidenkleider, Ohrringe und Maskenfeste.

Schon lange hatte die Angst vor dem drohenden Verlust

Karoline beherrscht. Sie äußerte sich in Träumen, die den Tod antizipierten. *Ich hatte zwei Schwestern, die Älteste liebte ich vorzüglich, weil sie mit mir eine große Ähnlichkeit der Gesinnung hatte.* Sie sah im Traum, wie die Schwestern ihr in einer Regennacht aus dem dunklen Hof des Karlsruher Hauses, in dem sie als Kinder wohnten, entgegentraten wie Geister aus einer furchteinflößenden Kammer, die man nie betreten durfte: der Kammer des Todes. *Es träumte mir noch mehrmals sie sei gestorben, obgleich sie sehr gesund war. Nach zwei Jahren erfüllte sich der Traum, beyde starben kurz nacheinander –* [79]

In ihrem Gedicht *Die Bande der Liebe* beschreibt sie die Angst vor der Übermacht der Verstorbenen, die den Lebenden durch »Liebesbande« fesseln. Ein makabrer Gedanke wird zu Papier gebracht: der Tote holt die lebensvolle Frau zu sich. Unablässig beschäftigt sich Karoline von Günderrode von nun auf fast pathologische Weise mit dem Tod.

Ach! Mein Geliebter ist tot! Er wandelt im Lande der Schatten
Sterne leuchten ihm nicht, ihm erglänzet kein Tag ...

Und ich hauche die Kraft der Jugend dann in den Schatten,
Daß ein lebendig Rot wieder die Wange ihm färbt,
Daß die erstarrten Pulse vom warmen Hauche sich regen,
Und der Liebe Gefühl wieder den Busen ihm hebt.
Darum fraget nicht, Gespielen! Was ich so bebe?
Warum das rosigte Rot löscht ein ertötendes Blaß?
Teil ich mein Leben doch mit unterirdischen Schatten,
Meiner Jugend Kraft schlürfen sie gierig mir aus. [80]

Der Weg aus der Welt der Unvollkommenheiten und Enttäuschungen führte zur Poesie. Die Gedichte, die von unvergänglicher Schönheit handeln, ferne Länder und Zeiten heraufbeschwören und pathetisch von Herrschern und Propheten, Helden und Heldinnen sprechen, waren Ersatz für das triviale Leben im Stift und im Kaufmannshaus.

Einzige Freude in dieser Zeit war die Poesie. *Vor einiger Zeit gelang es mir mich in eine schöne erhabne Phantasie Welt zu schwingen, in Ossians halbdunkle Zauberwelt* . . . Karoline hatte Gunda lange nicht sagen wollen, daß sie es unternahm, eine große nordische Ballade zu dichten. Die Anregung verdankte sie dem Werk eines »alten celtischen Helden und Barden« namens Ossian, das 1775 in drei Bänden erschienen und in ihrem Besitz war. Die alten nordischen Heldenlieder, die auch die Romantiker begeisterten, versetzten sie wie in einen Rausch. Schon in Goethes *Werther* hatte sie die »Lieder an Selma«, auch bei Herder von Ossian gelesen. Franz Schubert wird *Ossians Gesänge, Kolmas Klage* vertonen, Felix Mendelssohn-Bartholdy die *Hebriden-Ouvertüre* schreiben, Brahms den *Gesang aus Fingal* komponieren. (Daß ein Schotte namens Macpherson in Wirklichkeit diese »alten« Lieder schrieb, erfuhr die Welt erst hundert Jahre später.)

Gestern las ich Ossians Darthula, und es wirkte so angenehm auf mich; der alte Wunsch einen Heldentod zu sterben ergriff mich mit groser Heftigkeit; unleidlich war es mir noch zu leben, unleidlicher ruhig und gemein zu sterben. Die alten Verse, schrieb Karoline an Gunda, *sie kommen mir vor wie Liebestränke.* (29. August 1801) Dichtung als Narkotikum gegen das eigene Elend.

Darthula war die Tochter des sagenhaften Königs Colla, die Geliebte des tapferen Nathos. Dichtend erschuf sich Karoline eine Heldin voller Kraft und Schönheit – kein Zweifel, daß sie ihr gleichen wollte.

Wer? o Nathos! Ist an deiner Seite!
Traurig seufzt im Wind ihr braunes Haar
Lieblich ist sie, wie der Geist der Lüfte,
Eingehüllt in leichte Nebeldüfte;
Schön vor allen Collas Tochter war.

Einer nordischen Amazone gleich, tritt Darthula gegen den
Feind an, bis seine Pfeile sie zu Boden strecken. Es war wiederum Bettine, die, von der schockierenden Schönheit dieser Poesie hingerissen, alle neunundreißig Strophen in ihrem
Günderode-Buch zitierte.[81] *... und wenn ich Dein Haar flechten*
wollt, da hast Du michs lassen aufflechten und wieder flechten, und
erfandest Ossians-Gesänge, während ich es kämmte.

Deine Locken gleich den Raben düster,
Deine Stimme wie des Schilfs Geflüster,
Wenn der Mittagswind sich leise wiegt.

Weißt Du noch, wie ich's Dir still nachsang, was Du so schauer-
lich mir vorsagtest, und weißt Du wohl, daß da mein Herz ganz
voll Thränen war ... Ich wollt Dirs nicht zeigen, wie tief das in
mich ging:

Collas Tochter sank zum Schlafe nieder
O! wann grüßest du den Morgen wieder?
Schöngelockte! Wirst du lange ruhn?
Ach, die Sonne tritt nicht an dein Bette,
Spricht: erwach aus deiner Ruhestätte,
Collas schöne Tochter, steig herauf! –

Junges Grün entkeimet schon dem Hügel,
Frühlingslüfte fliegen drüber her.
Sonne birg in Wolken deinen Schimmer!

Denn sie schläft, der Frauen Erste! – nimmer
Kehret sie in ihrer Schönheit mehr.

Ich kann mir unter Collas Tochter immer nur Dich denken; denn
sie schläft, der Frauen Erste! – und so hab ich in mancher Stunde
mit Thränen Dich besungen ... es sind die zwei Stellen, die ich
aus Deinem Lied auswendig weiß, weil Du sie in meiner Gegen-
wart gemacht hast, im Dunkel, und sagtest zu mir: behalt es aus-
wendig, bis Licht kommt, ich will unterdes weiterdichten ... Gün-
derode, wie schön war doch das! – wie werd ich je Schönres erleben
als mit Dir! – [82]

Gedichte sind Balsam auf Unerfüllbares im Leben, hat Karoline
von Günderrode gesagt. Für sie war die Berufung zur Künstlerin Glück und Fluch zugleich. Nie konnte sie es sich leicht-
machen, nie fiel ihr etwas in den Schoß. Dichten war immer
mit Lernen, mit Arbeit und Konzentration verbunden. In
einer vom Nützlichkeitsdenken geprägten Zeit wollte sie
auch den Nutzen des Künstlers beweisen. *Die Leute sagen*
ich sei unnüz weil ich kein Geschäft treibe, u ich arbeit doch durch
den Einflus den ich auf manches Gemüth habe, für das Ewige.[83]
Zum Inhalt wählte sie nicht, wie andere Dichterinnen der
Zeit, empfindsame Naturerlebnisse oder weiblichen Liebes-
schmerz, ihre Gedanken blieben nie im Kleinlichen stecken,
sondern behandelten die großen Rätsel des Lebens, Helden-
taten und Ruhm, Jugend, Tod und Unsterblichkeit. *Glück-*
liche! denen vergönnt ist zu sterben in der Blüthe der Freude, die
aufstehen dürfen vom Mahle des Lebens, ehe die Kerzen bleich
werden und der Wein sparsamer perlt ...[84]
In der Erzählung *Die Erscheinung* schildert sie einen jungen König, der seinen angeblich verräterischen Freund mit
eigener Hand ermordet und sich ins Meer stürzt, als ihm

der Tote »erscheint« und seine Unschuld beteuert: *verschlungen von den Fluten war der Jüngling, in der Blüte der Jugend, in dem Glanze des Ruhms.*[85]

Bettine liebte die »Ewigkeitsgedichte« der Günderrode, die vom Weiterleben, vom Ruhm sprachen, so wie auch in *Mahomets Traum in der Wüste.*

> *Jetzt sinket die Nacht*
> *Und glänzend ertagt*
> *Der Morgen in seiner Seele.*
> *Nichts! ruft er, soll mich mehr bezwingen:*
> *Daß Licht nur werde! sei mein Ringen,*
> *Dann wird mein Tun unsterblich sein.*[86]

Es war der melodische Klang der Verse, den Bettine, seit sie sie erstmals gehört hatte, nie wieder vergaß. Möglicherweise ist das Gedicht *Die Töne* von 1802/1803 durch sie, die im Unterschied zu Karoline sehr musikalisch war und Unterricht in Komposition und Gesang nahm, angeregt worden.

Die Töne

> *Sie schlüpften flüsternd durch der Bäume Wipfel*
> *Und hauchten aus der Nachtigallen Brust,*
> *Mit mutgen Strömen stürzten sie vom Gipfel*
> *Der Felsen sich in wilder Freiheitslust.*
> *Sie rauschten an des Menschen Ohr vorüber*
> *Er zog sie in sein Innerstes hinüber.*

> *Und da er unterm Herzen sie getragen*
> *Heißt er sie wandeln auf der Lüfte Pfad,*

Und allen den verwandten Seelen sagen
Wie liebend sie sein Geist gepfleget hat.
Harmonisch schweben sie aus ihrer Wiege
Und wandeln fort und tragen Menschenzüge.[87]

Solche Gesänge waren es, die Bettine Brentano als »Seelen-
tanz« empfand.

x. *Erotische Anträge: Clemens Brentano. 1802*

Am 4. April 1802 wurde Bettines siebzehnter Geburtstag gefeiert. Karoline war zum Fest ins Haus geladen, Marianne Jung kam dazu, auch Fritz von Leonhardi war dabei, obwohl er Bettine nicht ausstehen konnte – sie hat Clemens die gegenseitige Abneigung selber beschrieben. Als sie mit Leonhardi in der Kutsche nach Trages fuhr, habe sie immerzu fröhlich gepfiffen, was er sich verbat, weil er in einem dicken Folianten lesen wollte. Um ihn zu ärgern, ergriff sie die Zügel, die Pferde wurden wild und gingen durch . . .

Clemens kam aus Marburg und sah bei dieser Gelegenheit die zweiundzwanzigjährige Karoline wieder. War Bettine nicht sehr verändert, seit sie mit dem Stiftsfräulein zusammen war? Sie entzog sich ihm, ja sie benutzte die neue Freundin als Schutzwall gegen seine brüderlichen Ermahnungen. Er betrachtete Karoline mit neuem Interesse und nutzte die Chance, sich der jungen Frau, deren Schönheit ihm wieder einmal in die Augen fiel, ausgiebig zu widmen. Hatte nicht Bettine berichtet, daß die Günderrode Gedichte verfaßte? Dazu schwieg sie, doch über seinen *Godwi* sprach sie mit Wärme. Ihre helle Haut fiel ihm auf, der Anblick ihrer unbedeckten Arme nahm ihn gefangen, ihr weibliches Fluidum verwirrte ihn. Die Frühlingsnacht tat ein übriges, ihn vollends zu berauschen. Glühend wünschte er sich in die weißen Arme dieses »Engels«.

Karoline scheint von dem temperamentvollen vierundzwanzigjährigen Studenten ebenfalls nicht unbeeindruckt gewesen zu sein. Mit seinen dunklen Locken und schwarzen Augen sah Clemens Brentano blendend aus, verfügte dazu über eine seltene Wortgewandtheit, reimte aus dem Stegreif und spielte auf der Gitarre eigene Melodien, es war nicht leicht, sich seinem Charme zu entziehen.

Hat Karoline ihm Hoffnungen gemacht?

Einen Monat später erhielt sie einen Liebesbrief. Er kam nicht von Savigny, sondern von Clemens Brentano. Und es war mehr als ein Liebesbrief, es war ein eruptiver erotischer Erguß. Kannte Clemens ihre noch unveröffentlichten Gedichte, in denen sie die Liebe absolut setzte? In schwülen und schwülstigen Worten erbat, ja erzwang er sich die körperliche Vereinigung mit ihr, der mitternächtlich Geliebten. *Gute Nacht! Du lieber Engel! Ach, bist Du es, bist Du es nicht, so öffne alle Adern Deines weißen Leibes, daß das heiße schäumende Blut aus tausend wonnigen Springbrunnen spritze, <u>so</u> will ich Dich sehen und trinken aus den tausend Quellen, trinken, bis ich berauscht bin, und Deinen Tod mit jauchzender Raserei beweinen kann, weinen wieder in Dich all mein Blut und das meine in Thränen, bis sich Dein Herz wieder hebt und vertraut, weil das meinige in Deinem Puls lebt. – O, wenn Du mich kenntest, Du würdest den Muth verlieren, mich zu lieben, den Du nicht fassen kannst, da Du mich nicht kennst. – Ich weiß so unendlich viel, daß es mir das Herz zersprengt, es zu sagen, aber sprechen ist ein langsames Totmartern und lägst Du nur eine Nacht in meinen Armen, so solltest Du Dir meine Liebe an Deinen warmen Brüsten ausbrühen, und Du wüßtest alles, was ich weiß, und brauchtest nicht mehr zu erschrecken über alles, was ich Dir sagen darf, weil ich will ...*

Er überfiel sie mit seinen sexuellen Wünschen und Begierden. Es drängte ihn mit sadistischer Lust, gerade zu ihr, dem Stiftsfräulein, von Gesetzen und Verboten zu sprechen, die er verlachte, und von der Wollust zu schwärmen, in der er sie unterweisen würde, da er sich in den geheimen Dingen des »Liebeswerks« – gemeint war der Beischlaf – auskenne. Es war ein sexueller Okkupationsversuch: nur sie sei imstande, sagte er, sein erotisches Verlangen zu befriedigen: *o ihr armen lieben zweibeinigen Engel in der Hölle und Du, Günderödchen, im Fräuleinstift, was habe ich euch so lieb, ihr Teufel und ihr Engel, mein Herz ist keine arme Seele. Alles das schreibe ich in einem süßen drehenden Rausch, die Mondnacht und der Frühling haben sich nicht gescheut, vor meinen Augen das süße heilige Liebeswerk zu vollbringen und damit das Bewußtsein solcher Wollust nicht verloren gehe, haben sie das Seufzen ihrer Liebe an dem Echo meines Busens gebrochen, und wie sie sich umarmten, verwandelten sie sich in eine goldene, süße, bittere, wollüstige Schlange, die mich mit den lebendigen, drückenden, zuckenden Fesseln ihres Leibes umwand ...*

Unter rauschhaften Wortkaskaden gestand der von Liebesglut Berauschte seine Begierde nach einer wollüstigen, kosmisch erträumten Liebesnacht. Was berechtigte ihn zu derartigen Geständnissen, mit denen er sie verbal mißbrauchte? In den dreihundert Briefen, die Clemens Brentano an seine spätere Frau Sophie Mereau richtete, handelt nur einer auf ähnlich unverblümte Weise von seiner Liebesqual.

Getrieben von der Lust am Verbotenen, ging Clemens im Brief an Karoline, wie um sie aufzustören, bis zum Äußersten. Er, der Mann, schilderte ihr, der Frau, den Vorgang einer Selbstbefriedigung: *da riß ich die Kleider von mir, daß die Umarmung keuscher sei, wie der Blitz schnell und elektrisch, biß mir die goldene Schlange ins Herz ... Sie vergiftete mich mit göttlichem Leben und in mir war ein anderes Leben, es zieht mir mit ergebendem Widerstand durch Adern und Mark, und die Schlange zog durch die Wunde nach, und ringelt sich jetzt freudig und liebend um mein Herz, es ist zu viel, was ich habe.*

Man kann sich kaum vorstellen, wie Karoline von Gün-

CLEMENS BRENTANO 1803

Clemens Brentano im Alter von
fünfundzwanzig Jahren,
anläßlich seiner Eheschließung
mit Sophie Mereau.
Büste von Christian Friedrich
Tieck, 1803.

derrode bei diesem Brief zumute war. War sie schuld an seiner Eruption? Wollte er die unterdrückte Sinnlichkeit des Stiftsfräuleins durch eine glutvolle Vergewaltigung erwecken? *Drum beiße ich mir die Adern auf und will Dir es geben, aber Du hättest es thun sollen und saugen müssen. Oeffne Deine Adern nicht, Günderödchen, ich will sie Dir aufbeißen. O ich bin ein arabisches Roß, warum nicht, wenn ich Dich hier hätte und Du solche Hochzeiten feiern sähest neben mir, so sollte Mondnacht und Frühling uns das Echo sein, das ich ihnen war.*

In seinem Liebesrausch glaubte er sich mit ihr in seinem Begehren einig. *Wenn Du lieb bist, muß ich Dich ja lieben, das ist der Liebe Wesen, mein Wesen und Dein Wesen. Lebe wohl, und habe den Mut, nur darum zu weinen, dass Du nicht bei mir bist im Fleische, sondern nur in Gedanken, denn beide sind eins und nur im Abendmahl genießen wir den Gott, denn alles Wort muß Fleisch werden, auch dies Wort der Liebe. Clemens Brentano.*[88]

Erstaunlicherweise hat Karoline diesen erotischen Ausbruch nicht vernichtet. Wie »lieb« war sie gewesen? War es in jener Nacht zum Kuß gekommen? Hatte er ihr, wie Bettine es umschrieb, einen Apfel geraubt? *Clemens, wenn Du den geraubt hättest, auch zum Spiel nur, und hättest ihn nicht bewahrt als ein Geschenk der Göttin Fortuna, so prophezeih ich Dir Schlimmes. – ... Ich weiß, daß die G ü n d e r o d e Dir gütig gesinnt ist, sie ist die beste und edelste von uns dreien.*[89]

Unglaublich, welche Frechheiten sich ein Mann bei einer allein lebenden, unverheirateten Frau erlauben durfte, die sich solcher Zudringlichkeit nicht erwehren konnte.

Karolines Antwort an Clemens Brentano wurde ein Meisterstück analysierender Psychologie. Sie sah den feurigen Bewerber richtig als den an, der er immer sein würde: ein unausgeglichener, in jedem Augenblick wechselnder Charakter, ein Mann mit vielen Gesichtern, »vielen Seelen«, wie sie sagte. *Es war mir ganz wunderlich zu Muth als ich Ihren Brief ge-lesen hatte,* antwortete sie am 19. *Mai 1802, doch war ich mehr denkend als empfindend dabei; denn es war mir, und ist mir noch so, als ob dieser Brief gar nicht für mich geschrieben sei … Ja ich ver-stehe den Augenblikk, in dem Sie mir geschrieben haben; ich bin überhaupt nie weitergekommen als Ihre Augenblikke ein wenig zu verstehen. Von ihrem Zusammenhang und Grundton weis ich gar nichts. Es kömt mir oft vor als hätten Sie viele Seelen, wenn ich nun anfange einer dieser Seelen gut zu sein, so geht sie fort, u eine andere tritt an ihre Stelle, die ich nicht kenne, und die ich nur überrascht anstarre … Darum kann ich Ihnen auch nicht eigentlich von mir schreiben … Ich bin fleißiger und zeichne auch wieder, kurz ich folge allen Ihren vernünftigen Ratschlägen. Karoline.*[90]

Clemens reagierte in einem veränderten Ton, spielte den Naiven, verwandelte sich vom Sexualprotz zum Kind, das ebendeswegen, weil es Kind ist, keine Sünde begehen kann. Dieselbe List wird auch Bettine in ihrem Buch *Goethes Brief-wechsel mit einem Kinde* anwenden. Karoline habe sich auch nur wie ein Kind verhalten, warf er ihr vor, da sie nach ihm verlangt hätte, *als sie gerade Lust hatte.*

Auf seine erotischen Träume ging Karoline nicht ein. Ihr Antwortbrief wirkt erschütternd. Sie schreibt, als sei sie auf-gespalten in zwei fremde Personen, als begrabe sie sich selbst im Sarg ihrer eigenen tief inneren Entfremdung. *Ich weiß nicht …,* antwortete sie, *meine eigenen Worte kommen mir fast fremder vor als fremde. Auch die wahrsten Briefe sind meiner An-sicht nach nur Leichen, sie bezeichnen ein ihnen einwohnend ge wesenes Leben, und ob sie gleich dem Lebendigen ähnlich sehen, so ist doch der Moment ihres Lebens schon dahin: deswegen kömt es mir aber vor (wenn ich lese, was ich vor einiger Zeit geschrieben habe) als sähe ich mich im Sarg liegen und meine beiden Ichs star-ren sich ganz verwundert an.*[91]

Am 25. April 1802 hatte Savigny wieder Frankfurt besucht und war eine Woche geblieben. Gunda führte inzwischen einen so ausgedehnten Briefwechsel mit ihm, daß Clemens sich schon den Kopf zerbrach, was das ungleiche Paar sich wohl zu sagen hätte. Er glaubte noch immer, Gunda sei in den Arzt Winkelmann verliebt, dabei hätte er es besser wissen können, hatte sie ihm doch schon im Jahr zuvor beteuert: *Ich kenne keinen Menschen, der mir einen wohltätigeren Eindruck gemacht hätte. Ich gebe gern jeden meiner Brüder für ihn hin. Er hat gerade das, was mir fehlt: Ruhe und Bestimmtheit.*[92]

Karolines Verhältnis zu Gunda befand sich auf einem Tiefstand. *Ich werde immer in meinem Herzen bitter oder kalt gegen Dich wenn ich sehe wie alles Gute, wie alle Reitze zum Bessern nicht vermögen dies in Dir zu ändern; ich kann schweigen über diese Dinge, aber ich finde sie verwerflich ...* Es muß ihr schwergefallen sein, zu glauben, daß der einzige Mann, den sie liebte, dieser Frau den Vorzug gab. Clemens war ihrer Meinung, zu Sophie Mereau sagte er: *Diese Liebschaft kann ich nicht begreifen, Savigny ist angeführt dabei.*[93]

Es gibt Anzeichen dafür, daß ausgerechnet Clemens Brentano, der immer nur von Bettine sprach, seinem Freund Savigny auch von Karoline als Ehefrau abgeraten hat. Er warnte ihn vor der verführerischen »Sinnlichkeit« dieser seltsam unerreichbaren Frau, die keineswegs so uneitel sei, wie man denke. Legte sie sich nicht die Haare in Locken und zeichnete die Augenbrauen mit »berustem Kork« nach?[94]

Ferner sollte Savigny wissen: Karoline habe nie genug Geld. Sie habe sich einmal an Bettine gewandt mit der Bitte, ihr etwas zu leihen, sie könne sonst den Schuster nicht bezahlen, dem sie 17 Gulden schulde. Dafür wolle sie Bettine ihren »kleinen Apoll«, eine Marmorfigur unter einem Glassturz, verpfänden. Bettine hatte aus Offenbach geantwor-

Sophie Mereau, geb. Schubart, in Jena.
Anonyme Federzeichnung.

tet: *Geld liegt im Pult am großen Spiegel, in der dritten Schublade links; ... Der Schlüssel liegt unter dem Blumenkasten auf der Altan, wo die Kapuzinerblumen stehn ...*[95] Clemens hatte wahrscheinlich schon von dem unehrlichen Vermögensverwalter von Hoim gehört. Er informierte Savigny am 3. April 1802: *Die Günderode-Kinder sind alle erbittert über das niederträchtige Zutrauen der Mutter auf den Hoim, den außer der Mutter jedermann als einen ausgemachten schlechten Kerl kennt.* Daß, noch weit schlimmer, Karolines Erbe auf dem Spiel stand, ahnte er nicht.

Und wie sah es mit Karolines Gesundheit aus, ihren Kopf- und Augenschmerzen? Savigny erfuhr, daß nach dem Vater und der kleinen Louise nun auch die Schwestern Charlotte und Amalie gestorben waren. Er, der selber elf Geschwister verloren hatte, mußte die Gefahr einer Ansteckung fürchten. Clemens schrieb an Savigny: *Die Günderode ist immer mit der Gundel, sie ist gesund, aber die Gundel hat ihr eine kleine Fontanelle ans Herz gesetzt, die stark fließt, ich heile sie, denn sie ist die Liebe selbst.*[96] »Eine Fontanelle setzen« war Begriff und Methode der damaligen Medizin. Wenn jemand geistig nicht in Ordnung war, wurde ein Loch in die Schädeldecke gebohrt, damit »giftige Dämpfe« austreten konnten. (Dieses grausame Verfahren wurde bei dem Komponisten Robert Schumann in der Irrenanstalt von Endenich mehrfach angewandt.) Clemens wollte Savigny durch seinen Sprachwitz spöttisch mitteilen, Gunda habe auch Karoline eine Fontanelle »ans Herz gesetzt«, damit ihre Liebesglut entweiche.

Karolines Stimmung war die einer Schwermütigen. Bettine beschreibt es im Günderode-Buch. Sie kam ins Stift, ging zu Karoline ins Zimmer. Sie lehnten beide am Fenster. *Du standest neben mir und warst ganz still versunken in die Dämme-*

rung, und endlich sagtest Du: ›Warum bist du heute so schweig-
sam? Ich sagte: ›Ich esse meine Oliven, das beschäftigt mich, aber
du bist doch auch stille, warum bist du still?‹ – ›Es gibt ein Verstummen der Seele‹, sagtest Du, ›wo alles tot ist in der Brust.‹ –
›Ist es so in dir?‹ fragte ich. – Du schwiegst eine Weile, dann sagtest Du: ›Es ist grade so in mir, wie da draußen im Garten, die
Dämmerung liegt auf meiner Seele wie auf jenen Büschen, sie ist
farblos . . .⁹⁷

XI. *Ausflug im Gewitter: Achim von Arnim*

Mit dem ihm eigenen Enthusiasmus verkündete Clemens
Brentano seiner Schwester Bettine, daß ein Freund sein Erscheinen gemeldet habe, den zu kennen ein großes Glück
sei. Es war Achim von Arnim, Student der Physik im dritten
Semester, einundzwanzig Jahre alt, und es gab niemanden,
der den jungen Aristokraten aus alter preußischer Familie
nicht als schön und edel bezeichnet hätte. Creuzer beneidete ihn um sein festes und sicheres »Auftreten auf der Erde«,
Clemens nannte ihn seinen »Herzbruder«. Arnim war groß
und kräftig, hatte dichtes braunes Haar, braune Augen und
ein schön geschnittenes Gesicht. Bettine fand ihn geradezu
»königlich«. Sie, die ihn neun Jahre später heiratete, hat ihren
Kindern erklärt, alle Menschen hätten nur *Gesichter*, er aber
habe ein *Antlitz*.

Arnim war Anfang Juni 1801 in Frankfurt eingetroffen,
um mit Clemens eine Rheinreise zu unternehmen. Bettine
sah an der Anlegestelle ihren Bruder ins Schiff springen. Sie
lief ins Stift und berichtete Karoline ihren Eindruck. *Es sei
prophetisch, meinte gleich die G ü n d e r o d e! – Und wir verbrach-
ten noch den letzten Nachmittag in ihrem Stiftskämmerchen mit
Glossen über Dich.* Clemens habe nämlich ausgesehen wie
ein französischer Revolutionär mit seiner roten Freiheits-
mütze. *Ich war bei der G ü n d e r o d e, als ich von Eurer Begleitung nach dem Mainzer Schiff zurückkam,* schreibt ihm Bettine, *ich lachte, und sie lächelte (sie lächelt immer nur über Dich,
sie lacht nie), wie ich ihr aber die Beschreibung machte von Euch
zwei, wie A r n i m so schlampig in seinem weiten Überrock, die
Naht im Ärmel aufgetrennt, mit dem Ziegenhainer, die Mütze
mit halb abgerißnem Futter, das neben heraussah, Du so fein und*

elegant, mit rotem Mützchen über Deinen tausend schwarzen Lok-
ken ... und wie A r n i m unterwegs die Bemerkung machte, die
Mädchen am Brunnen sähen Dir mit Wohlgefallen nach ... Es
sei prophetisch, meinte gleich die G ü n d e r o d e ! – Und wir ver-
brachten noch den letzten Nachmittag in ihrem Stiftskämmerchen
mit Glossen über Dich. – [98]

Achim kam nach Frankfurt zurück, und obgleich Bettine
schon damals von ihm angezogen war – *Arnims wunderschöne*
Jugendnähe elektrisierte mich –, wollte sie ihn unbedingt mit
Karoline bekannt machen. In ihren Augen waren beide unvergleichlich und einzig auf der Welt. Arnim war begabt,
er schrieb und dichtete, erhoffte sich zwar eine Anstellung
im Staatsdienst, doch wollte er auf jeden Fall als Schriftsteller hervortreten und hatte schon sein erstes Werk, *Hollins*
Liebeleben, veröffentlicht. *Der Arnim kam zu uns ins Stift*
und fragte, ob man bei dem herrlichen Abend nicht wolle hinaus
nach der grünen Burg; so wanderten wir bei Abendschein die stil-
len Feldwege, ich lief immer voraus, wendete um und sah die bei-
den, vom untergehenden Tag mit einem Nimbus umfangen, schrei-
ten, mehr schweben – optische Wirkung des Lichtes, das seinen
Sonnenharnisch abgelegt hatte! – ... Der Arnim sieht doch könig-
lich aus! – die Günderode auch; der Arnim ist nicht in der Welt
zum zweitenmal, die Günderode auch nicht.

Waren Achim und Karoline nicht das ideale Paar? *Die bei-*
den gehen da nebeneinander an diesem schönen, heitern Abend!
Aber dort kommt ein Gewitter! Die Winde kehren vor uns den
Weg, wir müssen eilen! Wir fangen an zu traben, wir wollen eben
in Galopp uns setzen, ergießt das schwarze Gewölk sich über uns,
unten blitzt es, die Donner schlagen ihre Wirbel. Wir erreichen
einen dichtlaubigen Kastanienbaum, die Regenflut läuft an sei-
nen breiten hängenden Ästen hinab, dicht am Stamm ist es trocken.
Arnim habe rasch seinen warmen grünen Mantel um Karo-

line gelegt, die ihren Kopf durch den hochgeschlagenen Kragen vor dem Regen schützte. *Ein Weilchen,* fährt Bettine fort, *gefiel mir dies böse Abenteuer … Wir gingen weiter, jetzt, wo der Wind die Wolken ins Gebet nahm, rissen sie aus. Die Günderode wurde ins Bett gesteckt, wir sollten die Nacht dableiben. Wer war froher wie ich. Eine schöne Sommernacht unter einem Dach mit Arnim mit Günderödchen durchplaudert; – doch haben wir uns gezankt.*

Der Streit galt Arnim, behauptet Bettine, der nebenan übernachtet hatte, so daß er ihren nächtlichen Eifersuchts- und Freundinnenstreit habe mithören können.

Zuerst behaupteten die beiden jungen Damen, nicht in den schönen Studenten verliebt zu sein, dann wollte die eine ihn der anderen großmütig abtreten, dann zankte man sich wieder über den verkehrten Tausch. *Es schien ernst zu werden, denn ich sprang auf und wollte mein Bett von dem ihrigen wegrücken, aus lauter Zorn, daß sie den Arnim nicht wollte. Auf einmal hören wir husten und sich tief räuspern. Ach, der Arnim war durch eine dünne Wand nur von uns geschieden, er konnte deutlich alles vernehmen, er mußte es gehört haben, ich sprang ins Bett und deckte mich bis über die Ohren zu. Uns klopfte das Herz wohl eine halbe Stunde, keins muckste mehr die ganze Nacht. –*

Beim Frühstück am anderen Morgen schämten sie sich beide über das nächtliche Mädchengeschwätz und wurden noch verlegener, als Achim jeder von ihnen ein Vergißmeinnichtsträußchen überreichte, das er vor dem Frühstück gepflückt hatte. Der Abschied war dann gegenseitig kühl, ja »kalt«, schreibt Bettine, *wie von einem Fremden, der mich gar nichts angeht.* Das war nicht aus der Luft gegriffen. Achim beschreibt es Clemens auf exakt die gleiche Weise. Gemeinsam waren sie den Weg zurückgegangen. *Wir liefen zwischen den Kornfeldern um die Wette,* berichtet Achim. Bettine habe

Der neunzehnjährige Student Achim von Arnim
im Jahre 1800. Anonyme Pastellzeichnung.

sich in ihrem langen Kleid verwickelt und sei hingefallen, er habe sie auffangen, aufheben wollen – *ich war im letzten Augenblicke dadurch weniger zurückhaltend als sonst und küßte sie zum Abschiede, sie aber schien kalt* ...[99] Vor dem Abschied habe Arnim, behauptete Bettine, ihr seinen Handschuh überreicht: sie möge doch den zerrissenen Daumen flicken, *ein grauer Handschuh von Gemsleder, ich habe ihn mit Hexenstichen benäht ... Der Arnim ist fort! – er hat den Handschuh zurückgelassen.*[100]

Am letzten gemeinsamen Abend im Haus zum Goldenen Kopf, bei dem Karoline durch ihr blühendes Aussehen auffiel, gab sich Clemens betont eifersüchtig. Es sei ganz richtig, daß sich das *Günderödchen* nicht gleich für Arnim entschieden habe, befand er. *Denn es will gewiß gleich teilen zwischen mir und ihm* ...[101]

Wie Karoline tatsächlich beim Abschied von Arnim zumute war, das wußte auch Bettine nicht. Immerhin erfahren wir, daß er ihr beim Abschied einen Stern bezeichnete, bei dessen Schein sie aneinander denken würden.[102]

Man gewinnt nicht den Eindruck, als ob sich Karoline von Günderrode um Achim von Arnim bemüht hätte. Obgleich sie die Gemeinsamkeiten spürten, kam es zu keiner weiteren Annäherung. Sie blieb zurückhaltend, und Arnim hatte Sorge, der Frau mit der komplizierten Seele zu nahe zu treten. Das geht aus einem Brief hervor, den er nach ihrem Tod an Bettine schrieb. Er war von Karoline überaus angetan, fürchtete aber, ihr nichts zu bedeuten. *Der sanfte blaue Blick der armen Günderode begegnet mir sicherer, nun sie nicht mehr sprechen kann*, schreibt er, *wir konnten ihr nicht genug geben, um sie hier zu fesseln, nicht hell genug singen, um die Furienfackel unseliger, ihr fremder Leidenschaft auszublasen. Ich sage: wir – und doch war ich ihr gar zu nichts, aber ihr doch recht gut* ...[103]

Man hat lange geglaubt, daß Bettine die Begegnung mit dem jungen Mann, den Ausflug bei Gewitter und den Freundinnenstreit übertrieben hat. Doch gerade dafür liefert ein Brief von Arnim selbst den Beweis. Er erinnert Bettine im August 1806 daran, wie Karoline vor seinen Augen aus dem Schrank einen Dolch hervorzog, wie man mutwillig darum kämpfte, lachend umstürzte und beide auf ihr Bett fielen *... und von dem Morgen, wo ich ihr das Wasser in die Augen spritzte, von dem Nachmittage, wo wie so lachend kämpfte, den Dolch zu verbergen, den sie aus dem Schranke hervorsuchte, womit wir spielten recht wie Kinder mit dem Feuer, das ihr Bette ergriffen, bis zu unserm Umsturze, wo ich sie in meinen Armen gen Himmel hielt, und bis zu dem Abschiedsabende in Ihrem Hause, wo sie so hübsch aussah, daß wir uns alle verwunderten, in all der lieben, fröhlichen Zeit war sie so mitwirkend zu allem Spiel ...*

Auf diese Weise erfahren wir, daß Karoline schon damals, als Arnim sie besuchte, einen Dolch besaß. Wahrscheinlich wußte zuvor nicht einmal Bettine, daß sich die Freundin nach Charlottes Tod auf der Frankfurter Ostermesse das Mordinstrument erworben hatte. Sie schildert im Goethebuch ein Erlebnis, das in Karolines Zimmer stattgefunden habe. *Einmal kam ich zu ihr, da zeigte sie mir einen Dolch, mit silbernem Griff; den sie auf der Messe gekauft hatte, sie freute sich über den schönen Stahl und über seine Schärfe; ich nahm das Messer in die Hand und probte es am Finger, da floß gleich Blut, sie erschrak, ich sagte: O Günderode, Du bist so zaghaft und kannst kein Blut sehen, und gehest immer mit einer Idee um, die den höchsten Mut voraussetzt, ... sie zog sich ängstlich zurück; der alte Zorn regte sich wieder in mir ... sie lief in ihr Schlafzimmer hinter einen ledernen Sessel, um sich zu sichern; ich stach in*

den Sessel, ich riß ihn mit vielen Stichen in Stücke, das Roßhaar
flog hier und dahin in der Stube, sie stand flehend hinter dem Sessel
und bat, ihr nichts zu tun; – ich sagte: eh ich dulde, daß Du Dich
umbringst, tu' ich's lieber selbst; mein armer Stuhl! rief sie; ja
was, Dein Stuhl, der soll den Dolch stumpf machen; ich gab ihm
ohne Barmherzigkeit Stich auf Stich, das ganze Zimmer wurde
eine Staubwolke; so warf ich den Dolch weit in die Stube, daß
er prasselnd unter das Sopha fuhr ...[104]

Der Besitz des Dolches war für Karoline das Unterpfand
ihrer Freiheit. Sie versteckte ihn im Schrank, holte ihn vor
anderen nur selten hervor, nahm ihn aber auf alle Reisen mit.

Der Dolch würde im größten Unglück ihr Glück sein.

XII. *Eine Frauenfreundschaft. 1803*

Im neuen Jahr 1803 kam Bettine Brentano aus Offenbach, wo sie die Weihnachtstage verbracht hatte, nach Frankfurt zurück, um Karoline wiederzusehen, die als Pflegerin am Bett einer Kranken, diesmal bei Lisette von Mettingh, ausgeharrt und ihr geduldig Gedichte vorgelesen hatte. *Ich laufe zur Günderode, sie liest mit mir Deinen Brief,* schrieb Bettine Anfang Februar 1803 an Clemens, *wir zanken einander, wir lachen einander aus, wir kommen auf keinen grünen Zweig! –* [105]

Was war es, das die sonst immer ungeduldige Achtzehnjährige mit solcher Stärke an Karoline von Günderrode band? Wie kam es, daß sie die Jahre mit ihr als die wichtigsten ihres Lebens bezeichnet hat? Offenbar gab Karoline ihr ein Gefühl von Gleichsinnigkeit und Verbundenheit, wie kein Mann, kein Bruder es zu geben imstande war. *Die Günderode und ich gehören einstweilen zusammen,* meldete sie im Januar 1803 Clemens, der die Schwester in dieser Zeit gerne für sich beansprucht hätte.[106]

Das Miteinander wurde zur Selbstverständlichkeit. Es war eine Beziehung, die der homoerotischen Komponente nicht entbehrte, wie Bettine sie ähnlich später nur noch einmal erlebte: bei der Schwedin Malla Silverstolpe, die sie *zündend wie ein Schwefelhölzchen* nannte.[107] Auch bei Karoline scheint das Angezogensein vom eigenen Geschlecht spürbar gewesen zu sein. Savigny hatte ihr einmal vorgeworfen, sie »vagiere« in der Freundschaft. Nicht nur im *Günderode-*Buch, auch in Bettines original erhaltenen Briefen findet man den Eindruck dieser Verbundenheit. *Du warst mir in meiner Einsamkeit oft, was das Echo dem Dichter sein möchte,* so

Bettine Brentano als Zweiundzwanzigjährige.
Farbige Miniatur (anonym).

wörtlich, *ein lieber Freund, dem ich ewig Dank schuldig bin und den ich an Dir abverdienen will durch Treue, Wahrheit und Teilnahme an Deinem Schicksal.*[108] Für Bettine wurde Karoline zum *Freund*, als *Jüngling* bezeichnet und mit *Günter* angesprochen, zugleich ist sie die *Geliebte*, umworben und begehrt, eine *Braut, die nur nicht weiß, daß sie Braut ist.* Ein Lehrer ist sie, der zuzuhören versteht. *Ich kann vor niemand sprechen wie vor Dir, ich fühl auch die Lust und das Feuer nicht dazu als nur bei Dir.* Bettine bekam Herzklopfen, *und wenn ich mich besinn, was es ist, so sind es die acht Tage, wo wir zwei zusammen in einer Stube schlafen.*

Vom Küssen ist die Rede. *Ich bin Dein liebster Freund und Schüler Dion; wir lieben uns zärtlich und lassen das Leben füreinander, wenn's gilt ... Ich will zu Dir, in Deinem Schoß will ich lernen; ich weiß, daß es so sein muß, daß wir beieinander sind.*[109] Überdies war es das beglückende Einverständnis mit einer Frau, die von neuen Ideen und einer einzigartigen Poesie erfüllt war. Es war die Begegnung mit einer Dichterin.

Man sprach über Traumdeutung, über den Schlaf und das Unbewußte als Möglichkeiten, die engen Grenzen des Verstandes zu überwinden. An Claudine Piautaz, die dreißigjährige, schwarzlockige Ersatzmutter der Brentanos, schrieb Karoline im April 1804: *in Träumen ist die Ewigkeit, da gelten nicht die Berechnungen der Zeit, im Traum ist Seligkeit, u. alle Seligkeit ist nur erträumt – die Ewigkeit ist das Land der Träume – – –*

Einige Traum-Aufzeichnungen haben sich tatsächlich in ihrem Nachlaß gefunden. Karoline habe damals sogar ein »Traumbuch« angelegt, berichtet Bettine dem Clemens. Sie ärgerte sich dann, weil er nur mit Ermahnungen kam: sie solle Goethe lesen, immer wieder Goethe. Wirklich lasen sie den *Wilhelm Meister* und vielleicht auch jene Szene, in der die unglückliche Aurelie mit dem Bruder um ihren

Dolch kämpft, weil sie bei diesem *Hilfe und Rat zur schlimm-
sten Zeit* finde.[110] Was dachte Karoline, wenn sie diese Stelle
las, die sie fatal an jenen Streit mit Achim von Arnim erinnern mußte, der ihr den Dolch zu entwinden suchte?

Bettine war über den Bruder verärgert. *Und denk, G ü n -
d e r o d e, auch meine Träume greift mir der lieb Clemens an mit
seiner Satire, und wenn er doch in unserem Traumbuch läse, wo
wir so seltsame wunderliche Sachen und Gedanken schon aufge-
schrieben, aus denen Du schon Stoff zu manchem schönen Gedicht
gefunden hast – Wenn er Deinen* Franken in Ägypten *läse, ein
geträumtes Abenteuer gab dazu den Stoff –* [111]

So erfahren wir etwas über die Entstehung des Gedichts
Der Franke in Ägypten, das durch den Einzug der Franzosen
in Ägypten 1798 angeregt wurde. Die Verse erschienen ein
Jahr später in Karolines Band *Gedichte und Phantasien.* Ge-
schildert wird ein Mann, der überall in der Welt nach dem
Sinn des Lebens sucht, bis er auf ein Mädchen trifft, das wie
er krank ist vor Sehnsucht nach der blauen Ferne. In der
Liebe schließlich finden sie, was sie überall vergeblich suchten.

Mädchen

*Fremdling! Kannst du diese Sehnsucht deuten?
Fühlst du dieses unbestimmte Leiden? ...*

Franke

*Ja ich fühl ein Sehnen, fühl ein Leiden.
Doch jetzt kann ich diese Wünsche deuten,
Und ich weiß, was dieses Streben will.
Nicht an fernen Ufern, nicht in Schlachten!
Wissenschaften! nicht an eurer Hand,
Nicht im bunten Land der Phantasien!
Wohnt des durstgen Herzens Sättigung.*

Liebe muß dem müden Pilger winken,
Myrten keimen in dem Lorbeerkranz,
Liebe muß zu Heldenschatten führen,
Muß uns reden aus der Geisterwelt.–
Mächtger Strom! ich fühlte deine Wogen,
Unbewußt fühl' ich mich hingezogen,
Nur wohin! wohin! das wußt ich nicht.
Wohl mir! dich und mich hab' ich gefunden.
Liebe hat dem Chaos sich entwunden.[112]

Bettine war von Karolines Poesie zutiefst angerührt. Vielleicht spürte sie, daß Dichten für die Freundin eine existentielle Notwendigkeit war.

Karoline habe zu ihr gesagt: *Ich suche in der Poesie wie in einem Spiegel mich zu sammeln, mich selber zu schauen und durch mich durchzugehen in eine höhere Welt.*[113]

Von nun an wird Bettine die Poesie als schönste und erhabenste aller Künste betrachten. *Sie las mir ihre Gedichte vor und freute sich meines Beifalls, als wenn ich ein großes Publikum wär'; ich war aber auch voll lebendiger Begierde, es anzuhören; nicht als ob ich mit dem Verstand das Gehörte gefaßt habe, – es war vielmehr ein mir unbekanntes Element, und die weichen Verse wirkten auf mich wie der Wohllaut einer fremden Sprache, die einem schmeichelt, ohne daß man sie übersetzen kann.*[114] Sollte sie jemals heiraten – und das wird nach ihrem Willen so bald nicht geschehen –, dann konnte es nur ein Dichter sein. Bettines Wahl fiel schließlich auf den einzigen Mann, der dafür in Betracht kam, den Dichter Achim von Arnim. Mit ihm konnte sie über die Freundin sprechen, der er in seinen *Wintergarten*-Novellen ein Denkmal setzte. Für Bettine war Achim von Arnim *ein Dichter*, wie Karoline von Günderrode *eine Dichterin* war.

Bettines Freundschaft zu Karoline wurde inzwischen von allen Familienmitgliedern akzeptiert. Die Beziehung war so eng geworden, daß Bettine sogar ein eigenes Zimmer im Stift zugewiesen bekam. *Hier im Haus ist kein einsam Winkelchen, wär die G ü n d e r o d e nicht, dann wüßt ich nicht, wo ich mich suchen sollte! –* (März 1803)[115] Stolz teilte sie die Neuerung ihrem Bruder im August 1803 mit. *Mein Aufenthalt in Frankfurt dauert nun schon vierzehn Tage ... Da ich mit der G u n d e l in einem Zimmer wohne, so ist das Eckelchen, worin ich mich bewege, sehr klein, dafür hab ich einen größeren Raum bei der G ü n d e r o d e im Stift, wo ich Landkarten male von Altgriechenland.*[116]

In der Familie glaubte man, daß die beiden jungen Frauen eifrig ihren Unterrichtsstunden nachkämen, Geographie und Literatur, vor allem alte Geschichte studierten, ein Fach, das die Günderrode beherrschte. Kein Mensch wußte, daß beide Phantasie genug besaßen, sich an kalten Wintertagen bis nach Indien zu begeben, wobei ihnen die Vorstellung, als Jünglinge verkleidet durch die Wüste zu reiten und bei unerträglicher Hitze hohe Gebirge zu überqueren, das Herz erwärmte, während vor den Fenstern die Flocken fielen und Schnee den Roßmarkt bedeckte: *Da kam ich zu Dir in die Stube herein und sagte: Gott, es ist so heiß hier in Asien, dass wir nur so hinschmachten, und draußen vor der Tür in Frankfurt da hängen dem Kutscher die Eiszapfen am Knebelbart. Was haben wir gelacht, Günderode; und haben unter Zimmetbäumen eine Tasse Schokolade getrunken, die wir in Deinem Öfchen kochten ...*[117]

Sie unternahmen ihre Wanderungen nicht nur in der Phantasie, sondern liefen vom Roßmarkt zum Römer und umrundeten das Eschenheimer Tor. *Sieben Spaziergänge haben wir so gemacht, Günderode, ich hab mir sie gezählt, sie kamen mir wie das*

Frankfurt am Main im Jahre 1777, gesehen von Südosten.
Farbiger Kupferstich von Johann Jakob Koller.

Köstlichste im Leben vor.[118] Auch in den Briefen an Clemens werden die Spaziergänge erwähnt. *Gestern gingen wir bei schönem Frost um die Tore, G ü n d e r ö d c h e n und ich – es war schon dämmerig und die Allee ganz leer; ich war aufs Glacis gesprungen und wollte das Kunststück machen, von einem Tor zum andern zu kommen ohne herabzufallen; da trat der Mond hervor, und ein leiser Wind machte ihm durch die Wolken Bahn, da sprang ich wieder herab und zog es vor, mit der G ü n d e r o d e einen sanften philosophischen Schritt zu halten.*[119]

Der Rückweg führte am Haus zum Goldenen Brunnen vorbei, in dem Catharina Elisabeth Goethe lebte, des Dichters siebzigjährige Mutter, mit der Karoline, so Bettine, einmal das Theater besuchte.

Im Sommer gingen die Freundinnen hinaus zur »grünen Burg«, wo sie im Sommer im Feldgraben liegend die Nacht erwarteten. Bettine schreibt: *Auf der grünen Burg im Graben, im Nachttau, da war es auch schön mit dir; es sind mir meine liebsten Stunden von meinem ganzen Leben, und sowie ich zurückkomm, so wollen wir noch acht Tage zusammen dort wohnen; da stellen wir unsere Betten dicht nebeneinander und plaudern die ganze Nacht zusammen ...*

Sie erinnert sich *an die große schöne Versöhnungsstille, die Dämmerung, die immer breiter ward und größer ... und der Feuersaum längs dem ganzen Horizont, wie werd ich's vergessen! – erst hingen wir einander im Arm, ganz still, und dann lag ich quer über Deinen Füßen ... Da fingst Du an zu reden (da hast Du's in Musik gesetzt):*

> *Liebst du das Dunkel*
> *Tauichter Nächte,*
> *Graut dir der Morgen?*
> *Starrst du ins Spätrot,*
> *Seufzest beim Mahle,*

Stößest den Becher
Weg von den Lippen,
Liebst du nicht Jagdlust,
Reizet dich Ruhm nicht,
Schlachtengetümmel,
Welken dir Blumen
Schneller am Busen,
Als sie sonst welkten,
Drängt sich das Blut dir
Pochend zum Herzen –[120]

Bettine nannte die Verse *einen süßen Wörtertanz: ich konnt's nicht erwarten, daß Du weitertanztest Deiner Seele Tanz* ...

Vor ihrem weiblichen Zusammenhalt kapitulierte selbst Vormund Franz: hier hatten Brüder keinen Zugang. Bettine schrieb an Clemens: *ach, gestern wars schön bei ihr, da hatten wir ein klein Feuerchen in ihrem Ofen angemacht, und ohne Licht waren wir da beisammen und sahen die Flammen spielen, Die G ü n d e r o d e machte ein Märchen draus, sie legte alles aus, was die Flammen miteinander plauderten.*[121]

Die Freundschaft gab ihnen Standfestigkeit, in ihr gab es keine Hintergedanken, keine Eheversprechen, keine drohenden Verpflichtungen – und vor nichts hatte Bettine mehr Angst als vor Sexualität und Ehe, vor niemanden floh sie so vehement wie vor ihren Verehrern, ob sie nun Gerning oder Bethmann hießen. Bei ihrer Freundin war sie geborgen, und Karoline fand bei ihr, was sie brauchte, sinnlich erfahrbare Nähe, uneingeschränkte Zustimmung.

Die Zuflucht war ihr nötiger denn je. Zwischen ihr und Clemens war es wieder einmal zu einem Eklat gekommen. Hatte er Karoline bis dahin nur mit verbal-erotischen Zudringlichkeiten behelligt, hielt er sich jetzt, im April 1803, auch körperlich nicht zurück. Er stürzte sich mit der rücksichtslosen Wut seines männlichen Begehrens auf sie und küßte sie.

Karoline wich ihm seither aus und vermied, ihn zu treffen. Erst nachdem Clemens im Oktober 1803 Sophie Mereau geheiratet hatte, bat er in einem langen Brief um Verzeihung. *Wie Sie über mich denken, ist mir nicht mehr bekannt geworden, seit Sie meine Nähe vermieden ... aber daß Sie einstens für mich etwas empfanden, das weiß ich ..., liebe Caroline, Sie haben ein vortreffliches Herz, Sie können verzeihen, und mir ist es, als sey Ihre Verzeihung mir zu einer Ruhe nöthig, die ich bedarf ... Ihr großes schönes Herz,* schreibt er, *ich erkannte es nur als krank.* Seit er aber erfahren habe, daß sie eine Dichterin sei, ahne er auch, daß es *die Qual des unausgesprochnen Gedichts* sei, die sie krank mache. *Ihren Haß verdiene ich nicht, Ihre Liebe verdiente ich ... sein Sie ein Weib, sein Sie weich, verzeihen Sie mir, sein Sie meine Freundin ... antworte mir bald, du liebe Seele, antworte dem wunderlichen, fantastischen, furchtbaren Menschen, ... der blind war, als er dich küßte. Clemens.*[122]

Die Zimmer im Stift waren das einzige Terrain, auf dem man vor männlicher Bevormundung und brüderlicher Einmischung sicher war. Das gemeinsame Lesen und Lernen, die Pläne und Entwürfe, wie die Zukunft zu gestalten sei, hatten zur Folge, daß die Freundinnen sich auch ihrer Rolle in der Gesellschaft schärfer bewußt wurden. Karoline bot ein Exempel dafür, welchen Situationen Frauen ausgesetzt waren, die allein lebten, denen, selbst wenn sie verheiratet waren, verboten wurde, ihr eigenes Vermögen zu gebrauchen, die nichts entscheiden und keine Reise alleine unternehmen durften. Clemens teilte mit, er wolle mit Freund Wrangel nach Rußland fahren. Bettine ärgerte sich. *Für was lernt man Geographie und kann die Welt auswendig auf den Tisch malen! – und bleibt hinterm Tisch sitzen, kommt nie in sie hinein. O, welche schwere Verdammnis, die angeschaffnen Flügel nicht bewegen zu können,* schrieb sie wütend.[123]

Beide litten unter der Ungerechtigkeit. *O Sklavenzeit, in der ich geboren bin! – ... Wie! Ihr habt den Geist eingesperrt und einen Knebel ihm in den Mund gesteckt, und den großen Eigenschaften der Seele habt Ihr die Hände auf den Rücken gebunden? ... Das sind so nachwehende Töne aus meinen Unterhaltungen mit der G ü n d e r o d e, die auf drei Wochen nach Hanau ist.*[124]

Männer durften alles, Frauen nichts – davon handelten ihre Gespräche. Karoline mußte sich, weil sie schrieb und lernte, als »männlich« kritisieren lassen. Kannte sie Savignys Vorwurf, sie habe *einen männlichen Geist?* Sogar Creuzer gab ihr ein Jahr später die Meinung von Sophie Mereau weiter: *Du erscheinest ihr in Deiner Poesie etwas zu kühn und männlich.* Ob eine Dichterin wohl zur Hausfrau tauge?[125] Eine Frau, die Großes schaffe, sei ihm »fatal«, erklärte Clemens Brentano und sagte zu Gunda: *Alles was ihr tut ... hängt einzig mit eurer einzigen Bestimmung zusammen, uns zu locken ... und dann Mutter zu werden ... Große Handlungen eines Weibes sind mir immer durchaus fatal gewesen, wenn sie nicht von dem Geschlechtstriebe oder der Mütterlichkeit ausgehen ...*[126] Savigny warf Karoline ihre »republikanische Gesinnung« vor. »Republikanismus« war gefährlich, weil immer auch die Befreiung der Frau mitgedacht war. In ihrem Drama *Hildgund* gestaltete Karoline eine Fürstentochter, die die Unterordnung der Frau unter männliche Herrschaft bitter anklagt:

Wie herrlich ist der Mann, sein Schicksal bildet er,
Nur eigener Kräfte Maß ist sein Gesetz am Ziele,
Des Weibes Schicksal, ach! ruht nicht in eigner Hand!

Bald folget sie der Not, bald strenger Sitte Wille,
Kann man sich dem entziehn, was Übermacht befiehlt?[127]

Wie eng die Grenzen für Karoline gezogen waren, beweist ein (bisher unveröffentlichter) Brief des Vermögensverwalters Hoim, der sich durch ihren Beschwerdebrief in seiner Ehre gekränkt sah. Die Dreiundzwanzigjährige hatte die Volljährigkeit beantragt, um endlich über ihr Geld verfügen zu können. Ihr Brief veranlaßte den korrupten Hoim, die Volljährigkeitserklärung zu widerrufen und sie zu demütigen; er rechnete ihr vor, welche Schulden unverzüglich von ihr zu bezahlen seien. *Da Wechselschulden nothwendig auf den Tag geleistet werden müßen ... so werden Sie die Gnade haben für die Herbeischaffung dieser Gelder zu sorgen ...*[128] Karoline wurde erst an ihrem 25. Geburtstag, dem 11. Februar 1805, volljährig.[129] Das war eine letztlich bösartige Verfügung.

In ihrem Gedicht *Der Luftschiffer* beschreibt Karoline die Situation eines Menschen, den die Phantasie in luftige Höhen treibt, den aber die Erdenschwere wieder auf den Boden hinabzieht. Das Gedicht, geschrieben in dünner brauner Tinte auf weißem Blatt, fand sich im Nachlaß.

Der Luftschiffer

Gefahren bin ich in schwankendem Kahne
Auf dem blaulichten Ozeane,
Der die leuchtenden Sterne umfließt,
Habe die Himmlischen Mächte gegrüßt.
War in ihrer Betrachtung versunken
Habe den ewigen Äther getrunken
Der dem Irdischen ganz mich entwand

Droben die Schriften der Sterne erkannt
Und in ihrem Kreisen und Drehen
Bildlich den heiligen Rhythmus gesehen,
Der gewaltig auch jeglichen Klang
Reißt zu des Wohllautes wogendem Drang

Aber Ach! es ziehet mich hernieder
Nebel überschleiert meinen Blick
Und der Erde Grenzen seh ich wieder
Wolken treiben mich zu ihr zurück.

Wehe! das Gesetz der Schwere
Es behauptet neu sein Recht
Keiner darf sich ihm entziehen
Von dem irdischen Geschlecht.[130]

XIII. »Eine arme vom Schicksal
verfolgte Person«

Zwischen Louise von Günderrode und ihren beiden Töchtern kam es zu einem schweren Zerwürfnis. Es war der Höhepunkt einer sich über Jahre hinziehenden Auseinandersetzung, die noch einmal das miserable Verhältnis zwischen
Mutter und Töchtern belegt; sie fand ihren Schlußstein in
dem von Karoline gewählten Grabspruch, in dem sie nicht
von ihrer Mutter, sondern von der »Mutter Erde« Abschied
nimmt. Ursache des Konflikts war der Streit der Günderro-
de-Kinder mit dem Vermögensverwalter, Herrn von Hoim.

Die einundzwanzigjährige Wilhelmine, die sich kurz zuvor mit Baron Carl du Thil aus alter Frankfurter Familie
verlobt hatte, verließ im Zorn das mütterliche Haus und
suchte gemeinsam mit Karoline bei einer Tante Zuflucht.
Beide Töchter fürchteten, ihren Anteil am väterlichen Erbe
endgültig zu verlieren. Wohin sich wenden? Eine Schwester
des Vaters, Freifrau Charlotte Wilhelmine von Nordeck zu
Rabenau, lebte als Witwe in Gießen und nahm die Nichten
bei sich auf, um sie dem Zugriff der Mutter zu entziehen,
die sich offenbar im vertraulichen Einvernehmen mit Herrn
von Hoim nicht scheute, das den Kindern testamentarisch
zugedachte Erbe anzugreifen. Der Mutter blieb nichts anderes übrig, als ihr ganzes, *sowohl gegenwärtiges als zukünftig
zu erwarten habendes Vermögen* zu verpfänden, um dem Ver-
dacht zu entgehen, sie werde die Töchter um ihre Mitgift
bringen.

Während Karoline traurig in Gießen saß, fragte Gunda Brentano an, ob sie nicht besser den Mediziner Winkelmann hei-

raten solle? Ob Karoline zwischen ihr und Savigny, mit dem es Querelen gebe, vermitteln könne? Karoline war fassungslos. Gunda ernannte ausgerechnet sie zur Kupplerin in Liebesnöten. *Was Du mir von Savig: sagst ist mir zu unklar und verworren,* antwortete sie am 15. Mai 1803, *darum ist meine Meinung, Savg.: ist besser als alle, und es ist unmöglich ihn aufzugeben wenn man ihm einmal vertraut hat wie man ihm sollte...*[131] Sie mußte sich die Argumente buchstäblich aus dem Herzen reißen. Wegen »böser Augen« könne sie nicht selber schreiben, sondern müsse Wilhelmine den Brief diktieren. Es halfen weder das verordnete Augenwasser noch das grüne Schreibpapier. Die Augenschmerzen waren auch ein Symptom dafür, nicht sehen, nicht wahrhaben zu wollen, was geschah, die ständigen körperlichen Beschwerden sind ein sicheres Zeichen ihrer Niedergeschlagenheit. Sie nannte sich im Brief an Gunda *eine arme unglükliche vom Schicksal sehr verfolgte Person.*[132]

Savigny hatte ihr Marburg zeigen wollen – unmöglich, solange sie in Gießen gefangensaß. Also schrieb er, während Gunda sich über mangelnde Post beklagte, an die *zarte zierliche Freundin* einen zärtlichen Brief. Der amouröse Unterton war nicht zu überhören. Und Karoline ging darauf ein: *... unter den Merkwürdigkeiten von Marburg, die ich vorzüglich gern gesehen hätte, waren einige Gelehrte, oder Einer (ich kann nicht recht gut zählen), doch nun muß ich mir das Alles aus dem Sinn schlagen.*[133]

Die Briefe von Karoline von Günderrode an Friedrich von Savigny sind gesiegelt mit ihrem alten Familienwappen, je nach Inhalt mit schwarzem oder rotem Siegellack. Das Wappen zeigt im Schild auf blauem Grund eine silberne Eule, die mit goldenem Krönchen auf einem Ast sitzt und nach einem Stern blickt. Die Eule als Vogel der Weisheit schien gut zu ihr zu passen, ebenso wie auch der Stern, der vom Vater als aufgehender Stern der Wissenschaft und Künste gedeutet worden war. *Wachsam mit Verstand,* so lautete der Wappenspruch derer von Günderrode. Die alte Chronik brachte dazu den Spruch:

> *Die Günteroden führn die weiß gekrönte Eulen*
> *Auf einem grünen Ast vor einem klaren Stern,*
> *Leucht im gekrönten Helm und Schild gleich nah und fern*
> *Die wachsam mit Verstand, sind gleich den starken Säulen.*

Der Stern funkelte voran. Die Eule war willkommenes Symbol für Kunst und Wissenschaft. Doch eine »starke Säule« war Karoline von Günderrode nicht.

In seinen Briefen kam Savigny in erotischen Anspielungen auf gemeinsame Erlebnisse zurück und verbarg keineswegs seine Zuneigung zu ihr, die er stets sein *Günderrödchen* nannte. Er war im Mai 1803 zum Professor an der Universität Marburg ernannt worden und wollte sich mit Gunda verloben, dennoch rechnete er wie selbstverständlich mit Karolines unveränderter Zuneigung. Dinge, die sie absichtlich nicht mehr berührte, wurden von ihm ans Licht geholt. Dahinter steckte auch eine subtile Form der Liebesquälerei. Einmal habe er fest mit einer Belohnung gerechnet, klagte er und spielte auf den Kuß an, den sie ihm verweigert habe. Es sei immer noch gefährlich, wenn sie ihm gegenüberträte, bekannte er im August 1803, *etwa wenn Sie eine kleine goldene Uhr an einer goldenen Kette um den Hals trügen: vor einem weißen Schürzchen, das Sie ehemals gehabt haben, fürchte ich mich gar nicht, denn das ist wohl schon längst zerrissen; aber ich werde mich wohl hüten, Ihnen den Clavigo oder Hermann und*

Dorothea vorzulesen. Durch Schaden wird man klug, Erfahrung ist die beste Lehrmeisterin, und ein gebrenntes Kind scheut das Feuer . . .[134]

Karoline war irritiert. Zu aufrichtig, um ein Liebespiel fortzuführen, das weniger erheiternd als belastend war, wehrte sie sich gegen eine Galanterie, mit der sie nicht zurechtkam. *Gunda behauptet ich habe eine kleine Leidenschaft für Sie . . . , aber es ist nicht, gewis nicht; wenn Sie mich kennten würden Sie wissen dass es nicht sein kann, aber Sie kennen mich nicht, es ist Ihnen vielleicht gleichgültig, wie ich bin, was ich sein kann und was nicht . . . Schreiben Sie mir nicht, Ihre Briefe haben mir nicht viel Freude gemacht, es war immer etwas Erzwungenes darin . . .*[135]

Durch Zufall hatte sie erfahren, daß Gunda auch an andere Freunde verliebte Briefe schrieb. Das durfte Savigny nicht wissen.

Nur Bettine war treu. Sie war am 27. Juli 1803 für fünf Wochen nach Schlangenbad gereist, schrieb schon am zweiten Tag und schilderte die Bekanntschaften, darunter den Herzog August von Sachsen-Gotha, dem sie Karolines Gedichte zeigte und eine so innige Beschreibung der Verfasserin lieferte, als handele es sich um eine Geliebte. *Ich mußte ihm auf dem Weg von Dir erzählen, von unserm Umgang, von Deinem Wesen, von Deiner Gestalt; da hab ich mich zum erstenmal besonnen, wie schön Du bist, wir sahen eine vollsaftige weiße Silberbirke in der Ferne mit hängenden Zweigen . . . unwillkürlich deutete ich hin, wie ich von Deinem Geist sprach und auch von Deiner Gestalt; der Herzog fragte, die Freundin werde wohl jener Birke gleich sein, auf die ich hinweise? – Ich sagte ja . . .*

»Was hat sie denn für Haar?« – »Schwärzlich glänzend braunes Haar, das in freien weichen Locken, wie sie wollen, sich um ihre Schultern legt.«

»Was für Augen?« – *»Pallasaugen, blau von Farbe, ganz voll Feuer, aber schwimmend auch und ruhig.«*

»Und die Stirn?« – *»Sanft und weiß wie Elfenbein, stark gewölbt und frei, doch klein, aber breit wie Platons Stirn; Wimpern, die sich lächend kräuseln, Brauen wie zwei schwarze Drachen ...«*

»Und die Nase, und die Wange?« – *»Stolz ein wenig und verächtlich, wirft man ihrer Nase vor, doch das ist ... weil den Atem sie kaum bändigt, wenn Gedanken aufwärts steigen von der Lippe, die sich wölbet frisch und kräftig, überdacht und sanft gebändigt von der feinen Oberlippe. Auch das Kinn muß ich beschreiben ...«*[136]

Das kleine Dramolett *Immortalita*, das Bettine dem Prinzen angeblich vorlas, behandelt ein Thema, das Karoline immer neu beschäftigte: Tod und Unsterblichkeit. Es singen die *Schatten*, die ins Totenreich gebracht werden:

> *Stille führet uns der Nachen*
> *Nach dem unbekannten Land,*
> *Wo die Sonne nicht wird tagen*
> *An dem ewig finstern Strand. –*
> *Zagend sehen wir ihn eilen,*
> *Denn der Blick möcht noch verweilen*
> *An des Lebens buntem Rand*[137]

In Schlangenbad vermißte Bettine trotz fürstlicher Ablenkung das vertraute Zusammensein. Für sie war Karoline der wichtigste Mensch. *Weißt Du was, Du bist dort auf die Burg verbannt, und ich bin Dein liebster Freund und Schüler Dion; wir lieben uns zärtlich und lassen das Leben füreinander, wenn's gilt ... und einen Schmeichelnamen will ich Dir geben, Schwan will ich Dir rufen, wie Dich der Sokrates genannt hat, und Du*

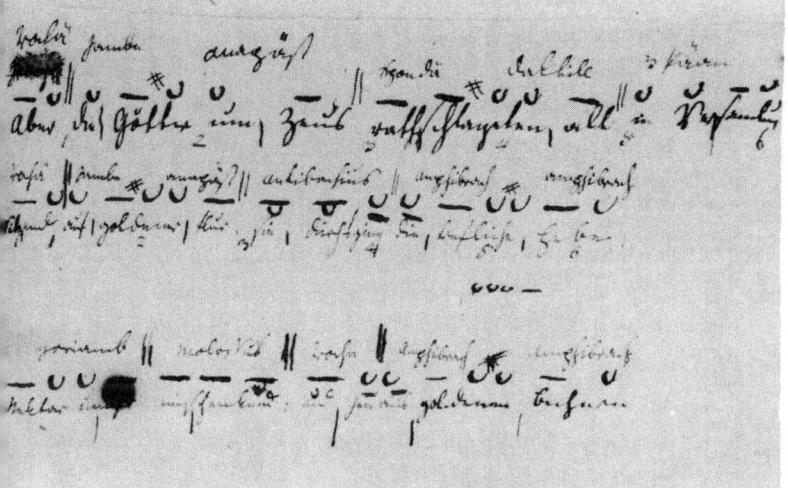

Handschrift Karoline von Günderrodes aus ihrem Studienbuch:
Aber die Götter um Zeus...

ruf mir Dion ... Gute Nacht, mein Schwan, gehe dort schlafen auf
dem Altar des Eros ...

Bettine verglich sich und Karoline mit dem Liebespaar
Apoll und Daphne: *Das paßt so schön auf Dich. Dein Schick-*
sal, Du siehst's vor Augen. Geliebt, verfolgt, umfangen vom Gott
der Musen ... (Ist mir doch, als spräch ich mit Deinen Lippen).[138]
Bettines Gefühl war keine Einbildung und keine Erfindung.
Auch Karoline war ihr zugetan. Sie schrieb ihr: *Deine Briefe*
haben mir viel Freude gemacht, zweifle nicht daran, liebe Bet-
tine, weil ich Dir selbst so sparsam geschrieben habe, aber Du
weißt, viel denken und oft schreiben ist bei mir gar sehr zweierlei,
heißt es in dem Originalbrief. *Grüße Bettine, die ich recht lieb*
habe, so an Gunda, und an Savigny: *Wie geht es der Bettine?*
sie soll mich lieb behalten.[139]

Im Stift hatten sich die beiden Frauen Gedanken gemacht
über eine neue Religion, die sie begründen wollten, nachdem Karoline merklich von christlichen Glaubensvorstel-
lungen abgerückt war. Bettine griff in Offenbach, wo sie
ihre Großmutter besuchte, die Idee einer eigenen Religion
auf. *Ich denke mir's so schön, alles mit Dir zu überlegen – ...*
ach, wir wollen was recht Großes tun – wir wollen nicht umsonst
zusammengetroffen haben in dieser Welt – laß uns eine Religion
stiften für die Menschheit, bei der's ihr wieder wohl wird – ein
Sein mit Gott – dein Mahomed hat's mit ein paar Ritt in den Him-
mel auch zuwege gebracht.[140] Und nochmals: *alleweil fällt mir*
ein, unsre Religion muß die Schwebe-Religion heißen, das sag ich
Dir morgen. Aber ein Gesetz in unserer Religion muß ich Dir
hier gleich zur Beurteilung vorschlagen ... Nämlich: Der Mensch
soll immer die größte Handlung tun und nie eine andre – (September 1803)[141]

Um am Weihnachtsfest 1803 nicht allein mit den alten
Damen im Stift sitzen zu müssen, nahm Karoline Savignys

Einladung an, die Festtage bei ihm auf seinem Gut Trages zu verbringen. Für sie gab es in Hanau kein Zuhause mehr, keinen Zufluchtsort. Der Bruch mit der Mutter wog schwer. In Trages würde sie erfahren, wie es wirklich um Savigny stand. Noch war nichts entschieden.

Bevor sie abreiste, hatte sie noch einen überaus liebenswürdigen Brief von Savigny vorgefunden. *Unter uns gesagt,* begann er. *Unter uns gesagt, seit einiger Zeit glaubte ich, Sie wären mir nicht recht gut mehr, und das nahm ich mir so zu Herzen, da alle meine Studenten behaupteten, sie würden mirs unfehlbar ansehen, wenn es nicht gerade jetzt aus gewissen Ursachen ganz unmöglich wäre, daß ich betrübt aussähe. Sogar mein periodischer Schmerz an der rechten Hand ist dadurch wieder aufgeregt worden. Nun spreche ich Ihnen da von einem Schmerzen an der Hand und Sie wissen davon kein Wort . . .*[142] Er behauptete, daß sie die Ursache seines Leidens sei. Glücklich hatte sie geantwortet: *das Begegnen unserer Gedanken; daß die Natur uns zu Freunden bestimmt hat, es muß wohl wahr sein. Die Geschichte mit Ihrer kranken Hand ist sehr schön, mir ist als hätte ich die Hand lieber als wenn sie immer gesund geblieben wäre. Aber wissen Sie auch daß die Geschichte gar nicht vollständig, nur halb ist? ich weiß die andere Hälfte, und werde sie Ihnen einmal erzählen, sie ist auch mehr traurig als lustig.*[143]

Dann reiste sie nach Trages zu ihm ab.

Keiner scheint gemerkt zu haben, wie Karoline zumute war. Sie erlebte die Tragik des gebrochenen Liebesvertrauens. In ihrer Anwesenheit verlobte sich Friedrich Carl von Savigny mit Gunda Brentano. Sie hatte es für einen *Irrthum,* für undenkbar gehalten, während Gunda mit weiblichem Instinkt, unbeirrt darüber, ob sie die richtigen Eigenschaften besäße oder nicht, den Mann nahm, den sie haben wollte.

Der erste Brief danach läßt noch nichts von ihrem Zustand ahnen. Karoline bedankte sich bei Savigny tapfer für die schönen Tage mit den Worten: *Ihr Beide gehört nun zu meinem Schiksal.* Sie habe ihm ja auch selber schon gesagt, *wie es mir fast zu sehr Bedürfniß ist mich auszusprechen, wenn ich sehr lustig bin, oder traurig oder sonst etwas ungewöhnlich ergriffen,* und mit ihm möchte sie immer sprechen dürfen.[144] Sie bat um seine Freundschaft.

Savigny antwortete am 28. Dezember 1803: *Lieb Günderrödchen, es war doch sehr schön, daß Sie mit nach Trages gekommen sind. Vor allem deswegen, weil Sie jetzt gewiß nicht mehr blos mein Freund, sondern auch unser Freund sind.*[145] Er wünschte sie sich als anregende Gefährtin – neben Gunda als haushälterischer Ehefrau. Dabei dachte er vermutlich an eine Beziehung zu dritt, wie er sie in *Daphnis und Pandrose* vorfand, einer Erzählung, die er seit Jugendtagen kenne und ihr als Lektüre empfehle. Nach Savignys Geschmack konnte das Dreiecksverhältnis in der Literatur durchaus auch im Leben stattfinden.

Karoline glaubte an eine »Dreierliebe«, machte sich klein und schrieb am 1. Januar 1804 demütig und gehorsam: *Ja lieber Savigny! Ich glaube an Gundelchens Vortrefflichkeit, und will mir gerne ein Recht auf Euch erwerben. Ich finde unser neues Verhältnis sehr schön und frei, aber ich wollte daß irgend ein sichtbares Band mich an Euch bände, wenn ich doch nur Ihr Bruder wäre, oder Gundelchens Schwester; ich würde es nicht schöner finden, aber sicherer. Die Verhältnisse der Verwandtschaft sind so unzerstörbar, und kein Schiksal kann sie auflößen, das gefällt mir so, und könnte mich noch viel ruhiger und glüklicher machen als ich es iezt bin.*[146]

Savigny, vorwiegend an sich und seine Karriere denkend, brachte seinen Egoismus auf den Punkt. *Ist es nicht schön, lie-*

ber Freund, schrieb er ihr, *daß Sie sich schon jetzt so verdient um mich machen?* Sie erfuhr, worauf es ihm ankam: daß sie sich *verdient* um ihn mache. Die männliche Anrede fällt auf. »Lieber Freund«, schrieb er. Sie wolle sich von ihm »losreißen«? Ausgeschlossen. Savigny möchte beide Frauen für sich haben. Für sie galt immer wieder: zurücktreten müssen, verstummen müssen. Nicht sagen dürfen, was sie beschwerte. Man hatte ihr eine Lektion erteilt. Verändert, verängstigt kehrte sie in ihre Klause zurück, kroch in ihr Schneckenhaus, kapselte sich ab und erklärte, »ungeschickt« zu sein in den Angelegenheiten der Menschen. *Ich lege Ihnen alle meine Vollkommenheiten demuthsvoll zu Füßen,* versprach sie unterwürfig.

Sie sei zwar reizend, aber letztlich zu eigenständig, antwortete Savigny trotzdem am 13. Juli 1804: *Was außer der Vortrefflichkeit nöthig ist um so etwas zu erzwingen, ist das rechte Verhältniß der Selbständigkeit zur Hingebung.*[147] Für ihn war sie nicht hingebungsvoll genug. Und besaß sie nicht zuviel Ehrgeiz, fast wie ein Mann? Immerhin könne Karoline ihm als »Seelengefährtin« weiterhin zur Seite stehen. Er ermahnte sie, *nicht zu weich zu sein und nicht zu sehnsüchtig,* sie solle *klar werden und fest und doch voll Freude des Lebens.*[148]

Dann warf er ihr, die eben ihren ersten Gedichtband plante, ihr selbstbezogenes Wesen vor. »Narzißtisch« nannte er sie. Hat er ihren Zustand richtig gedeutet? Das, was die moderne Psychologie als Ergebnis von früher Verlassenheit und daraus resultierender Selbstentfremdung analysiert, trifft auf Karoline von Günderrode durchaus zu.[149] Nach dem Verlust des Vaters, ohne Zugang zur Mutter und einer sterilen Heimatmospähre ausgesetzt, war sie dreifach einsam und hatte eine eigene Identität nie entwickeln können. *Wer bin ich,* wird sie im Jahr darauf Savigny erschüttert fragen. Das

Leben im Stift, Unsicherheit und Mangel an Selbstwertgefühl, Gundas unfreundschaftliches Verhalten und die Abwei-
sung durch Savigny führten zu tiefen Depressionen.

Die Gestalt des Jünglings Narzissos, der sich nach dem
antiken Mythos in sein eigenes Spiegelbild verliebt und an
selbstischer Liebe zugrunde geht, hat Karoline oft beschäftigt. Galt ihr die Jünglingsgestalt als Identifikationsfigur?
Ihr Gedicht *Wandel und Treue* bekräftigt, was scheinbar wi-
dersprüchlich erscheint: wenn Narziß sich immer neu der
Schönheit verschreibe, folge er einem ihm innewohnenden
Gesetz.

Violetta

Ja, du bist treulos! laß mich von dir eilen;
Gleich Fäden kannst du die Empfindung teilen.
Wen liebst du denn? und wem gehörst du an?

Narziss

Es hat Natur mich also lieben lehren:
Dem Schönen werd ich immer angehören,
Und nimmer weich ich von der Schönheit Bahn.

Violetta

So ist dein Lieben, wie dein Leben, wandern!
Von einem Schönen eilest du zum andern ...
Was ist denn Liebe, hat sie kein Bestehen?

Narziss

Die Liebe will nur wandeln, nicht vergehen ...

Violetta

Gibt's keine Liebe denn, die dich bezwinge?

Narziss

Ich liebe Menschen nicht, und nicht die Dinge,
Ihr Schönes nur, und bin mir so getreu ...
Drum laß mich, wie mich der Moment geboren.

In ewgen Kreisen drehen sich die Horen;
Die Sterne wandeln ohne festen Stand,
Der Bach enteilt der Quelle, kehrt nicht wieder,
Des Lebens Strom, er woget auf und nieder
Und reißet mich in seinen Wirbeln fort.
Sieh alles Leben! es hat kein Bestehen
Es ist ein ewges Wandern, Kommen, Gehen.
Lebendger Wandel! buntes, reges Streben!
O Strom! in dich ergießt sich all mein Leben!
Dir stürz ich zu! vergesse Land und Port![150]

Von Savigny traf neue Post ein. Ein furchtbares Schreiben. Er gab ihr die Schuld, daß sie nicht zueinandergekommen waren. Sie habe auf Trages selbst gemerkt, wie Gunda ihn durch *einfache Unbefangenheit* überzeugte. Er hielt Gundas Raffinesse für Unschuld und erklärte Karoline: *Ich will Ihnen etwas sagen, lieber Freund, in allem geistigen Besitz gilt das Recht des Stärkeren ...* Sein Vorwurf lautete: *Sagen Sie selbst, haben wir uns nicht von jeher sehr gegeneinander geziert? Hätten wir uns nicht schon vor Jahren allerley sagen und schreiben können, wobey es uns etwas wohl geworden wäre, z. B. daß wir etwas auf einander halten.*[151]

Hätte sie ihm gleich ihre Liebe gestanden, sollte das heißen, wäre ein Paar aus ihnen geworden.

Karolines erster Gedichtband mit dem Titel *Gedichte und Phantasien von Tian* erschien 1804 noch vor der Ostermesse und war für alle, die die Stiftsdame darin als Autorin entdeckten, eine Sensation. Sie hatte das Pseudonym *Tian* gewählt, um unerkannt zu bleiben, doch das Versteckspiel mißlang: Bettine Brentano kannte schon einige Gedichte, die sie dem Bruder verriet. Es sprach sich rasch herum, wer die Autorin war.

Gedichte und Phantasien war ein bescheidenes Bändchen im Oktavformat, anspruchslos aufgemacht, ohne Titelkupfer, ohne Schmuck, ohne Porträt, lediglich mit dem Hinweis: *Hamburg und Frankfurt, in Commission der J. C. Hermannschen Buchhandlung 1804, gedruckt in Offenbach bei C. L. Brede.* Es enthielt Gedichte und Dramen-Dialoge so seltsamen Inhalts, daß Karolines Großvater es kopfschüttelnd aus der Hand legte: er hatte es nicht verstanden. Der schmale Band vereinigt zwanzig sehr unterschiedliche Texte, teils der nordischen Sage entnommene Balladen wie *Darthula, Timur, Zilia an Edgar,* teils dem Orient entlehnte Themen wie *Musa, Mora, Mahomets Traum in der Wüste,* schließlich Stoffe aus der griechischen Sage: *Immortalita, Ariadne auf Naxos* und das »Narzissgedicht« *Wandel und Treue.* Sie alle durchzieht wie ein roter Faden der Gedanke an Heldentum, Tod, Unsterblichkeit.

Begeistert schrieb Bettine, daß vor allem *Wandel und Treue* sie fasziniert habe: *es ist so hingeflogen, es ist eine Poesie der Poesie darin, oder vielmehr die Poesie hat sich hier vermählt und abermals vermählt, nehme nicht übel, wenn ich mich undeutlich ausdrücke.* Clemens habe die Gedichte ebenfalls gelesen, *der hohe Ernst, der Tiefsinn, die wunderschöne Sprache, die Gehaltenheit und vor allem die oft ganz klassische Kunstvollendung* hätten ihn fast zweifeln lassen, ob das Buch tatsächlich von ihr sei, *kein Weib hat noch so geschrieben,* sagte er.[152]

In der Tat dichtete Karoline von Günderrode nicht wie die Damen Amalie von Imhof und Sophie Mereau, schuf keine »papiernen Mädchen« wie Sophie La Roche, keine *Melusine* und keine *Gabriele,* verfasste auch keine *Sommertage* wie Emilie von Berlepsch und keine *Agnes von Lilien* wie Schillers Schwägerin Caroline von Wolzogen. Sie schrieb überhaupt keine Frauenerzählungen, sondern brach in eine bisher rein männliche Domäne ein und beschäftigte sich, in der Verbindung von Philosophie, Mythologie und Poesie, mit Ideen zur Menschheitsgeschichte. Freundin Lisette bemängelte ihren Stil und entwarf eine Art »Bildungsprogramm«.[153] Doch Karoline schuf ihre Gedichte allein, in der Einsamkeit, ohne die Hilfe einflußreicher Dichter und keiner Mode unterworfen. Sie gab ihren hohen Anspruch auch niemals auf: es interessierte sie nicht, ob sie verstanden wurde oder nicht. Daß die üblichen Themen weiblicher Dichtkunst, Gott und Natur, Mütter, Kinder und Blumen bei ihr keine Rolle spielten, mußte provozierend wirken und die ausschließlich männlichen Literaturkritiker irritieren.

Eine Ausnahme bildet das Gedicht, das Friedrich Creuzer später einzigartig nannte. Es ist eines der ersten vollkommenen Liebesgedichte einer Frau, die unverhüllt sagt, was die Liebe bis zum tödlichen Zerreißen spannt. Es erforderte Mut, mit einem solchen Gedicht den Schritt aus der einsamen Zelle vor das öffentliche Publikum zu wagen. Für eine Natur wie Karoline von Günderrode mußte dieser Schritt doppelt schwer sein. Sie hatte ja nie daran gedacht, daß ihr Pseudonym aufgedeckt werden könnte.

O reiche Armut! Gebend, seliges Empfangen!
In Zagheit Mut! In Freiheit doch gefangen.
In Stummheit Sprache,
Schüchtern bei Tage,
Siegend mit zaghaftem Bangen.

Lebendiger Tod, im Einen selges Leben
Schwelgend in Not, im Widerstand ergeben,
Genießend schmachten,
Nie satt betrachten
Leben im Traum und doppelt Leben.[154]

Ich erschaffe mir eine andre Welt, hat sie zu Claudine Piautaz gesagt und Savigny mitgeteilt: *ich schreibe ein Drama, meine ganze Seele ist damit beschäftiget, ja ich denke mich so lebhaft hinein, werde so einheimisch darin, daß mir mein eignes Leben fremd wird ... diese Kunst hält mich oft schadlos für die ganze Welt.*[155] Vielleicht war Savigny klargeworden, daß das Schreiben für sie existentiell wichtig war, denn er antwortete freundlich: *Ich glaube gewiß, Sie müssen und können auf einem sehr bestimmten Wege von Lesen, Denken und Schreiben gesetzmäßig sich ausbildend sehr froh und glücklich werden können.*[156]
   Es stellt sich die Frage nach dem Pseudonym. Karoline nannte sich Tian. Ein merkwürdiger Name. Es taucht ein einziges Mal ein antiker Geschichtsschreiber namens »Tian« in Bettines Günderode-Buch auf.[157] Oder war die Nähe zu »Titan« beabsichtigt, dem Roman von Jean Paul, der im Jahr zuvor erschienen war? Legte Karoline von Günderrode keinen Wert auf den eigenen Namen, oder erlaubten die familiäre Situation und adlige Grundsätze nicht, auf diese Weise

hervorzutreten? Stand einem frommen Stiftsfräulein Öffentlichkeit nicht zu? Für Goethes Mutter galt es als unmoralisch, sich wie Madame La Roche durch Druckwerke, für die man auch noch Geld nahm, zu »prostituieren«. Unsterblichkeit sollte nicht durch die Erzeugung von Büchern, sondern durch die Aufzucht von Kindern erworben werden.

Goethe las die Rezension des Buches und schrieb am 28. April 1804 an Eichstädt: *Diese Gedichte sind wirklich eine seltsame Erscheinung.*[158] Er ließ die Besprechung von Christian Nees von Esenbeck nebst den erwähnten Gedichten in die Jenaer Allgemeine Literatur-Zeitung Nr. 163 vom 9. Juli 1804 aufnehmen.[159]

Es meldete sich Clemens Brentano. Er habe *vor zwei Stunden* ihre Gedichte *mit Entzücken gelesen. Wenn Sie mir vertrauen wollen, daß Sie Tian sind, will ich Ihnen vertrauen, wer ich bin, und wer ich durch Tian bin, und für Tian sein will. Dann will ich auch wagen, meine gränzenlose Achtung – Liebe darf ich Ihnen nicht mehr sagen – gegen Tian und mein Urtheil über seine Lieder aus(zu)sprechen ...*[160] Karoline lenkte ein. Seine Entgleisung sei nur ein »böser Traum« gewesen. Sein Lob war ihr volle Entschädigung für die erlittenen Zumutungen. *Die Gedichte von Tian sind von mir,* antwortete sie stolz, *ich wollte es allen Menschen verbergen, ein Zufall hat es vereitelt, aber noch hat mich kein Beifall so erfreut wie der Ihrige, und mehr wird es keiner.*[161]

Ihr Gefühl für Clemens blieb immer schwankend. Sie bewunderte den Dichter, doch der Mann irritierte und verstörte sie. Er schickte ihr sein Gedicht *Süßer Maie Blüthenjunge / Bring ihr blühnde Friedenszweige* – Verse, die in Wirklichkeit für Sophie Mereau gedichtet worden waren, sie sandte daraufhin ein Lob seiner Poesie.

GEDICHTE

UND

PHANTASIEN

VON

TIAN.

HAMBURG und FRANKFURT
in Commission
in der J. C. Hermannschen Buchhandlung
1 8 0 4.

*Der erste Gedichtband der vierundzwanzigjährigen
Karoline von Günderrode, erschienen 1804
unter dem Pseudonym* Tian *mit dem Titel* Gedichte
und Phantasien.

An Clemens

Die Hirten lagen auf der Erde
Und schlummerten um Mitternacht,
Da kam mit freundlicher Gebärde
Ein Engel in der Himmelspracht.
Auch ich lag träumend auf der Erde,
Ihr dunkler Geist war schwer auf mir,
Da trat mit freundlicher Gebärde
Die heil'ge Poesie zu mir ...[162]

Clemens sandte ihr ein neues langes Schreiben. Er hatte die herabsetzende Rezension ihrer Gedichte im *Freimüthigen* gelesen, die er dumm und läppisch nannte. In Wirklichkeit wollte er wissen, warum sie, die Unbekannte, ihre Lieder veröffentlicht habe, ohne ihn, den erfahrenen Poeten, wenigstens vorher zu informieren. *Ich kann immer noch nicht verstehen, wie Sie Ihr ernsthaftes, poetisches Talent vor mir verbergen konnten; thaten Sie es aus Scheu oder aus geheimer Liebschaft zu diesem Talent?*

Diesmal war er nicht mehr so gnädig wie beim ersten Mal. Er verglich ihre Gedichte mit alten Perücken auf jungen Köpfen, vermißte Amoretten und Liebesgötter und forderte, sie müsse *von der grauen Reflexion zur bunten lebendigen Darstellung* gelangen. Der Mann Brentano traf die Novizin Günderrode an einer empfindlichen Stelle: *Das einzige, was man der ganzen Sammlung Böses vorwerfen könnte, wäre, daß sie zwischen dem Männlichen und dem Weiblichen schwebt* und zu »gelehrt« sei – er werde ihr schon noch beibringen, *wie man schreiben soll und muß.*[163] Zur Verdeutlichung lege er sein neues Lustspiel *Ponce de Leon* bei.

Hätte Karoline die intrigante Boshaftigkeit des Clemens

143

Brentano geahnt, würde sie ihm kaum so freundlich geantwortet haben. Mit rührender Ernsthaftigkeit erläuterte sie
ihm am 10. Juni 1804: *Wie ich auf den Gedanken gekommen
bin meine Gedichte drukken zu lassen wollen Sie wissen? Ich
habe stets eine dunkle Neigung dazu gehabt, warum? wozu? frage
ich mich selten ... leicht u unwissend was ich that, habe ich so
die Schranke zerbrochen, die mein innerstes Gemüth von der Welt
schied; u noch hab ich es nicht bereut, denn immer neu u lebendig
ist die Sehnsucht in mir mein Leben in einer bleibenden Form auszusprechen, in einer Gestalt die würdig sei zu den Vortrefflichsten
hinzutreten sie zu grüßen u Gemeinschaft mit ihnen zu haben.
Ja nach dieser Gemeinschaft hat mir stets gelüstet, dies ist die
Kirche, nach der mein Geist stets walfartet auf Erden.*[164]

Die Entschlossenheit, die sie aufbrachte, »die Schranke« zu
zerbrechen, ja sich über alle Schranken hinwegzusetzen, kann
nicht hoch genug veranschlagt werden. Sie wolle sich »in
einer bleibenden Form aussprechen«, hat sie bekannt. Fand
sie durch das Erreichte zur eigenen Identität? Verschaffte
ihr die Veröffentlichung jene Genugtuung, die ihr das Leben
vorenthielt? Ihr Ziel war Unvergänglichkeit. Man konnte
es auch Unsterblichkeit nennen. Mit Dichtern wie Novalis
und Hölderlin wollte sie »in Gemeinschaft« treten. Im Nachlaß fand sich ihr Gedicht *Tendenz des Künstlers,* daß dies bestätigt.

*Bleibend will sein der Künstler im Reiche der Schönheit
Darum in dauernder Form stellt den Gedanken er dar.*[165]

Hat Karoline je erfahren, in welcher Weise sich Brentano
in seiner üblen Spottsucht hinter ihrem Rücken äußerte?
Sie müssen wissen, schrieb er dem befreundeten Pfarrer Bang,
*daß Fr. v. Günterroth sehr stolz auf ihre Lieder ist, daß sie mir
viel von Aussprechen des Lebens in reiner Form und eine Menge*

andere Kuchen in der modernen Form gebacken warm geschrieben hat, gegen die diese Lieder noch hausbacken sind ... Im Tian steht Wandel und Treue, ein leidliches Lied.[166] Allerdings war auch Eifersucht im Spiel, schließlich war er seit einem Jahr mit Sophie Mereau verheiratet, der Verfasserin anmutiger Frauenpoesien, die in Damen-Taschenbüchern und sogar in Schillers Musenalmanach gedruckt wurden.

Karolines Buch verwirrte die Familie und wurde Anlaß für den einzigen Briefaustausch, der von ihren Verwandten erhalten blieb. Es schrieb am 10. März 1804 ihr gesetzlicher Vormund, der Senator Friedrich Maximilian von Günderrode, an ihren Großvater Philipp Maximilian von Günderrode (1745-1814), das Gerücht habe sich bestätigt: *Gedichte und Phantasien ist das Werklein, was der Fräulein Caroline zugeschrieben wird. Ich selbst konnte mich noch nicht durch selbiges lesen, so sehr ich mir auch dazu Mühe gab! Von ihren Freunden wird es gepriesen, und sie schmält über deren Indiscretion, sie genannt zu haben.*

Der Brief beweist, daß Karolines Mutter nichts von der Veröffentlichung wußte. Sie hatte die Tochter bei ihrer schriftstellerischen Tätigkeit auch nicht unterstützt. Die Verbindung war ein für allemal abgerissen.

XV. *Mögliche Begegnung: Heinrich von Kleist*

Wahrscheinlich kam Karoline von Günderrode in der Zeit ihrer ersten Veröffentlichung mit dem Dichter Heinrich von Kleist zusammen. Er hatte den Winter 1802/1803 bei Wieland im thüringischen Oßmannstedt gelebt und hielt sich seit dem November 1803 zur ärztlichen Behandlung in Mainz auf, wo er mit kleinen Unterbrechungen bis zum Juni 1804 blieb. *Wie es heißt, soll er in dieser Zeit die Bekanntschaft der Günderode gemacht und mit der Tochter eines Predigers bei Wiesbaden ein zartes Verhältnis gehabt haben,* schreibt sein erster Biograph Eduard von Bülow.[167] Eine Stelle in Kleists *Prinz von Homburg* scheint auf die Bekanntschaft anzuspielen. Kleist schreibt: *Geh an den Main, rat ich, ins Stift der Jungfraun ...*

Möglich wäre ein Treffen im Frühjahr 1804, zu eben der Zeit, da Kleist sich in Wiesbaden aufhielt. Er war siebenundzwanzig Jahre alt, drei Jahre älter als Karoline von Günderrode. Es ist anzunehmen, daß in dieser Zeit auch von Sophie La Roche, Wielands einstiger Verlobter, und von deren Enkelin Bettine Brentano die Rede war. Der Schritt zur Dichterin Karoline von Günderrode, der besten Freundin dieser Enkelin, lag nahe. Es könnte auch deshalb von Karoline die Rede gewesen sein, weil Sophie La Roche deren Erzählung *Geschichte eines Braminen* zur Veröffentlichung in ihren *Herbsttagen* vorbereitete.

Bei Wieland hatte sich Kleist in dessen Tochter verliebt, die vierzehnjährige Luise, die damals bemerkte, Kleist sei *noch ganz derselbe liebenswürdige Mensch, der durch seinen Geist, dazumal noch sehr bescheidenem stillen Benehmen so interessant war.*[168] Als »liebenswürdig« und »bescheiden« galt auch Karo-

146

line, vor allem aber als eine Frau voll Geist und großer Begabung. Beide waren von Adel, beide von ihrer Arbeit besessen, beide arm. Kleist hatte das vom Vater hinterlassene Erbteil fast aufgebraucht, seine Schwester Ulrike und eine ältere Kusine, Marie von Kleist, unterstützten ihn finanziell. Angesichts einer ungewissen Zukunft und der materiellen Notlage hatte er seine Verlobung mit der Generalstochter Wilhelmine von Zenge gelöst; sie lehnte seinen Vorschlag, mit ihm in der Schweiz als Bäuerin zu leben, als unzumutbar ab. Karoline wiederum hatte aus Unsicherheit und Selbstzweifeln ihre große Liebe an eine andere Frau abgetreten. Sie wird, wie Kleist, unverheiratet bleiben.

Die Bekanntschaft von Karoline von Günderrode und Heinrich von Kleist könnte durch Freunde vermittelt worden sein, die ihre literarischen Ambitionen und Fähigkeiten kannten. Beide hatten sie gerade ihre ersten Texte veröffentlicht. Seit Februar 1803 lag Kleists Drama *Die Familie Schroffenstein* vor, die *Gedichte und Phantasien von Tian* waren ebenfalls erschienen. Man hätte sich gegenseitig beglückwünschen können. Doch keiner von beiden war mit seiner literarischen Leistung zufrieden. Kleist war krank geworden und der Verzweiflung nahe, er wußte nicht, wie es weitergehen sollte, hielt seine schriftstellerische Laufbahn für beendet und hatte sich ganz auf die Wissenschaften verlegt, wobei ihn Kants Schriften nicht nur enttäuscht, sondern dessen *Kritik der Urteilskraft* in eine tiefe Krise gestürzt hatten. Wieland, bei dem er Erholung gesucht hatte, bescheinigte Kleists Arzt Wedekind, daß es ihm um den jungen Mann angst und bange sei, er bedauere *die Exzentrizität der ganzen Laufbahn, seine fürchterliche Überspannung, sein fruchtloses Streben nach einem unerreichbaren Zauberbild von Vollkommenheit* ...[169]

147

»Zauberbild von Vollkommenheit« – Karoline von Günderrode, kritisch und sensibel, kannte diesen Zustand. In einen Abgrund von Zweifeln hatte sie die Beschäftigung mit Schellings Philosophie gestürzt. *Das Los der Welt und der Menschheit ist von Natur ein tragisches,* schrieb der Philosoph. Was blieb dem Menschen, wenn selbst die Wissenschaft die Frage nach Ursache und Sinn allen Wissens nicht beantworten konnte? *Aber was ist es doch, das Leben?* notierte Karoline folgerichtig, *warum hängt der Mensch mit solcher Stärke an Gedanken und Meinungen, als seyen sie das Ewige? Warum kann er sterben für s i e , da doch für ihn eben dieser Gedanke mit dem Tod verloren ist?*[170]

In der gleichen Sucht nach absoluter Vollkommenheit schrieb Heinrich von Kleist: *Wie könntest Du hier am edelsten, am schönsten, am vortrefflichsten handeln?*[171] Auch er suchte in aufklärerischen Schriften nach einem moralischen und weltanschaulichen Halt, hatte sich wie Karoline von Günderrode den Gedanken zu eigen gemacht, *daß die Vervollkommnung der Zweck der Schöpfung wäre.*[172] Bei beiden zeigte die unablässige Suche nach faßbaren und gültigen Erkenntnissen, ihre fanatische Fixierung auf abstrakte moralische Ideale, ihre Arbeitsbesessenheit und das Ringen um Unsterblichkeit pathologische Züge, die sich in Depressionen und Todesgedanken niederschlugen. *Die Hölle gab mir meine halben Talente,* klagte Kleist, der hochbegabte Dramatiker und Erzähler, er wolle *den Kranz der Unsterblichkeit* an sich reißen oder aber *den schönen Tod der Schlachten sterben.* Schon im Juli 1803 hatte er seinem Freund Ernst von Pfuel während einer Schweizreise vorgeschlagen, gemeinsam mit ihm in den Tod zu gehen. Pfuel hatte abgelehnt und sich von ihm getrennt.

Später, als alle Pläne gescheitert und alle finanziellen Mittel erschöpft waren, Kleist keines seiner Dramen auf der

Bühne sah, sein *Prinz von Homburg* abgelehnt und *Der Zerbrochne Krug* unter Goethes Leitung in Weimar durchgefallen war, als der Dichter sich, anstatt mit Lorbeer bekränzt, von der Welt und den eigenen Verwandten gedemütigt und verspottet sah, beging er 1811, im Alter von vierunddreißig Jahren, Selbstmord.

Es ist nicht belegt, ob und auf welche Weise Kleist von Karolines Tod erfahren hat. Clemens Brentano, mit dem er sich in Berlin befreundete, könnte es gewesen sein, der ihm von ihren Gedichten berichtete, ihrer Freundschaft zu Bettine, ihrem Tod. Der verliebte Brentano hatte der zweiundzwanzigjährigen Karoline einmal ins Studienheft geschrieben: *Es giebt Menschen die gleichsam mit ihren Schwingen nur das Leben im Fluge berühren; deren stilles Wirken wir n u r in der Erinnerung wahrnehmen, wie es unendlich zarte Lieder giebt die wir nicht hören* ...[173]

Daß sich die Dichterin am Rhein mit dem Dolch erstach, wird Heinrich von Kleist auf jeden Fall bekannt geworden sein.

XVI. *Die Hochzeiten der Freunde*

Im Frühjahr 1804, die *Gedichte und Phantasien* waren gerade erschienen, fanden nacheinander vier Eheschließungen statt: Karolines Freunde heirateten. Sie stand daneben und sah zu, wie man paarweise glücklich wurde und davonzog.

Am 5. Februar 1804 ging ihre zweiundzwanzigjährige Schwester Wilhelmine, die einzige, die ihr geblieben war, mit der sie sich aber am wenigsten verstand, in die Ehe mit Carl du Bos, Freiherr du Thil, Hofmarschall beim Großherzog von Hessen. Wilhelmine war eitel und oberflächlich und interessierte sich ausschließlich für die vornehme Gesellschaft. Dazu war ihr Ehemann der passende Gefährte. Seit zwei Jahren war sie mit ihm verlobt, nun wurde feierlich die Hochzeit begangen. Carl du Bos machte Karriere, wurde 1821 Außen- und Finanzminister, 1828 leitender Staatsminister. Für Wilhelmines Erbteil stritt er in langen Prozessen. Die Ehe blieb kinderlos.

Im Mai des gleichen Jahres entschied sich auch Fritz von Leonhardi, den Savigny für seinen Nebenbuhler gehalten hatte, zur Heirat. Er hatte sein Jurastudium beendet, wurde Diplomat, später Bundestagsgesandter in Frankfurt. Seine Braut war die junge, Karoline bekannte Auguste du Fay.

Zuvor, am 5. März 1804, hatte die Freundin Elisabeth Jacobina von Mettingh, einundzwanzig Jahre alt, den von ihr angebeteten Botaniker Christian Gottfried Daniel Nees von Esenbeck geheiratet, einen verwitweten Gelehrten, dessen erste Frau im Kindbett gestorben war. Karoline, die ihn aus Frankfurt kannte, profitierte von der Freundschaft, da Nees, in alten Sprachen bewandert, sie als Lektor unterstützte. Trotz aller äußeren Erfolge stand über der Ehe kein guter Stern. Christian Nees, ein von Goethe geschätzter Naturforscher, Sammler und Schriftsteller, wurde Professor der Botanik und mit hohen Orden ausgezeichnet, bevor er seiner demokratischer Haltung wegen in Ungnade fiel und 1858 in Armut und Krankheit starb. Da hatte sich seine Frau Lisette bereits von ihm scheiden lassen.

Friedrich Carl von Savigny und Kunigunde Brentano gingen am 17. April 1804 die Ehe ein. Karoline war bei der Hochzeit anwesend und blieb bis zum 20. Mai 1804 auf dem Hofgut Trages, gelegen zwischen Hanau und Gelnhausen am Rande des Spessarts. Nach einer Familienüberlieferung der Savignys wird behauptet, sie sei so »liebestoll« gewesen, daß man sie in einem separaten Gebäude des Anwesens habe unterbringen müssen.[174] Daß Karoline nach wie vor in diesen Mann verliebt war, beweist ein Sonett, das sie Savigny ausgerechnet zu seiner Hochzeit sandte. Es war das Gedicht *Der Kuß im Traume*.[175] Um es möglichst unpersönlich erscheinen zu lassen, hat sie, als es gedruckt wurde, die Scheinerklärung angefügt: *aus einem ungedruckten Romane*. Es hätte auch heißen können: aus einem ungelebten Leben.

Der Kuß im Traume

Es hat ein Kuß mir Leben eingehaucht,
Gestillet meines Busens tiefstes Schmachten.
Komm Dunkelheit! mich traulich zu umnachten,
Daß neue Wonne meine Lippe saugt.

Landgut Trages Savignys bei Hanau, wo
Karoline von Günderrode viele Wochen verbrachte. Foto um 1900.

In Träume war solch Leben eingetaucht,
Drum leb' ich, ewig Träume zu betrachten,
Kann aller andern Freuden Glanz verachten,
Weil nur die Nacht so süßen Balsam haucht.

Der Tag ist karg an liebesüßen Wonnen,
Es schmerzt mich seines Lichtes eitles Prangen
Und mich verzehren seiner Sonne Gluten.

Drum birg dich Aug' dem Glanze ird'scher Sonnen!
Hüll' dich in Nacht, sie stillet dein Verlangen
Und heilt den Schmerz, wie Lethes kühle Fluten.

Die Erklärung, wie sie dazu kam, ausgerechnet jetzt Savigny dieses Liebesgedicht zu schenken, findet sich in einem Brief, den er ihr am 8. Februar 1804, also sechs Wochen vor seiner Hochzeit, zukommen ließ. Er wollte sie offenbar seiner erotischen Gefühle versichern. *Ich habe Ihnen nämlich in jedem Augenblick, worin Sie geküßt haben oder geküßt worden sind, nicht geschrieben, und so ist denn dieses seit langer Zeit der erste Moment, ich welchem ich Ihnen sagen kann, daß ich noch ganz wie sonst der Ihrige bin, obgleich Ihr Herz sich sehr beträchtlich von mir gewendet haben soll ... Ey, Günderrödchen, wo bleibt denn die berühmte Seelenverwandtschaft zwischen uns beiden? Und wer soll denn um Gottes willen in Ihr Stübchen in Trages ziehen, wenn Sie vor wehmüthiger Einsamkeit vergehen wollten (den Mund ausgenommen, ohne den man freylich nicht küssen kann)?*[176] Damit erinnerte Savigny wieder an Situationen, die ihm heiß im Gedächtnis geblieben waren – und, wie er jetzt wußte, auch ihr. Sie dachte »wehmütig« an ihn: *Drum leb' ich, ewig Träume zu betrachten.* Die Wirklichkeit hatte ihr alles versagt.

Es fand sich ein bisher unveröffentlichter, erst im Jahre 1990 entdeckter Brief, den Karoline vermutlich aus Trages an Claudine Piautaz richtete, die »Ersatzmutter« im Hause Brentano, die in ihren Kummer eingeweiht war. *Ich hatte all die Tage keine Stimmung zum Schreiben,* beginnt der Brief. Während die anderen feierten, trauerte sie. *Die Gegend ist so schön, so abentheuerlich, aber mein Dichtungsquell ist vertrocknet; ich dachte hier recht viel Stoff zu finden* – doch ihre Phantasie sei wie gelähmt. *Im Genuß ist keine Dichtung (die Wirklichkeit tödet den Traum) ... Wer ganz genießt, der lebt wirklich, u wer so lebt wie sollte der noch träumen wollen oder können. Das Leben läßt sich nicht theilen; man kann nicht in der Unterwelt mit den Schatten wandln, u zugleich auf der Oberwelt unter der Sonne u mit den Menschen ... Wie wunderbar sind wir doch mit der Zeit verflochten.*

Ich habe den Rhein und seine Berge gesehn. –

Ihre Stimmung drückt sich aus in dem Rheingedicht, das Karoline an dieser Stelle dem Brief einfügte. Wieder tritt der schöne Narzissus auf, ihr Leitbild – aber in der Negation. Das Gedicht erlaubt quasi ungewollt einen Blick in den Abgrund ihrer Seele.

> *In stolzen Bogen, dann in sanften Krümmen*
> *Ergießet sich der königliche Rhein*
> *In Täler dann, in Felsen dann hinein*
> *Und in den Fluten schauen sich die Berge*
> *Sie sehn ihr Haupt in grünes Moos gehüllt*
> *Und staunen ob dem eignen Riesenbild.*
> *Mit Wohlgefallen schaute in den Fluten*
> *Narzissus einst sein schönes Angesicht*
> *Und trennte sich vom eignen Bilde nicht.*
> *Mit solcher Freude sehn sich nicht die Felsen.*

Sie staunen ob dem eignen Riesengipfel
Und borstiger heben sie die Wipfel
Als graute ihnen vor dem eignen Bild.[177]

Sie hasse den hellen Tag, sie liebe die Nacht und das Dunkel der Träume. *Ich kehre in mich selbst zurück, u erschaffe mir eine andre Welt; leichte Träume umschweben mich, mein Bewustsein verliehrt sich in der Betrachtung.*

Sie verglich sich – ungeheuerlicher Vergleich – mit einer Sterbenden: *So mag es einem Sterbenden sein, das Bewustsein wird immer schwächer, u. unterbrochner; Träume umhüllen es immer dichter und vermählen sich mit den Gestalten der Wirklichkeit, bis diese ganz schwinden, u der Träumer zum Traum wird.*

Was blieb ihr? Der Brief ist eine einzige große Klage über ihr verlorenes Leben. *Das helle Bewusstsein ist drükkend,* schrieb Karoline, *es ist immer mit tausend Schmerzen verbunden, es kann die Zeit nicht vergessen und knüpft mit unseligen Banden an die Erde und die Zeitlichkeit, darum weis das Bewustsein von keiner Ewigkeit. Aber in Träumen ist die Ewigkeit, da gelten nicht die Berechnungen der Zeit, im Traum ist Seligkeit, u alle Seligkeit ist nur erträumt – die Ewigkeit ist das Land der Träume – – –*

Sie sei von Trauer durchdrungen. *Alles war gut was geschaffen war, sagt die heilige Schrift. Warum war es denn der Mensch nicht? Warum soll er anders sein als er ist?* Worauf will sie hinaus? Sie habe, sagte sie, alle ihre Gefühle »ermorden« müssen. Bitter rief sie aus: *Seine Empfindungen u Wünsche am Altar der Nothwendigkeit oder der Sitte schlachten, das nennt man also Tugend! ... Trauriger Triumpf! – Mich dauern die Gemordeten u die Gefesselten, u ich möchte den Sieger fragen, warum hast du das getan?*[178]

Die Rückkehr ins Stift wurde eine Qual. *Ich kann Ihnen nicht sagen, wie unangenehm fremd mir alles den ersten Tag hier auffiel.* Sie sei vollständig *trübsinnig,* gestand Karoline Savigny und stellte die Frage, die das Maß ihrer Verstörtheit erschreckend zeigt: *Adieu Gundelchen, adieu lieber Savingny, wer bin ich?*[179]

Bettine war nicht in Frankfurt. Statt ihrer kam Elisabeth-Lisette, an deren Krankenbett Karoline gesessen hatte, jetzt häufiger ins Stift. Auch bei ihr spielten Zärtlichkeit und emotionale Bindung eine große Rolle. *Ich möchte Dich gar zu gerne küssen, liebe Line und weiß nur nicht recht wie ich es machen soll, ob ich es malen oder in Musik setzen soll da nothwendig eine Illusion dazu gehört. Eben fällt mir ein Mittel bey, ich küsse den unterschriebnen Namen auf der vorigen Seite und Du küsst ihn dann auch; er trägt so eine ganz eigne Wärme mit sich daß er gewiß den Kuß wieder giebt wenn Deine Lippen ihn berühren.* (Juli 1804)[180]

Anscheinend hatte Lisette Angst vor dem neuen Zustand der Ehe. Schon zuvor hatte sie, seit knapp drei Monaten Ehefrau, mit verwunderter Enttäuschung festgestellt: *Ich kann mich täglich weniger in die Welt und die bürgerliche Ordnung fügen Caroline, mein ganzes Wesen strebt nach einer Freiheit des Lebens wie ich sie nimmer finden werde; die Liebe sollte doch dünkt mich frei seyn ... die Verhältnisse der Bürgerlichkeit sind überall beengend ...* (11. Juni 1804)[181] Lisette suchte Zuflucht in der weniger belastenden Neigung zur geliebten Freundin, von der sie nicht verlassen werden wollte.

Nein niemals Caroline werde ich ein Verhältniß wie das unsrige war vergessen können – versicherte Lisette, *es war die Jugend meines Lebens, frei ungetrübt und ewig heiter wie der Himmel; nun habe ich mich hinausgewagt aus diesen Spielen der Kindheit...*

es könnte kommen daß ich der Anhänglichkeit an Dich mehr wie
jemals bedürfte um zu leben, darum laß uns immer innig verschlun-
gen bleiben, was uns jemals verbunden muß ewig seyn, laß mich
immer mit Dir fortleben und lebe Du auch ein doppeltes Leben
in mir ...[182]

Gunda hat dich um eine Reise nach Italien betrogen, so steht es
in Lisettes folgendem Brief. Das stimmte. Savigny hatte Karoline angeboten, sie nach Italien zu begleiten – Gunda hatte
es hintertrieben. Ihre Enttäuschung über die gescheiterte
Reise in ein Land, das sie nun niemals kennenlernen würde,
hat Karoline selber in ihrem Studienheft beschrieben. Auch
dem geliebten Savigny hat sie ihr Leid geklagt, worauf er
ihr so, als habe es eine Heirat nie gegeben, unverändert zärtlich antwortete: *Sey nicht mehr betrübt, wenn Du mich siehst,*
vielmehr mußt Du mir, Savigny, an den Hals springen und mich
küssen. (6. Juni 1804 aus Trages)

Karoline versprach, weiterhin *sein Günderrödchen* zu sein.[183]
Ihre Zugeständnisse gehen bis an die Grenze des Zumut-
baren. Die Briefe sind Zeugnisse einer bis zum Äußersten
einsamen und unglücklichen Frau. Glücklich sei sie nur,
wenn sie dichte, beteuerte sie. Mit Stolz trägt sie es vor: insgeheim habe sie etwas Poetisches begonnen. Es ist das fünf-
aktige Drama *Mahomets Traum in der Wüste,* an dem sie ar-
beitet.

Mit merkwürdiger Dringlichkeit bat Savigny, sie möge
ihn in Trages besuchen. Karoline antwortete, sie habe zur
Reise kein Geld. Nur wenn jemand sie mitnimmt, kann sie
fahren. *Es ist mir ganz und gar unmöglich, lieber Savingny zu*
Ihnen nach Trages zu kommen, ich will aber mit der Bettine nach
Hanau kommen, ... da mich meine Verhältniße an einem Bendel
haben welcher leider nur bis dorthin reicht.[184]

Es kam anders. Karoline erhielt das Angebot, Heidelberg kennenzulernen. Ein Frankfurter Ehepaar würde sie in seiner Kutsche mitnehmen; und sie könnte ihre Jugendfreundin Sophie Blum, verheiratet mit dem Theologieprofessor Carl Daub, besuchen.

So schickte sie Savigny einen Absagebrief. *Ich sage Ihnen ein recht herzliches und freundliches Lebewohl, lieber Savigny; ... in Heidelberg werde ich nur einen oder zwei Tage sein, ich darf also kaum hoffen Sie da anzutreffen. Umarmen Sie also Ihr Günderrödchen in Gedanken und stellen Sie sich den Abschied recht leibhaftig vor, man kann es Ihnen gar nicht übel nehmen wenn Sie dabei ein wenig in Thränen ausbrechen, im Gegentheil es macht Ihrem Herzen große Ehre. Meinem Herzen aber ist es glaub ich, sehr heilsam daß ich Sie nicht noch einmal gesehen habe, denn die Wirkungen Ihrer zauberischen Gegenwart, sind nur allzu gefährlich für zarte Gemüther ... Wie geht es der Bettine? sie soll mich lieb behalten. Adieu lieber Savigny. Karoline.*[185]

Beide ahnten nicht, daß der Abschied endgültig war.

XVII. »Vom ersten Augenblick an Liebe«:
Friedrich Creuzer

In Heidelberg war Karoline von Günderrode bei Professor
Daub zu Gast, der mit ihrer Jugendfreundin verheiratet war.
Nach der Ankunft stand sie noch im Zimmer am Fenster,
als Friedrich Creuzer hereinkam, Daubs Kollege von der
Universität, der, wie Karoline schon von Savigny gehört
hatte, einen weithin leuchtenden Ruf als Altertumskenner
besaß. Seine Abhandlungen *Herodot und Thukydides* und *De
Xenophonte historico* waren bereits 1798 und 1799 in Leipzig
erschienen; 1802 hatte er sein Werk *Epochen der griechischen
Literaturgeschichte* veröffentlicht.

Professor Creuzer war dreiunddreißig Jahre alt, sah älter
aus, war hager und leicht gebeugt. Bettine Brentano fand
ihn den häßlichsten Mann, den man sich vorstellen könne.
Karoline sah eine dünne Gestalt, ein überaus schmales Gesicht mit graublauen, verhangenen Augen, vorstehender
Unterlippe und einer spitzen hageren Kinnpartie.[186] Das
kurzgeschnittene Haar war rötlich und dünn – fuchsrot, behauptete Clemens Brentano. Im Alter trug Creuzer eine
Perücke. Er selber litt unter seinem unvorteilhaften Aussehen, hatte Minderwertigkeitskomplexe und sprach sie auch
offen aus, ja er kokettierte bei Karoline damit und bat, sie
solle über den wenig charmanten Zügen nicht sein liebens-
wertes Inneres übersehen. *Die Natur war ja überhaupt ungü-
tig gegen mich im Äußeren, besonders auch in der Kunst und im
Reiz des Ausdrucks ..., Schön ist nicht meine Erscheinung – sondern in mir etwas: ... mein Gemüth ... laß meine schöne Seele
nicht.*[187]

Creuzer war seit fünf Jahren verheiratet. Die Ehe hatte

allerdings einen Makel. Seine Frau Sophie, Witwe seines Professors, war dreizehn Jahre älter als er. Sie war die Tochter eines Leipziger Buchhändlers und hatte nicht nur zwei halbwüchsige Kinder, Sohn und Tochter, mit in die Ehe gebracht, sondern auch ein kleines Vermögen, von dem man das schmale Professorengehalt notfalls aufbessern konnte.

Creuzer begrüßte den neuen Gast mit ausgesuchter Liebenswürdigkeit. Als er sprach und sich nach ihrer Reise erkundigte, traten die unschönen Gesichtszüge zurück, und sein blasses Gesicht gewann an Farbe. Er wandte sich Karoline direkt zu. Fast alle Zeitgenossen haben sich rühmend über Creuzer geäußert. *Er war äußerst lebhaft und geistreich,* schrieb der Philologe Menzel über seinen ersten Besuch bei ihm. *Ich fand bei ihm nicht den geringsten Professorenhochmut, sondern anmutigste Natürlichkeit und seltenste Bescheidenheit.*[188]

Creuzers eindrucksvolle Art, mit Lebhaftigkeit etwas zu demonstrieren, seine raschen Bewegungen, der schmale Kopf mit dem glatten, kinnlangen Haar erinnerten Karoline an Savigny. Sie erwähnte ihn und erfuhr, daß er und Creuzer beste Freunde waren, ja daß gerade Savigny derjenige gewesen war, der Creuzer dazu brachte, sich der Philologie und Literaturgeschichte zuzuwenden. Ursprünglich hatte er, Buchbindersohn aus Marburg, dessen Vorfahren *Cruciger* hießen und seit Generationen Pfarrer gewesen waren, zusammen mit seinem Vetter Leonhard Theologie und Geschichte studiert. Erst Savigny hatte das Interesse für alte Sprachen in ihm geweckt, woraus die Liebe zum klassischen Altertum erwuchs. Zur Zeit sei er mit den Religionen Indiens und Persiens und ihren Sinnbildern befaßt, sagte Creuzer; sein Hauptwerk *Symbolik und Mythologie der alten Völker* sollte daraus hervorgehen.

Friedrich Creuzer, Professor in Heidelberg.
Farbiges Pastellporträt von Carl Roux.

Creuzer zählte zu den Ersten unter den romantischen Mythenforschern und war hoch geschätzt als Koryphäe auf dem Gebiet der Göttersagen. *Creuzer mit seiner hohen klassischen Bildung und dem reinsten Gemüt, der eben so tief forschende als geschmackvolle Altertumskenner, leicht entzündbar für Großes und Schönes, liebenswürdig mit immer gleicher Heiterkeit und Geistesfreiheit, mit wahrhaft kindlichem Sinne, war mir, noch von Marburg her, in herzlichster Weise zugetan,* so der Geologe Leonhard in seinen Erinnerungen.[189] Als Professor für Philosophie und alte Sprachen war Creuzer erst zu Ostern nach Heidelberg berufen worden und seither mit den Philologen Daub und Kayser eng befreundet.

Was ihn für Karoline anziehend machte, waren seine überragenden Kenntnisse auf dem Gebiet der Literatur, der Geschichte, der alten Sprachen. Ihre Interessen deckten sich. In Jena hatte Creuzer nicht nur bei Schiller Vorlesungen gehört, sondern auch Novalis kennengelernt, ihr Vorbild und Idol. Sie unterhielten sich lebhaft. Dank Creuzers verbindlicher Art fand die vierundzwanzigjährige Karoline ihn bald liebenswert und anziehend. Vielleicht sah sie in ihm auch eine Vaterfigur, einen Vaterersatz. Sein Wissen imponierte ihr, sein vertrauenswürdiges Wesen versprach Schutz und Geborgenheit. Sein Mangel an Heiterkeit fiel ihr nicht auf. Er selbst nannte sich einmal Savigny gegenüber einen übellaunigen, *hypochondrischen* Menschen.[190]

Diejenige, die Creuzer von Anfang an nicht ausstehen konnte, war Bettine Brentano. Sie fand sein *blasses hektisches Aussehen* unnatürlich und abstoßend.[191] Daß Karoline diesen häßlichen Menschen lieben konnte, blieb ihr ein Rätsel. Erst viel später kam sie zu einem milderen Urteil. Creuzer äußerte sich nämlich wohlwollend über Achim von Arnim, dessen schöne, kraftvolle Erscheinung ihm aufgefallen war, und

Arnim bestätigte, er finde bei Creuzer *ein angenehmes, emp-*
fängliches Gemüt, mit vielem Geist und Gelehrsamkeit; aus dieser
letzteren erkläre ich mir jetzt sein Verhältnis zur Günterode ...
(7. März 1808)

Es war der 4. August 1804, ein heißer Tag. Das Fräulein von
Günderrode, so erfuhr man, war noch nie in Heidelberg
gewesen. Sie habe die Gelegenheit einer Kutschfahrt von
Frankfurt her genutzt, um Sophie Daub, die früher Sophie
Blum hieß und eine Kindheitsfreundin war, wiederzusehen.
Auch Creuzer wohnte noch nicht lange in Heidelberg. Bis
Ostern hatte er in Marburg gelehrt, erst vor drei Monaten
war er hierhergezogen.

Wer kann der Gottheit widerstehen? Georg Friedrich Creuzer, der strenge Wissenschaftler und Professor, verliebte sich
in die junge Frau, deren Anblick ihn überwältigte. *Du Engel,*
schrieb er, *es war Liebe vom ersten Augenblick an.* Karoline
von Günderrode, neun Jahre jünger als er, war groß, »wohlgewachsen« und liebenswürdig, wie der ebenfalls anwesende
Kollege, Professor Kayser, sofort bemerkte. Karoline habe
ihn zunächst wie einen *Freund* behandelt, auf *Vertrauen und
Gutsein* gesprochen, sagte Creuzer. *Aus mir aber sprach Liebe...*
Nie in seinem Leben, bemerkte er gegenüber seinem Vetter
Leonhard, sei er so glücklich gewesen wie bei dieser Bekanntschaft.

Creuzer sah Karoline an, ihr schönes Gesicht mit den
blauen Augen, *die gedeckt waren von schwarzen Wimpern –*
nicht nur Bettine Brentano, auch Lisette Nees sprach von
ihren Augen, die *süß und mild* lachen konnten. Er liebte an
ihr *einen kleinen Zug um den Mund, wenn dieser lächelt, oder
erzählet, oder süß küsset.* Sie habe Licht in sein Leben gebracht, Jugend und *Sonnenwärme,* schwärmte Creuzer, und

ein andermal: *an Dich Lina bin ich verloren.* Noch nie hatte er eine derart bemerkenswerte Frau erlebt, die ihn mit Äußerungen über Plutarch und die Oden des Pindar, über die Macht der Sterne und das menschliche Dasein unterhalten konnte.

Man verabredete sich. Für den Nachmittag und Abend des 6. August 1804 wurde ein Ausflug vereinbart. Creuzer kam mit Frau Sophie und Stieftochter Lorchen. Die Professorenkollegen Kayser und Posselt, der Maler Kraft aus Hanau, Karoline und ihr Bruder, der Student Hektor von Günderrode wanderten gemeinsam zum Stift Neuburg, wo man sich zum Picknick in einem Wäldchen lagerte, lachte und sich fröhlich unterhielt. Auch Clemens Brentano, seit einem Jahr verheiratet, war gekommen, er spielte die Zither und sang. Seine Ehefrau, die für ihre gefühlvollen Verse bekannte Dichterin Sophie Mereau, war nicht anwesend, da sie in Frankfurt die Familie ihres Mannes kennenlernen wollte.[192] Dem Paar war im Mai ein Sohn geboren worden, der aber schon nach sechs Wochen am Scharlach starb. Am Unglücksort Marburg wollte Clemens nicht bleiben, ihn zog es nach Heidelberg, wo der Homer-Übersetzer Voß wohnte, wo er sich mit dem Buchhändler Zimmer, dem Mediziner Loos, dem Theologen Daub und dem Altertumsforscher Creuzer anfreunden konnte. Vor einem Monat hatten er und Sophie eine Wohnung am Heidelberger Paradeplatz gemietet.

Von Creuzers Kollegen, dem Philologen Karl Philipp Kayser, stammt die erste Schilderung. *Die Dichterin Günderode, welche eine Familie in die Neckargegenden begleitete, war gestern morgen hier angekommen ... Fräulein Günderode ist durch Anspruchslosigkeit und Einfachheit liebenswerth. Nach Brentanos Versicherung ist sie eine tiefe Denkerin und liest viel. Aber aus ihrem Umgange war dieses nicht abzunehmen, so wenig legte sie ihren Kram aus und zierte sich doch auch nicht. Was ihre Gestalt anlangt, so ist sie groß, wohlgewachsen, nicht gerade schön, aber auch nicht häßlich. Als Brentano ihr das Lesen des Schelling verwies, sagte sie, sie müsse Ideen haben. Die hiesige Gegend gefiel ihr sehr. Wir hatten uns beim Hausacker übersetzen lassen und gingen über den Berg und das Schloß zurück* ...[193]

Die Dichterin Günderrode, sie scheint selbst in diesem Kreis, in dem doch Sophie Mereau durch ihre Erzählungen bekannt war, eine Ausnahmeerscheinung gewesen zu sein. Ihr Buch, drei Monate zuvor erschienen und in den Journalen unterschiedlich besprochen, bot viel Gesprächsstoff. Sie wurde bewundert und befragt, ließ sich aber nicht dazu herbei, ihre Gedichte zu erklären. Creuzer hatte von ihrem Werk gehört, es aber noch nicht gelesen.

Man ging zum Heidelberger Schloß. Karoline stand schon auf dem Altan, lachte und winkte. Creuzer kam zu ihr, berückt von ihrer Erscheinung, die *wie schwebend* sei, sagte Bettine, ganz gleich, ob im dunklen Stiftsgewand oder im hauchzarten Musselin. Der Altan des Schlosses wurde für Creuzer zu einem Symbol seiner Liebe, zum *Ehrensaal meines inneren Daseins, wo das volle Herz überströmen möchte in die zeitlose Unendlichkeit.*[194]

Man lagerte sich unter den hohen Bäumen. Schon bei den ersten Gesprächen muß Creuzer ihre Geistesverwandtschaft aufgefallen sein. Sie interessierten sich beide für Mythologie und Symbolik, für griechische Heldensagen und die Religionen anderer Völker. In der Zukunft sollte Karoline eine enge Vertraute von Creuzers wissenschaftlichen Plänen werden. Sie erfuhr als erste von seinen Entdeckungen auf dem Gebiet der Altertumskunde, seinen neuen Übersetzungen griechischer Philosophen. Karoline teilte Freundin Lisette mit, welch glückliche Bekanntschaft sie in Heidelberg ge-

Das Heidelberger Schloß, Begegnungsstätte von Karoline von Günderrode und Friedrich Creuzer im Jahre 1804.

macht habe, und erhielt die verständnisvolle Antwort: *Ich freue mich, daß Du an Creuzer einen Freund gefunden, der Dich liebt und versteht, es gibt davon wenige für Dich ...*[195]

Auch Creuzer konnte nicht schweigen. Seine Briefe an Vetter Leonhard, der als Theologieprofessor in Marburg lehrte, sind Zeugnisse seiner psychischen Verfassung. *Erst kam Brentano allein, dann ein Fräulein von Günderode (eine Poetin, Verfasserin des Tian, den Du aus der L. Z.* [Literatur-Zeitung] *kennen wirst). Sie ist mir aber lieb geworden ohne dies, denn ihre Gedichte las ich erst nachher. Ein liebes, liebes Mädchen, dessen Bekanntschaft ich Dir wünschte. Sie kommt in einigen Tagen wieder auf eine Woche her ...*[196]

Obgleich sie vorher behauptet hatte, kein Geld für eine Reise zu besitzen, eilte Karoline schon eine Woche später wieder nach Heidelberg. Man traf sich, sprach sich diesmal allein. Creuzers kam als ein Bittender zu ihr und verwahrte sich dagegen, daß sie ihn überschätze. Sie hatte einen Mann wie ihn gesucht. Sie liebte.

Man fuhr nach Mannheim und ging ins Theater, um Iffland in *Die Jungfrau von Orleans* zu sehen. Karoline liebte Schillers Dramen und hätte den Verfasser, dessen Kränklichkeit bekannt war, gerne in Jena aufgesucht. Das hatte Creuzer getan, der nun in der Loge neben ihr saß. Man teilte einen Pfirsich miteinander. Man sprach davon, das Leben miteinander zu teilen.

Unmittelbar nach Karolines Abreise traf das Ehepaar Savigny in Heidelberg ein. Neugierig erkundigte sich Gunda nach Karoline, auch Savigny wollte von Creuzer wissen, welchen Eindruck das Fräulein von Günderrode auf ihn gemacht und ob sie etwa schon geschrieben habe.

Was noch nie vorgekommen war: Creuzer bediente den besten Freund mit Lügen. Er konnte und wollte die Wahrheit nicht sagen. Karoline hatte von ihrer Beziehung berichtet und ihm ihre Liebe zu Savigny nicht verschwiegen. Creuzer frohlockte – in diesem Fall war einmal er derjenige, der triumphierte. Er beteuerte Karoline, wie glücklich er sich fühle, daß nicht der andere, sondern er es war, der ihren Wert erkannt habe. Er bedauerte die Blindheit des Freundes, der eine so unbedeutende Frau wählte. *Der arme Savigny! Wie reich fühle ich mich gegen ihn …*[197] Er dagegen sei im siebten Himmel. Das erklärte er auch im Rausch seiner Gefühle dem Vetter Leonhard, seinem Vertrauten, den er von Kind an wie einen Bruder liebte. Der Theologe hatte ihn zur Besinnung bringen wollen, schließlich war Creuzer verheiratet. Doch dessen entwaffnende Antwort lautete: *Deine Ermahnungen fallen auf einen unfruchtbaren Boden.*[198]

Am 6. Oktober 1804 traf Creuzer in Frankfurt ein, und alle guten Vorsätze, die Karoline auf ein kleines Billett gekritzelt und ihm in die Hand gedrückt hatte, wurden zu nichts vor ihrer Leidenschaft.

Es war Karolines Freundin Susanne Maria von Heyden, Tochter des Senators Schaaf und seit sechs Jahren mit Johann Georg von Heyden verheiratet, die das Stelldichein ermöglichte. Als heimliche Mitwisserin händigte sie Karoline, da im Stift Männerbesuch untersagt war, den Schlüssel zum Großen Kettenhof aus, einer alten, umgebauten Wasserburg, die seit 1690 zum Besitz der Günderrodes gehörte und überraschend behagliche Räume enthielt. Der Kettenhof wurde im Sommer an vornehme Frankfurter Familien verpachtet. Besonders schön war der sogenannte »Saal«, aus dessen hohen Fenstern man eine herrliche Aussicht nach Rödelheim hinüber hatte. Karoline muß mit den Räumlichkeiten gut vertraut gewesen sein; sie wußte, welche Wohnungen vermietet und welche Bewohner abwesend waren, so daß sie sich ungestört mit Creuzer dort aufhalten konnte.

Sein Glück war unbeschreiblich. Sie wehrte sich nicht gegen seine Umarmungen, sie küßten sich, Karoline versicherte, in seinem Arm liegend, daß sie *ihm mehr angehöre als allen anderen Menschen.* Als »sinnliches Zeichen« ihrer Liebe schenkte sie ihm einen goldenen Anhänger, den er fortan auf der Brust trug.

Creuzer war vor Glück wie von Sinnen.

Das Vertrauen, das Sie in den ersten Stunden unserer Bekanntschaft gegen mich zeigten, schrieb er, *war das gegen einen alten Freund. Aus mir aber sprach Liebe vom ersten Augenblick an ... Wie ich aber* <u>dennoch</u> *an Ihr Herz zu liegen kam? Wie ich erwarmen durfte an Ihrem* <u>keuschen</u> *Busen? danach soll ich doch wohl jetzt nicht grübelnd fragen. Darüber gibt es keine Frage –*[199]

Creuzer mußte sein übervolles Herz erleichtern, dem Vetter seinen Jubel bekennen. *Wisse, daß ich mich im Himmel befinde – Ein sinnliches Symbol trage ich schon auf meinem Herzen – Die Würfel sind gefallen –Einen Mittelweg gibt es nicht – Himmel oder Tod. – Incipit tragoedia. – Ich breche auf, um die letzten Küsse zu rauben. – Bedenke was ich Dir vertraue.*[200]

Das immerhin sah er voraus: *Incipit tragoedia.* Die Tragödie begann.

An Karoline schrieb er: *Du bist nicht Schuld, daß es so wurde: der Zunder lag in meiner Seele, das Schicksal legte den Funken in Deine Hand – Du kannst mir viel seyn, ohne mein Weib zu werden.*[201]

Als Creuzer vom Geschehen überwältigt nach Hause kam, ereignete sich, wovor er sich am meisten fürchtete: die Auseinandersetzung mit seiner Frau. Sie habe ihn ausgefragt, und mit einem *Strom von Tränen* habe er ihr alles gestanden, habe ihr energisch bedeutet: sie seien zwar noch Freunde, aber nicht mehr Mann und Frau. Zu seiner Überraschung war Sophie einverstanden. *Mit einer Stärke die ich ihr nie zugetraut, erklärt sie wörtlich und ernst: sie wolle mir entsagen und von jetzt an sich als meine ältere Freundin betrachten.* Sophie habe gleich auch den Pfarrer Schwarz und ihre erwachsene Tochter, die kurz vor ihrer Hochzeit stand, mit der Neuigkeit bekannt gemacht.

Damit sei er, Creuzer, nunmehr frei, und er verlange von ihr, Karoline, eine rasche Entscheidung. *Jetzt ist es an Dir zu wollen. Siehe bisher verstandest Du nicht zu wollen; dies machte Dein Unglück. Solltest Du es auch jetzt nicht lernen, so wisse daß Du mein Unglück machst.* Er seinerseits habe schon entschieden und mache ihr einen Vorschlag. Alles im Hause solle bleiben wie bisher, *und Du kämest zu mir; meine Frau bliebe dies blos dem Namen nach.* Wie man sich das in der Alltagsrealität vorzustellen hat, teilt er nicht mit. Nur: *Wähle Du selber – Wähle auch bald, denn wie wohl der Tod süßer ist als das Leben, so wäre es doch schändlich von mir, mich vom Tode übereilen zu lassen, ehe ich des Lebens Fülle gekostet. Dann aber will ich gern sterben mit Dir – denn für diese Welt taugen wir doch nicht in die Länge. – Wir werden auch älter …*[202]

Über den gemeinsamen Tod hatten er und Karoline bei ihrem Zusammensein gesprochen, was aber das gemeinsame Leben betraf, blieb der Zustand vage und unbestimmt. Creuzers Vorschlag war wohl kaum realisierbar. Karoline sollte zu ihm ziehen, Bett und Tisch mit ihm teilen als seine ständige Geliebte, während die ehelich Angetraute den Haushalt besorgte? Das war eine unzumutbare männliche Anmaßung. Hatte sie, Karoline, nicht ähnliche Angebote von Savigny bekommen, dem das *Gundelchen* als Hausfrau und

Mutter nötig war, während er mit der Dichterin in schöner Seelengemeinschaft zu leben wünschte?

Immer war sie nur die Dritte im Bunde.

Creuzers Brief stammt vom 16. Oktober 1804. Eine Woche zuvor war er wieder bei ihr gewesen. Am 18. Oktober faßte er den Entschluß, in einen »entfernteren Teil des Hauses« umzuziehen. Er lebe keusch und rein wie ein Priester, schrieb er, während sie, Karoline, sich ihres Ruhmes erfreuen könne, denn die positive Beurteilung ihrer Gedichte durch den großen Goethe sei bis zu ihm gedrungen. *Du bist stolzer geworden durch Göthes Urtheil. Das ist recht! ... Dein heute angekommener Brief ist wieder einmal so recht voll überströhmender hin und herfluthender Fülle ... Schwelge Du immer nur in Deiner Kraft. Du sollst mir doch gehorchen lernen. Aber dann sollst Du Dich auch recht Frei fühlen und recht muthwillig spielen. Du Zauberin.*[203]

Sie war selig. Er war der ideale Freund, war Lehrer und Geliebter zugleich. Sie legte ihm die Bücher von Schelling ans Herz, empfahl ihm die *Ideen zu einer Philosophie der Natur* von 1797 und die Schrift *Von der Weltseele*, die sie selbst mit dem Stift in der Hand eingehend studiert hatte. Von Schelling war Creuzer höchst überrascht. Die Vorstellung, daß die persönliche Existenz jeden Individuums wenig bedeute angesichts des ewigen Alls, verlieh ihm, dem Schwachen und Kränklichen, Trost. Er wiederum riet zu bestimmten Themen und warnte sie vor historischen Dramen, da Frauen zu einer tragischen Gestaltung bekanntlich unfähig seien. Seine Vertrautheit mit der griechischen Mythologie, seine Übersetzungen der Schriften von Hesiod und Pythagoras regten sie zu eigenen Studien an. Seine Kenntnisse und sein Wissen waren für sie das höchste Glück. Sie dichtete:

Vergib, o Freund! Daß ich mit kind'scher Sprache,
Aus deines Herzens tiefem Heiligtume,
Akkorde leise nachzulallen wage,
Beim Höchsten aber schülerhaft verstumme . . .[204]

In den *Briefen zweier Freunde,* die in ihrem nächsten Gedichtband erscheinen sollten, schreibt sie: *Mit Freude denk'*
ich oft zurück an den Tag, an welchem wir uns zuerst fanden.

XVIII. *Täuschung, Enttäuschung*

Savigny, der sich mit Gunda in Paris befand, hatte noch vor der Abreise von der Beziehung seines *Günderrödchens* zu Friedrich Creuzer erfahren. Beunruhigt zog er seine Erkundigungen ein. Er war verärgert. Schließlich war er es gewesen, der Creuzer die Stelle eines Universitätslehrers verschafft hatte, der nun durch ein außereheliches Verhältnis die Karriere aufs Spiel setzte. Dazu das *Günderrödchen*? Auch ihre Zukunft war gefährdet, da sie sich durch die dumme Affäre in große Gefahr begab.

Savigny schrieb an beide, und beide reagierten gleichermaßen aufrichtig.

Von Karoline erhielt er die Antwort, Creuzer habe ihr sein Unglück geklagt, seine mißliche Ehe bedauert und ihr leidenschaftlich bekannt, daß er sich von seiner Frau trennen wolle. Sie sei entschlossen, ihm anzugehören – aber ohne ihn zu heiraten, schließlich wolle sie *nicht an so vielem Unglück schuld sein* ... Ihr sei zumute, schrieb sie sogar, *als müßte ich mit mir selbst diese Schuld bezahlen* ...[205]

Creuzer seinerseits erklärte, er fühle sich in seiner Ehe wie in Ketten gelegt. Ihn zögen nicht nur jugendliche Schönheit und sexuelle Begierden zu Karoline hin, sondern vor allem ihr wunderbares Wesen: *ihre Wahrhaftigkeit, ihr kindlicher Sinn, der sie würdig macht, in das Heilige einzugehen, der sich abspiegelt in allen ihren Worten und Schriften* ... Sollte es *strafbar* sein, wenn er, der sich irrtümlich in ein *unnatürliches Verhältnis* mit der älteren Frau begeben habe, jetzt nach Karoline verlange, *diesen jugendlichen Leib u. diese Schätze eines reinen u. reichen Gemütes sich zuzueignen strebte*, dann allerdings sei er *strafbar* zu nennen. Was ihm dann einzig bleibe – das unterstrich Creuzer – sei *die Trauer über ein großes Entbehren.*[206]

Es ist nicht zu übersehen, daß Creuzer seit diesem großen Geständnisbrief deutlich von Savigny abrückte, der ihm seit seiner Heirat mit Gunda Brentano ohnehin nicht mehr als der alte Freund erschien, sondern als ein gestrenger Richter, von dem er sich zur Rechtfertigung gezwungen sah. Savigny habe seine Heirat mit der unsäglichen Gunda wie ein Geschäft betrieben. *Solange er unbeweibt war, stand er mir klar gegenüber ... und redete zu mir ohne Dolmetscher.* Das sei nun vorbei. *Aber,* so schloß Creuzer seinen Brief an Susanne von Heyden, *er bleibt dennoch ein großer Mensch.* (Dezember 1804)[207]

In Wirklichkeit war Creuzer von Savignys Urteil weit abhängiger, als er wahrhaben wollte, und es bedrückte ihn die Sorge, Karoline könne sich von ihm trennen, wie sie es schon einmal angekündigt hatte. *Was soll ich dann in der Welt noch hoffen oder fürchten?*[208] Hätte er wenigstens ein Porträt von ihr! *Wäre ich reich, so würde ich Dich mahlen lassen – aber wie die Poesie gemahlt ist in Raphaels Schule von Athen: himmlisch, herrschend, die Begeisterung im Auge, auf Wolken schwebend – in der Hand ein verschlossenes Buch –*[209]

Plötzlich die Wende: Ein Absagebrief! Man mußte schon ein starkes Selbstvertrauen besitzen, um diese Enttäuschung zu verkraften. Karoline von Günderrode besaß ein solches Naturell nicht.

Creuzer offenbarte sich in seiner ganzen Wankelmütigkeit. Sein hypochondrisches Wesen kam nun zum Vorschein. Ein Klagender, ein Hilfloser schrieb ihr: *Wie ganz anders ist es heute als es Gestern war! Eine neue Erklärung meiner Frau entreißt mich diesem Wahn.* <u>*Freilassen*</u> *kann sie mich nicht. Verlas-*

sen will sie mich – aber wie? wie man in den Tod gehet! Die Arme!
Ehemann kann ich ihr doch niemals wieder seyn . . . Ich bin nicht
hart genug tödten zu können – sterben kann ich. Dieser Rückfall
entscheidet mein Schicksal . . .

Schnell hatte sich das Blatt gewendet. Alle Pläne zukünftiger Gemeinsamkeit waren zunichte. Karoline las: *Sie sollten, so hoffte ich, noch mein Weib werden. Nun aber, da ich keine Menschenopfer fordern kann, ist mir Ihr Besitz versagt . . .* Daß auch sie ein »Menschenopfer« war, kam ihm nicht in den Sinn.

Sie antwortete mit erstaunlicher Ruhe. Die Ehe sei nicht die einzige Möglichkeit. Sie werde ihm weiterhin angehören, *und wenn alle Dich verrathen und missverstehen und verlassen, so traue auf mich, ich bleibe treu.* Ohnehin habe sie mit Heirat nicht gerechnet. Creuzer teilte seinem Vetter Leonhard mit, Karoline bleibe ihm zugetan, obwohl er sie nicht heiraten werde, *weil meine Frau nicht fähig war, sich das Verhältnis einer älteren Freundin neben einer jüngeren Geliebten zu denken . . . Lina schickt sich zur Ehe nicht, das fühlt sie selber, aber sie wollte liebend bey mir seyn – und meine Sophie sollte äußerlich bleiben was sie ist – auch die Herrschaft im Hause behalten.* Karoline, hört man zum ersten Mal, »schicke sich zur Ehe nicht«. Creuzer reimte sich die Zukunft mit einer Geliebten zurecht, vorteilhaft für ihn, für sie eine Quälerei.

Was sollte Karoline tun? Sie saß am Bett der kranken Claudine Piautaz, und vielleicht vertrauten beide Frauen sich ihre Sorgen an. Später wurde bekannt, daß die damals einunddreißigjährige Claudine ein Verhältnis mit Moritz von Bethmann hatte und 1806 ein uneheliches Kind zur Welt brachte, das in Pflege gegeben wurde, um die Affäre zu vertuschen.[210] Immer waren es die Frauen, die die Folgen zu tragen hatten.

Tian geht allein und fast in der Dunkelheit in seinem Zimmer herum, klagte Karoline, selbst das Dichten bringe ihr keine Freude.[211] Sie war enttäuscht und bat Creuzer, in Zukunft nicht mehr von Liebe zu sprechen.

Dessen Situation war ebenfalls nicht einfach. Der schlecht bezahlte Professor war beruflich ständig überfordert, und seine schwache Natur rächte sich am Ende mit einem Zusammenbruch. Beim Aufbau der Heidelberger Universität über Gebühr beansprucht, hatte er sich außerdem um die Organisation und den Lehrbetrieb, sogar um Berufungen und Gehaltsfragen zu kümmern und an den wissenschaftlichen Schriften zu arbeiten, die er herausgeben wollte. Daneben waren die Pflichtvorlesungen zu absolvieren. Sein langer Arbeitstag erforderte Kraft, und er brauchte die Fürsorge und Pflege seiner Ehefrau, die ihn umsorgte. Die nächtlichen Stunden, in denen er die Briefe an Karoline schrieb und ihre Dramen korrigierte, raubten ihm buchstäblich den Schlaf.

Creuzer verbarg Karolines Liebesbriefe zwischen seinen Vorlesungspapieren, doch das Versteckspiel mißlang, denn sie schrieb ihrer schwachen Augen wegen meist auf grünem Papier, das unter den Manuskripten leicht sichtbar war. Als er das Siegel immer wieder erbrochen fand und es deswegen zu heftigen Auseinandersetzungen zwischen den Eheleuten kam, beklagte sich Creuzer nicht bei seiner Frau, sondern bei Karoline, daß ihre Briefe nur Unruhe ins Haus brächten.

Verärgert antwortete sie ihm am 30. November 1804, sie wolle die Korrespondenz beenden, dies sei ihr letzter Brief: *heimlich schreiben mag ich Ihnen nicht ... Meine Briefe waren Ihnen das Liebste u Erfreulichste, Sie geben sie auf, nicht gegen etwas Großes u Vortrefliches, nein, wie Sie selbst gestehen, »wegen*

eitler Besorgnis, wegen der Schwachheit in Gestalt des Weibes.« Es
ist hier nichts Verdamliches, es ist nur schlim, daß Sie sich nicht
eingestehen wollen, daß Sie eigentlich Ihrer Frau in vielem Sinn
angehören; und warum sollte das auch nicht sein, sie ist gut und
liebt Sie, u tadellos ist niemand... *Sie haben Ihre Frau zu Ihrem*
Schicksal heranwachsen lassen, aber man soll sich Kein Schicksal
geben, oder es ehren und nicht dawieder murren. Leben Sie wohl,
recht wohl, und bleiben Sie mir gut.

Creuzer war entsetzt. Das hatte er nicht gewollt. *Heidel-*
berg d. 5. Dec. 4. Ich könnte noch viel schreiben von dem Schmerz
der in meinem Gemüthe wohnt seit 2 Stunden da ich Ihren Brief
gelesen ... Er rechtfertigte sich umständlich, bat um Gnade,
schickte ihr seine Übersetzung des Plotin, beteuerte, ihren
Mahomet lesen zu wollen, ihr zu Diensten zu sein. Er endete:
Sie haben mir viel gegeben um mir viel zu nehmen. Leben Sie
wohl. Ich darf Sie nicht bitten mir gut zu bleiben, denn Ihr Brief
sagt daß Sie dies mir nicht mehr sind. – Ach möchte doch die Ge-
rechtigkeit zurückkehren in Ihr Gemüth – dann würden Sie er-
kennen daß ich niemand angehöre als Ihnen.[212]
Er war sich seiner Rolle als Mentor und Lehrer bewußt
und verlieh seinen Worten Nachdruck, indem er ihr die gemeinsame Arbeit vorschlug, *denn zum wenigsten mit Ihrem*
Geist mit Ihrem Gemüthe in Gemeinschaft zu bleiben hoffte ich.
Geschickt eröffnete er ihr die Möglichkeit zu erfolgreicher
Zusammenarbeit, beteuerte, daß er ihren *Mahomet* zwar wenig poetisch gefunden habe, ihn aber auf jeden Fall zum
Druck befördern wolle: *Schreib mir, was Du für den gedruckten*
Bogen Deines Mahomeds forderst. Ich will ihn gerne herausge-
ben ... Er bot sich als Lektor an, versprach, für sie den Ver-
leger zu finden, der auch Goethe herausbringe.

Das machte ihr Mut. Sie atmete auf. Keusch nannte er sie
im nächsten Schreiben seine *Madonna*, die er anbeten wolle

wie ein Altarbild. In seinen Memoiren spricht er von der herrlich vergoldeten Maria in der Marburger Elisabethkirche, deren Anblick ihm der schönste Jugendeindruck gewesen sei[213] – so erschien ihm nun Karoline. Er versprach, sich zukünftig wie ein Heiliger zu verhalten, meldete sogar Lisette Nees, die er persönlich nicht kannte: *Ich will es also lernen sie selbst* [zu] *betrachten als einen Geist – ihre Muttergottesnatur ... will mich erhalten in dieser Stimmung der Andacht und mich nicht hingeben dem seeligen Wahnsinn, der den Leib besitzen will.*[214]

Vergebliche Vorsätze. Er wollte sie durchaus »besitzen« und plante schon das nächste Wiedersehen.

Es gelang ihm, sie zurückzuerobern. Karoline brauchte ihn. Einen Ersatz gab es nicht. Er werde einige Texte von ihr in seinem neuen Journal mit dem Titel *Studien,* das er mit Daub herausgebe, veröffentlichen, versprach er. Sie schrieb ihm wieder, und Creuzer war entzückt: *Doch bin ich auch so stolz zu glauben, daß ich diese Rückkehr verdient habe und Ihrer nie unwerth war.*

Im Dezember des Jahres 1804 kam er nach Frankfurt. Frau von Heyden händigte Karoline den Schlüssel zum Großen Kettenhof aus.

XIX. »*Ein Bund auf Leben und Tod*«

Bettine Brentano bekam im Januar 1805 hohes Fieber, ihr Kreislauf brach zusammen, sie wurde bewußtlos und mußte drei Wochen lang das Bett hüten. Sie selber behauptete, die Krankheit sei nur eine Folge der Philosophie-Stunden bei der Günderrode. Sie mochte den Geschichtsunterricht, haßte aber jede Form des Philosophierens, zumal ihr alle Philosophen samt und sonders zuwider seien. An Clemens schrieb sie: *Die Günderode hatte mich geplagt mit Philosophie; ich mußte ihr Schelling vorlesen, – das hat mich krank gemacht …*215 Überdies habe sie für die Günderrode schriftliche Arbeiten verfassen müssen, eine anstrengende Aufgabe, die ihr Kopfschmerzen eingetragen habe. Noch dreißig Jahre später spricht Bettine im Günderode-Buch von dem verhaßten spekulativen System Schellings, das nichts anderes im Schilde führe, als ihr das reine Gefühl für die herrliche Schöpfung Gottes zu verderben. *Dein Schelling und Dein Fichte und Dein Kant sind mir ganz unmögliche Kerle.*216 Die Vorstellung, daß die Individualität jedes Einzelnen sich im Tode auflöse und in eine größere Einheit übergehe, war ihr so zuwider, daß sie auch Karolines Gedicht *Ein apokalyptisches Fragment* zutiefst haßte und krank davon wurde.217

In ihrer Krankheit rief sie nach der Freundin. *Ich schrieb an die Günderode, ich weiß nicht was, sie kam heraus nach Offenbach, sah mich zweifelhaft an, tat befremdende Fragen über mein Befinden … so hatte ich das Fieber; indem ich die Augen öffnet', sah ich ihre schwanke Gestalt im Zimmer auf- und abgehen und die Hände ringen.*218 Karoline habe sich *wie ein einziges Kleinod* um sie gekümmert, schreibt Bettine, ohne ihre Fürsorge wäre sie wahrscheinlich nicht mehr am Leben.

Creuzer warnte die zarte und anfällige Freundin, sich bei den kräftezehrenden Nachtwachen nicht selber anzustecken. Er behielt recht. Karoline bekam Fieber und solche Brustschmerzen, daß die Bewohnerinnen des Cronstettenschen Stifts schon das Schlimmste befürchteten.

War es die Krankheit oder die Angst vor dem Kommenden, die sie nur einen einzigen Ausweg sehen ließ? Waren in ihrem Leben Glück und Erfüllung nicht möglich, so mußte der Tod zum »Lebensgipfel« werden, wie sie es sich im Flammentod der *Malabrischen Witwen* erdichtete.[219]

Sie bat Creuzer in tiefer *Lebensmüdigkeit* und Depression, sein ursprüngliches Versprechen wahr zu machen und gemeinsam mit ihr aus dem Leben zu gehen.

Ihr Brief, der vernichtet wurde, muß furchtbar gewesen sein. Creuzer lag nächtelang ohne Schlaf. Zuvor schon hatte der noch kaum Vierunddreißigjährige ihr gesagt: *Ich bin ja ein schon alternder Mann. Ich habe der Ehe mein Wort gegeben und dem Staate. Ich bin darauf angenommen, daß ich gewisse Gedanken haben soll, die dauerhaft sind auf 20 Jahre hin, die einen festen bürgerlichen Boden haben.* (7. Februar 1805)

Nun folgte seine wohlüberlegte Antwort. *Der Gedanke sich durch Vernichtung des Leibes früher zu nahen dem Ewigen, der Sie beherrschet, ist unrichtig, selbst nach den Grundsätzen der Philosophie die Ihnen so lieb ist. Ich bin ordentlich aufgebracht über Sie.* Er schrie ihr seine Empörung zu: *es ist eine Schlechtigkeit in Ihnen, ... so zu sündigen mit Vorsatz gegen das Gebot der ewigen Natur, welche* <u>Selbsterhaltung</u> *fordert.* Er, der kränkliche Sohn eines früh verstorbenen Vaters, trage ohnehin den *Keim des Todes* in sich und habe kein langes Leben zu erwarten. Sie dagegen sei jung und begabt. *Sie sind in der glück-*

lichsten Lage ein würdiges ein wahrhaft ideales Leben zu führen.
Sie haben einen tiefen Geist – einen reichen Genius, dessen sollen
Sie sich ruhig freuen. (28. Februar 1805)

Creuzer wußte nicht oder wollte nicht wissen, daß sie an ihrer Seele krankte, ihrem überempfindlichen, labilen Wesen, an den *drückenden Verhältnissen,* unter denen sie mehr als andere litt. ... *ich dachte an alle mich umgebende drückende Verhältnisse, und da war mir der Gedanke ihrer vielleicht bald entfesselt zu sein sehr erwünscht.*

Das Augenübel, die stechenden Kopf-, Hals- und Brustschmerzen waren der körperliche Ausdruck ihres psychischen Leidens. Die Maßlosigkeit ihrer Liebe jenseits aller Vernunft, die »Trauerschatten« der Schwermut, die Hilflosigkeit ließen sie klagen: *Es gibt ein Verstummen der Seele, wo alles tot ist in der Brust.*

Todessehnsucht. Hadeswanderung. Den Verhältnissen entrinnen wollen. Alles ging über ihre Kräfte, auch über ihre Kräfte als Künstlerin. Sie hatte Lisette Nees gestanden, daß ihr zur Weiterarbeit ein großes Thema fehle und sie eigentlich als Dichterin erschöpft sei. Wenig sensibel hatte die Freundin empfohlen, sie solle zuerst einmal die Werke der Romantiker, solle Goethe, Tieck und Novalis lesen[220] – Dichter, die Karoline längst kannte, hatte sie doch Novalis zwei Sonette gewidmet. Auch sei es für eine Poetin unerläßlich, Italienisch oder Spanisch zu lernen. Sie hasse den »ewig gleichmäßigen Schritt eintöniger Jamben« in Karolines Dichtungen, schrieb Lisette an den ihr persönlich noch unbekannten Creuzer, der in die gleiche Kerbe schlug und bei Karoline auftrumpfend von anderen »berühmten Frauen« wie Sophie Bernhardi, der Schwester Tiecks, und der Dichterin Sophie Mereau sprach.[221]

Zu ihrem Todeswunsch erklärte Creuzer: *Nur dies sey der*

*Sinn unsres Bundes daß wir gerne gehen wollen wenn die Natur
uns abrufen wird, voll der frohen Zuversicht daß wir Liebe finden
auch bei den Schatten.* Und er wiederholte, indem er vor Aufregung das Du und das Sie durcheinanderwarf: *Sie sind
verklagt bei mir und das mit Recht … so gewaltsam zerstören zu
wollen die Blüthen die Du trägst … Dein blüthenreiches Leben.*
(21. März 1805)

Ihre Antwort – es ist einer der wenigen nicht verbrannten
Briefe an Creuzer – wurde zum bösesten Vorwurf, den Karoline je in ihrem Leben zu Papier brachte. *Ihr Brief, den ich
kürzlich erhielt, hat mich so fremd angesehen, er ist so vernünftig,
so voll nützlicher Thatlust, u gefällt sich im Leben, ich aber habe
schon viele Tage im Orkus gelebt, u nur darauf gedacht bald u ohne
Schmerz nicht allein in Gedanken, nein ganz u gar hinunter zu
wallen, auch Sie wollt ich dort finden, aber Sie denken andre
Dinge, Sie richten sich eben jetzt recht ein im Leben, u wie Sie
selber sagen, soll der Sinn unseres Bundes sein – »daß wir gerne
gehen wollen, wenn die Natur uns abrufen wird« – welches wir
auch wohl gethan hätten, ohne uns zu kennen … Die Freundschaft wie ich Sie mit Ihnen meinte war ein Bund auf Leben u
Tod. Ist Ihnen das zu ernsthaft? Oder zu unvernünftig? Einst
schien Ihnen der Gedanke sehr werth mit mir zu sterben, u mich
wenn Sie früher stürben zu sich hinunter zu reißen, jetzt aber
haben Sie viel wichtigere Dinge zu bedenken, ich könnte ja noch
irgend nüzlich in der Welt werden … ich verstehe diese Vernünf-
tigkeit nicht. – Verzeihen Sie mir, ich fühle wohl wie überreizt
ich bin … Wissen Sie, welcher der Sinn unseres Bundes war?
daß ich nicht länger* – – – (Hier bricht der Brief vom 22. März
1805 ab.)[222]

Man spürt ihre Gereiztheit. Man ahnt ihr Entsetzen.

Creuzer verteidigte sich mit seinem Arbeitspensum. Seine
Klage, mit wie vielen Arbeiten er überhäuft sei, sollte ihr

die Augen öffnen. *Da würden Sie finden: 20 Arbeiten von Studenten in lateinischer Sprache – Abhandlung über das Wesen der Dinge – Papiere über den altrömischen Proceß –* ... *Da ist kein Ende von Geschäften – da wird eine versprochene Recension gemahnt – dort ruft ein Universitätsgeschäft zu Berathschlagungen mit den Collegen oder mit dem Curator* ...[223]

Karoline schwieg fünf Wochen lang. Dann meldete sie sich *aus einem, freuden- und bedeutungslosen Leben*, in welchem sie – mutlos kam es heraus – *doch für sich alleine stehen müsse.* Wieder war sie krank gewesen, litt *seit einigen Wochen an Brustübeln.*[224]

Ihre Angst verfolgte sie. *Ich habe diese Nacht einen wunderbaren Traum gehabt, den ich nicht vergessen kann, mir war ich läg zu Bette, ein Löwe lag zu meiner Rechten eine Wölfin zur Linken u. ein Bär mir zu Füßen, alle halb über mich her und in tiefem Schlaf, da dachte ich wenn diese Tiere erwachten würden sie gegen einander ergrimmen und sich und mich zerreißen, es ward mir fürchterlich bange und ich zog mich leise unter ihnen hervor und entrann. Der Traum erscheint allegorisch, was denken Sie davon?* (25. April 1805)[225]

Creuzer deutete den Traum auf seine eigene egozentrische Weise. Er sah nicht die Gefahr, die sie umgab, erkannte nicht die wilden Tiere als sinnbildlichen Ausdruck ihres unterdrückten Begehrens, ihrer unterschwelligen Furcht – er sah nur sich selbst. Kürzlich habe er in Heidelberg eine Gesellschaft dummer Leute herumgeführt, erzählte er mit grimmigem Humor: *da ists unter wilden Thieren besser, und ich be neidete Sie um Ihres Traumes willen. Diese zerreißen einen doch höchstens* ... Sie sei wie Orpheus, der auch *der wildesten Thiere Grimm* bezaubere. Damit war seine Traumdeutung zu Ende. Auf ihre Nöte ging er nicht ein. Einzige Frage: wann würde man sich wiedersehen? Karoline möge *irgend ein Dörfchen bei*

Darmstadt oder im Odenwald zu unserer Zusammenkunft wählen ... Frankfurt ist zu laut und <u>zu angefüllt</u> mit Argusaugen.[226]

Am 1. Mai 1805 trafen sich Karoline von Günderrode und Friedrich Creuzer in einem Gasthof an geheimgehaltenem Ort. Er lag wieder in ihren Armen, an ihrem »weichen Busen«, bedeckte sie mit Küssen und hinterließ ihr einen im Sturm der Gefühle hingeworfenen Zettel: *Den 3ten um 3 Uhr. O du Liebe! Wahnsinn – Tod süß für Dich – willkommen mir! So bist Du noch nicht geliebt worden.*[227]

Er hatte ein Gedicht für sie gemacht, das er beilegte.

An C.

Ich war in Deinem Garten,
Die Rosen schienen blässer,
Da weint das treue Herz.–
Ich war in Deinem Garten,
Es naht der Zeiten Fülle,
Die Goldorange glühend
Geküßt vom warmen Odem
Schwebt müde Traumumfangen
So wonnig und so wehe,
Sie sucht der Mutter Schoß ...

Aufgewühlt schrieb Creuzer seinem Vetter und Ratgeber Leonhard: *Gütiger Himmel laß mich nicht noch einmal erleben diesen Wechsel von Hoffnung – und durch – Jammer und Wonne – Muth und Zagheit – Glauben und Unglauben – Vertrauen und Argwohn bis an der Verzweiflung schwarzes Thor! Ich habe theuer gebüßt eine Sünde gegen die Natur –* »Verblendung« sei es gewesen, sich mit einer älteren Frau zu verbinden, die er nie liebte; man möge nur sein Alter von vierunddreißig gegen ihre siebenundvierzig Jahre halten! Und keine Lösung in

Aussicht? *Du siehest, daß hier 2 Personen aufgeopfert werden, weil sie eine dritte nicht aufopfern können.*[228]

Er hatte Karoline erlebt in ihrer Hingabe und ihrem Schmerz. Sie hatte ein Sonett für ihn gedichtet, das ihn berauschte und beglückte. Es beglaubigte – zum ersten und einzigen Mal in ihrer Dichtung – die Übermacht der Liebe, die selbst im Reich des Todes zu finden ist.

Überall Liebe

Kann ich im Herzen heiße Wünsche tragen?
Dabei des Lebens Blütenkränze sehn,
Und unbekränzt daran vorüber gehen.
Und muß ich trauernd nicht in mir verzagen?

Soll frevelnd ich dem liebsten Wunsch entsagen?
Soll mutig ich zum Schattenreiche gehn?
Um andre Freuden andre Götter flehn,
Nach neuen Wonnen bei den Toten fragen?

Ich stieg hinab, doch auch in Plutons Reichen,
Im Schoß der Nächte brennt der Liebe Glut,
Daß sehnend Schatten sich zu Schatten neigen.

Verloren ist wen Liebe nicht beglücket,
Und stieg er auch hinab zur styg'schen Flut,
Im Glanz der Himmel blieb er unentzücket.[229]

Zurück in Heidelberg, klagte Creuzer seinem Vetter: *Ich würde ganz ruhig seyn und ganz resignirend, wenn ich nicht dort sehen müsste R o s e n s t e r b e n; wenn ich nicht i h r e unbefriedigte Sehnsucht sähe, die sie gros trägt, mich immer ermahnend zur Freundlichkeit gegen meine Frau ...* (20. Mai 1805)[230]

Ende April 1805 erschien bei dem Frankfurter Verleger
Friedrich Wilmans, der auch die Gedichte von Sophie Mereau herausgab, das Buch *Poetische Fragmente von Tian.* Es
war Karolines zweite Veröffentlichung, ein Bändchen von
221 Seiten im Oktavformat, wieder unter dem Pseudonym
Tian, und enthielt vier Beiträge: die Verserzählungen *Hildgund* und *Piedro*, die Gedichte *Die Pilger* und das Drama *Mahomed, der Prophet von Mekka.* Mit Hilfe des Freundes Nees
von Esenbeck hatte sie an diesem Stück monatelang gefeilt
und verbessert. Das Drama in fünf Akten – sie teilt es in fünf
»Zeiträume« ein – behandelt das Schicksal des Religionsstifters Mohamed, seinen Aufstieg und seinen Triumph. Das
Thema hatte Goethe schon 1774 interessiert. Unabhängig
von seiner Dichtung ging es Karoline von Günderrode um
die eindringliche Schilderung des Religionsstifters, Begrün-
der des Islam, der für sie menschliche Größe verkörperte und
Unsterblichkeit erreichte. Ihre Darstellung ist von beein-
druckender Kraft. Sie schildert Mohammeds Weg von der
Vielgötterei zur Erkenntnis des einen Gottes in einer hohen, dichterischen und anschaulichen Sprache. *Ich ward ein
Jüngling, und noch jeden Morgen wandte ich mit brünstigen Gebeten mein hoffendes Auge gen Osten, ob nicht die neue Sonne ein
neues Glück mir bringen wollte. Vergeblich! Taub blieben jene
falschen Götter. Wo keine That ist, da ist keine Kraft, wo keine
Wirkung ist, da fehlt das Wirkende. Wen je ein Vertrauen groß
war, so war es das meinige, und doch ward ich betrogen . . . Ich fand
meine Freunde treulos, habsüchtige Bösewichter theilten sich in
mein Vermögen, und ich mußte, wie ein verlaßner Knecht, Kameele
durch den heißen Sand der Wüste treiben . . .*[231]

Die Vorgänge von Krieg, Kampf, Verrat und Liebe werden begleitet von Chören *in egyptischer Sclavenkleidung*, die, das Volk darstellend, das dramatische Geschehen, das demnach für die Bühne gedacht war, kommentieren:

Sie lodern auf, die Himmelsfunken
Vom Hauch des Sehers angefacht,
Der Schleier ist von ihm gesunken;
Und glanzvoll aus der Träume Nacht
Sehn wir zum Heiligtum ihn treten,
Kühn, wie ein priesterlicher Held,
Von jeder Schmach uns zu erretten,
Zu gründen eine neue Welt.

Trotz der kriegerischen Auseinandersetzung beim Kampf um Mekka fehlt es dem Schauspiel an Spannung. Kadischa, »Mahomeds Gemahlin«, wird mit begütigenden Worten abgespeist. Die Autorin, die wohl selten ins Theater ging, brachte statt lebendiger Menschen edle Marmorgestalten hervor.

Karolines Buch erhielt eine vernichtende Kritik. Der Rezensent des *Freimüthigen* erklärte unter dem Datum vom 4. Mai 1805, die *Poetischen Fragmente* wären besser nie erschienen. Diese *Schulübungen*, schrieb der Rezensent wörtlich, aus *Kunst-Spielereien* bestehend, seien zwar der Beweis, *daß der Verfasser einige von den Talenten besitzt, die zusammentreffen müssen, um einen dichtenden Künstler zu bilden, aber eben so sehr, daß er noch weit davon entfernt ist, es wirklich zu seyn. Er besitzt eine geschäftige – obgleich nicht feurige, kühne – Phantasie, er versificirt leicht und fließend, auch seine Prosa ist sehr gewandt und wohlklingend: aber das sind nur Gaben für das Detail der poetischen Kunst. Die Fähigkeit, für das Ganze eines Werkes einen*

Poetische Fragmente

von

T i a n.

Inhalt.

Hildgund.
Piedro.
Die Pilger.
Mahomed, der Prophet von
Mekka.

Frankfurt a. M.,
bei Friedrich Wilmans. 1805.

Karoline von Günderrodes zweiter Gedichtband,
erschienen 1805 unter dem Titel: »Poetische Fragmente
von Tian«.

großen Dichtergedanken zu fassen, alle Theile des Ganzen auf Zu-
sammenstimmung zu großen Kunstzwecken zu berechnen ...
kurz, alles wodurch ein junger Mann, auch wenn er nur etwas Un-
vollkommenes gab, seinen Beruf zu einem großen Dichter beweisen
kann, hat er, in diesen Fragmenten wenigstens, nicht gezeigt.[232]

Creuzer meinte zwar, Karoline stehe hoch über diesem
Geschreibsel und lese die Rezension mit Gleichmut. Sie aber
wird tief getroffen gewesen sein. Sie hatte sich bemüht, philosophische Gedanken in eine poetische Form zu bringen,
doch mußte sie selber eingestehen, daß es ihr an Phantasie
mangelte. Bettine notierte ihre Worte: *Ich mußte selbst oft*
die Kargheit der Bilder, in die ich meine poetischen Stimmungen
auffaßte, anerkennen ...[233]

Creuzer versuchte, sie von dramatischen Plänen abzubrin-
gen. Ihre Poesie sei dazu nicht plastisch genug. Es existieren dennoch Entwürfe zu weiteren Dramen, deren Ausfüh-
rung der Tod beendete. Zwei in Briefen erwähnte Dramen,
Hypolite und *Caesar und Pompejus*, sind verschollen, wir kennen nur die fünf im Druck erschienenen Dramen *Hildgund*,
Nikator, *Mahomed*, *Uhdola*, *Magie und Schicksal* sowie die Dia-
loggespräche *Immortalita* und *Die Manen*. Creuzer riet ihr,
Erzählungen im Stil des altindischen Märchens *Sakontala*
zu schreiben, das Herder zwei Jahre zuvor herausgegeben
hatte und das seither zur Lieblingslektüre von belesenen Damen wie Lisette Nees und Sophie Mereau zählte. Auch sähe
er es lieber, sie würde sich einem eher weiblichen Gebiet
wie der *Romanze* zuwenden. *Ich sollte denken,* schrieb er, *die*
Romanze müsste Dir vorzüglich gelingen, und Griechenlands hei-
lige Sagenfülle und Indiens Blumengärten, welch ein Feld für Ion!
Ion, das war der neue Name, den er ihr ausgesucht hatte.

Als Karoline und Creuzer sich in Frankfurt trennten, war nicht ihr gemeinsames Leben, sondern die gemeinsame Arbeit besprochen worden. Schon bald wollte Creuzer das erste Heft der *Studien* herausgeben; Karoline schickte ihm dafür die Dramen *Uhdola* und *Magie und Schicksal*, die noch im Mai 1805 veröffentlicht wurden.

Magie und Schicksal, Drama in drei Akten, hat einen Hauptgedanken zum Inhalt: die Ohnmacht des Menschen angesichts des unabwendbar über ihm waltenden Schicksals. Held des Dramas ist der junge, vom Fluch der Mutter gehetzte Ligares, der vergeblich versucht, dem Bannkreis des Dämon zu entfliehen. Seine Braut äußert sich, indem sie sich einen Blütenkranz aufsetzt, in einer poetischen Sprache, von der Creuzer begeistert war: *Ja da hast du mir wieder einen vollen Blüthenstraus Deiner Poesie in den Frühling hereingeworfen* ...

> *Ja, Myrten nimm, und junge Rosenknospen,*
> *Vergiß auch der Orangen Blüte nicht,*
> *Die schwer und duftig Balsamwolken hauchet;*
> *Die mische mit der Myrten dunklem Grün;*
> *Vor allen lieb ich diese süße Blüte,*
> *Ein ganzer Sommer ist in ihrem Kelch;*
> *Des Mittags Glut und laue Abendlüfte,*
> *Wollüstig Sehnen, und Befriedigung.* – [234]

Ligares erfährt die Härte des Schicksals: die Braut ist in Wirklichkeit seine Schwester. Hier gibt es keinen Ausweg. Auch in Kleists Dramen stehen die Hauptakteure im Bann vorgefertigter Pläne und haben selber kaum noch einen Spielraum zum freien Handeln, das ist bei Amphitryon ebenso der Fall wie bei Penthesilea oder dem Prinzen von Homburg.[235]

Bei Karoline von Günderrode ist es die Gestalt des Sehers Alkmenes, der – wie Kassandra – das Kommende voraussieht, ohne es ändern zu können:

Nicht weil die Menschen handeln kreisen Sterne,
Die Menschen wandeln nach der Sterne Lauf.

Die Ohnmacht des Menschen wird durch die Worte besiegelt:

Denn Fäden sind wir doch nur im Gewebe,
Und unsre Taten machen das Gespinst.

Die Autorin bewies Mut zu unbequemen Themen. Clemens Brentano bemerkte gegenüber Savigny: *Die Studien sind gedruckt, sehen sehr vornehm aus und sind ausnehmend dick, 28 Bogen. Die Günderode hat allein 7 Bogen Dramen drinne, die wirklich alles übertreffen, was Weiber bis jetzt geleistet haben.*[236]

Die Studienbücher, die die neunzehnjährige Karoline mit Eintragungen aus ihrer Lektüre begonnen hatte, schwollen nun an und wurden zu echten Arbeitsheften. Sie zeigen einen Drang nach wissenschaftlicher Erkenntnis, wie er für junge Mädchen zu ihrer Zeit nicht üblich war, zumal sie sich fast ausschließlich auf ihr Selbststudium verwiesen sah. Nur der Theologe und Gymnasiallehrer für alte Sprachen, Julius Mosche, hatte Zutritt im Stift und gab ihr Privatstunden in Metrik und Latein. Sie notierte, was ihr wichtig erschien, auf Einzelblätter, die von ihr mit Zwirnsfäden zu Heften, zum Teil in Umschlägen von hellblauer Pappe, zusammengebunden wurden.

Die Naturwissenschaften, für Frauen im allgemeinen kein Gegenstand des Interesses, besaßen für Karoline von Günderrode offenbar eine eigene Faszination. Viel geschah in diesen

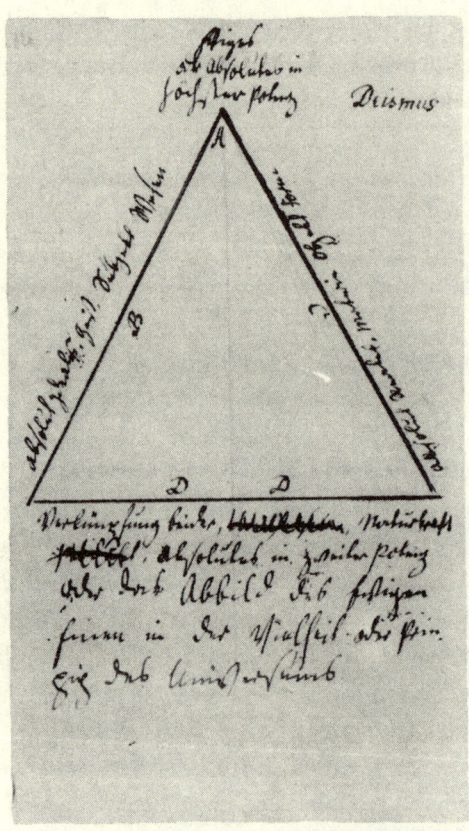

Tuschfederskizze von Karoline von Günderrode,
»Prinzip des Universums« (Deismus),
zu ihren philosophischen Notizen im Studienbuch.

Jahren auf dem Gebiet von Wissenschaft und Technik. Die Errungenschaften spiegeln sich in den Studienheften. Es war 1789 gelungen, Wasser in Wasserstoff und Sauerstoff zu zerlegen. Bei Karoline lautet ein Kapitel: *Von dem Wasser.* Hufeland schrieb 1796 über Makrobiotik, Cevandish 1798 über Gravitation und Erddichte. 1799 lief in Berlin die erste Dampfmaschine an, 1800, als Karoline zwanzig wurde, entdeckte der Physiker Ritter, Studienkollege von Achim von Arnim, die ultravioletten Strahlen. Es lauten die in Karolines Heften behandelten Themen: *Von dem Mineralreich. Über Chemie und chemische Verbindungen. Vom Wärmestoff. Vom Lichtstoff* – dazu nur wenige Zeilen, dann war die Tinte zu Ende. Die Seite *Von der Elektrizität* blieb leer.

Ein neues Heft behandelt die allgemeine Logik mit 35 engbeschriebenen Seiten.[237] Zur Philosophie notiert sie sich: *Die Filosofie untersucht zuerst ob es wirklich Dinge außer uns gäbe, ob diese Dinge auf uns wirken können und wie sie es können.*[238] Nicht nur ihre Welterklärungsgedichte, auch ihre Notizen haben kein anderes Thema als: Wer sind wir? Woher kommen wir, wohin gehen wir? Dazu dienten ihr auch die Schelling-Exzerpte, Notizen über nichtchristliche Religionen und indische Mythen. Das wußte auch Bettine, die ihr schrieb: *Ich wollte Dir wünschen ... daß nicht im Traum, aber in der Wirklichkeit Dir das Rätsel auf eine glorreiche Art sich löse, warum es der Mühe lohnt, gelebt zu haben.*[239] Wiederkehrendes Thema ist der Lebenswanderer, der »Pilger«. Es ist bezeichnend, daß man in Frankfurt bei dem letzten Maskenfest, an dem sie teilnahm, Karoline von Günderrode im Kostüm einer »Pilgerin« erblickte.

Für ihre Arbeit war Friedrich Creuzer zur unverzichtbaren Hilfe geworden. Er übersetzte für sie Pythagoras und Heraklit aus dem Griechischen, ihrer Sehnsuchtssprache, die sie erlernte, um ihm in altgriechischer Schrift antworten zu können. Er verschaffte ihr die von den Verlegern zugesagten Honorare, verhandelte wegen neuer Veröffentlichungen, erörterte Bogenstärke und Preis. Seine Kenntnisse wurden ihr zu einer Quelle neuer Poesie. Man spürt die inspirierende Kraft des Eros in ihren neuen Gedichten.

Lethe

Für Seligkeit, die ich noch nie genoß,
Sollt ich in Lethe meine Lust versenken?
Und Schmerzen, die ich lang in mir verschloß,
Für unbekannte Freuden hinzuschenken.

Nein! jed Gefühl, zur Qual und auch zur Lust,
Vom Hauch der Erdenluft in mich geboren,
Die Leidenschaft bekämpft in meiner Brust –
Den Siegerstolz! – ich geb ihn nie verloren.

Es drückt das Herz, wenn eine fremde Macht
Ihm Gottheit gibt, es sträubt sich dieser Würde,
Mit höherem Stolz entsagt es dieser Pracht
Und schmiegt sich liebend seiner Erdenbürde.

Kann ich die Seligkeit auf jener Flur
Nur durch den Tod von diesem Ich erringen,
So leite fern von ihrer Zauberspur
Mich die Erinnerung auf ihren zarten Schwingen.[240]

Creuzers Bewunderung, durch die sie sich als Dichterin bestätigt sah, war für sie das größte Glück. Sie, die ihr eigentliches Wesen nur in poetischer Form ausdrücken konnte, war auf ein Echo angewiesen. Mit einem Lob, das Savigny ihr immer versagt hatte, nannte Creuzer ihre Poesie *mystisch offenbarend* und *unübertrefflich*. Höhere Anerkennung konnte es nicht geben. *Auch bist Du unübertreflich, wenn Du den geheimen Sinn des Räthsels singst, das wir Leben nennen.*

Creuzers Lob war Balsam für ihre wunde Seele. *Zauberin der Poesie* nannte er sie und fragte: *woher nimmst Du das alles?* Er war entzückt von ihrem *Nikator*, verglich es mit keinem geringeren Stück als Shakespeares *Romeo und Julia*, überhöhte die Verfasserin zu einem Genie, rief ihr jubelnd zu: *Ja Lina! Derselbe Genius hat Dein Heldenpaar in den Garten geführt ... Warum kann die Phantasie in solchem Garten nicht ewig wohnen! da ist auch deine bilderreiche Sprache am zartesten und wie hingehaucht ...* Ausgerechnet der Mann, der ihr nicht treu ist, lobt die Feinheit, *womit in der letzten Scene der Vorwurf der Treulosigkeit durch das Lob der Treue eingeführt ist. Es ist mir ein liebes Geschenk Dein Drama! Es ist sehr schön.*[241]

In einer Vorlesung über Alexander den Großen, berichtete er ihr, habe er vor den Studenten mit Hinweis auf *einen neuen Dichter* ihre Verse zitiert.[242] Ihre Zusammenarbeit war so eng, daß er den *Nikator* schon im Oktober 1805 im *Taschenbuch für das Jahr 1806* unterbrachte. Er verlangte nach neuen Werken, schickte ihr das Honorar, das der Verleger Mohr für den zweiten Gedichtband zahlte. Umgekehrt profitierte auch er von ihrem Interesse für seine Arbeit. Die Idee zu seiner *Mythologie und Symbolik alter Völker*, zu der nur Vorarbeiten existierten, nahm durch ihre Begeisterung Gestalt an; ihr wollte er das Werk widmen. Die erfolgreiche Zusammenarbeit war für beide das Beglückendste, was ihnen in ihrem gemeinsamen Leben gelang.

Im Juni 1805 schilderte Creuzer der Geliebten auf zwanzig dicht beschriebenen Blättern die Geschichte seines Lebens. Seine Absicht war, ihr zu erklären, daß er, der Bemitleidenswerte, unschuldig in seine verfahrene Situation hineingeraten sei. *Es ist ein hartes Schicksal,* klagte er, *daß mir die Poesie nicht vor 6 Jahren bekannt geworden.* »Die Poesie« war Karolines Deckname. Er habe zwar damals kein Geld, doch bei seinem anspruchslosen und fleißigen Leben schon gute Aussichten zur beruflichen Karriere gehabt, als die erfahrene Witwe Leske sich willig seiner annahm. *Sie kam meiner Ungeschicklichkeit wunderlich zu Hülfe, freundlich, dienstfertig, jeden Wunsch errathend, ehe er noch ausgesprochen war, und dieser kleine freundliche Dienst um meine Person ward verführerisch für meinen Egoismus ...* Seine Frau, die »Guthmütige«, nehme ihm alle äußeren Sorgen ab, dafür habe er ihr seine Freiheit geopfert und sei *alt geworden vor der Zeit.*[243]

Es war seine Lebensbeichte. Doch vieles wurde darin bewußt unterschlagen. Er verschwieg, daß er es war, der die Liebesaffäre begann, die dann, damit er eine Stelle als Hochschullehrer antreten konnte, unauffällig legalisiert werden mußte. Er verschwieg, wer ihm den nötigen Kredit zur Errichtung eines Haushalts bewilligte. In seiner Lebensbeichte präsentierte er sich der Geliebten als ein unschuldig vom Schicksal Geschlagener. Nichts ging Karoline über Wahrhaftigkeit. Sein entwaffnendes Geständnis mußte sie zutiefst anrühren. Fortan nannte sie ihn den »Frommen« und besang ihn als ihren »Heiligen«.

Wann würde man sich wiedersehen, wiederhaben? In Frankfurt lauerten zu viele neugierige Augen, war die Situa-

tion problematisch. Gerade jetzt erhielt Karoline ein Angebot des Ehepaares Nees von Esenbeck, sie im August für
ein paar Wochen auf ihrem Gut Sickertshausen bei Würzburg zu besuchen.

Die Einladung kam den Liebenden sehr gelegen. Karoline,
zärtlicher denn je, schlug Creuzer vor, sich in dieser Zeit,
in der niemand sie vermissen würde, heimlich mit ihr in
der Nähe von Darmstadt zu treffen.

XXI. *Eine Zimmerbeschreibung*

Bettine Brentano war seit ihrer Genesung im April 1805 mit Karoline zusammen. *Mit dem Günderödchen bin ich alle Tage, es treibt mich sehr an zum Lernen,* berichtete sie Savigny Mitte April. Sie selbst hätte auch äußerlich gerne der schönen Freundin ähnlich gesehen ... *die Blässe, die von meiner Krankheit zurükgeblieben war, gefiel mir unendlich, ... die groß gewordenen Augen herrschten und die andern Gesichtsteile verhielten sich geistig leidend; ich fragte die Günderode, ob nicht darin schon die ersten Spuren einer Verklärung sich zeigten.*[244]

Von dem Drama zwischen Creuzer und Karoline schien sie nichts zu ahnen. Selbst der neugierige Clemens konnte seiner Frau nur vage melden: *Die Günterrode, die Vertraute Bettinens, welche einige mir unbekannte Liebesverhältnisse hier hat, hat dieser den Winter Geschichte gelehrt ... ich sah sie einmal, sie geht ungern in unser Haus.*[245]

Karolines Pflegedienst an Bettines Krankenbett hatte deutlicher als Briefe ihre Liebe bewiesen. Die Freundschaft der beiden jungen Frauen, im Frühjahr 1805 einundzwanzig und fünfundzwanzig Jahre alt, gestaltete sich noch intensiver als zuvor. Bettine liebte und fand erstaunliche Formen, es auszudrücken. *Ach, ich sag nicht, daß ich Dich liebe, aber doch mein ich, ich wollt gern Dir mein ganz Leben aufopfern, und ich kenn niemand, dem ich das wollt, aber Dir wollt ich's.* Wenn Karoline *Psyche* sei, dann werde sie *Amor* sein, war sie *Ariadne,* möchte sie als ihr *Bacchus* erscheinen.[246] *Ich will zu Dir, in Deinem Schoß will ich lernen; ich weiß, daß es so sein muß, daß wir beieinander sind.*[247]

Die Anziehungskraft, die Karoline mit ihrem undurchschaubaren Wesen auf sie ausübte, war ungebrochen. Sogar auf die absonderlichen Interessen der Freundin, die sich plötzlich mit Indien und Ägypten beschäftigte, ging Bettine mit Feuereifer ein. *Und die Erlebnisse am Ganges und Indus, die schönen Knaben, die uns da begegneten, wo wir uns versteckten und sahen sie vorübergehen und sich waschen in den heiligen Fluten und Gebete tun; da sagtest Du, es müssen wohl Tempelknaben sein … Da führte eine Allee von großen Tulipanen hin, die hab ich entdeckt … und da waren Goldfruchtbäume und Trauben und Melonen … da sagtest Du einen Hymnus her, den hätten sie gesungen beim Sonnenaufgang: Ätherwüste! – so fing Dein Hymnus an, und ich machte eine Melodie drauf – und Du hörtest zu so still, als wär es indischer Tempelgesang …*

Man erfährt so, daß es Gedichte gab, die nicht überliefert sind.

Es war mir alles durch dich geschenkt, das war Bettines Erklärung, mit der sie die Freundin für sich beanspruchte. Sie war eifersüchtig auf alle, die ihren Anspruch anmeldeten: auf Susanne von Heyden, auf Pauline Servière und ihre Zwillingsschwester Charlotte, Töchter eines Likörfabrikanten, mit denen Karoline nach Winkel fuhr, auf Elisabeth Nees von Esenbeck, die Superkluge, für die sie nichts übrig hatte.[248] Versteckt wollte sie mit Karoline in den Bergen leben, als Freunde verkleidet: *… und weil ich klein bin, so bin ich als Dein kleiner Bruder, da muß ich mir aber meine Haare abschneiden.*[249] Die Haare hat sich Bettine tatsächlich abgeschnitten und ist 1807 in Knabenkleidern zu Goethe gereist.

Die Abende blieben Bettine unvergeßlich. *Abends im Mondschein, das war unsre beste Zeit, wo wir phantasierten und hielten uns einander bei den Händen, wenn wir die Berge hinanstiegen, und ruhten unter Dattelbäumen aus …* (August 1805)[250] Es waren diese Reisen in die Wüsten Indiens und Ägyptens

auch eine Flucht – hinaus aus Damenstift und Kaufmannshaus in die Welt der Abenteuer und der Freiheit.

Wie nahe sich die Freundinnen kamen, beweist ein Brief
in Bettines Günderode-Buch, der wahrscheinlich auf ein
mündliches Gespräch zurückgeht. Es ist die überaus leben-
dige Beschreibung ihres Zimmers – mehr noch: es ist die
Darstellung ihrer Charaktere, wobei Bettine die Rolle der
Genialischen, Karoline die der Belehrenden zufällt, die der
Freundin eines Tages meldet:

*In Deinem Zimmer sah es aus wie am Ufer, wo eine Flotte ge-
strandet war, so Karoline. Der Homer lag aufgeschlagen an der
Erde, Dein Kanarienvogel hatte ihn nicht geschont, Deine schön
erfundene Reisekarte des Odysseus lag daneben, und der Muschel-
kasten mit dem umgeworfenen Sepianäpfchen und allen Farben-
muscheln drum her, das hat einen braunen Fleck auf Deinen schönen Strohteppich gemacht; ich habe mich bemüht, alles wieder in
Ordnung zu bringen. Dein Flageolett, was Du mitnehmen wolltest
und vergeblich suchtest, rat, wo ich's gefunden habe? – im Oran-
genkübel auf dem Altan war es bis ans Mundstück in die Erde
vergraben; Du hofftest wahrscheinlich, einen Flageolettbaum da
bei Deiner Rückkunft aufkeimen zu sehen; die Lisbeth hat den
Baum übermäßig begossen, das Instrument ist angequollen, ich
hab es an einen kühlen Ort gelegt, damit es gemächlich wieder
eintrocknen kann und nicht berstet, was ich aber mit den Noten
anfange, die daneben lagen, das weiß ich nicht, ich hab sie einstweilen in die Sonne gelegt; vor menschlichen Augen darfst Du sie
nicht mehr sehen lassen – Dann flattert das blaue Band an Deiner Gitarre, nun schon seitdem Du weg bist, zum großen Gaudium
der Schulkinder gegenüber, so lang es ist, zum Fenster hinaus, hat
Regen und Sonnenschein ausgehalten und ist sehr abgeblaßt; dabei
ist die Gitarre auch nicht geschont worden ... Dein Riesenschilf am
Spiegel ist noch grün, ich hab ihm frisch Wasser geben lassen ...*

von Büchern hab ich gefunden auf der Erde den ›Ossian‹, die ›Sakontala‹, die ›Frankfurter Chronik‹, den zweiten Band Hemsterhuis, den ich zu mir genommen habe, weil ich den ersten Band vor Dir habe; ... ›Siegwart, ein Roman der Vergangenheit‹ fand ich auf dem Klavier, das Tintenfaß draufliegend, ein Glück, daß es nur wenig Tinte mehr enthielt, doch wirst Du Deine Mondschein-Komposition, über die es seine Flut ergoß, schwerlich mehr entziffern.

Es rappelte was in einer kleinen Schachtel auf dem Fensterbrett, ich war neugierig sie aufzumachen, da flogen zwei Schmetterlinge heraus, die Du als Puppen hineingesetzt hattest ... Unter Deinem Bett fegte die Lisbeth ›Karl den Zwölften‹ und die Bibel hervor und auch – einen Lederhandschuh, der an keiner Dame Hand gehört, mit einem französischen Gedicht darin; dieser Handschuh scheint unter Deinem Kopfkissen gelegen zu haben, ... und jeden Augenblick sollte mir einfallen, wo des Handschuh Gegenstück sein mag; indes sei ruhig über seinen Besitz, ich hab ihn hinter des Kranachs ›Lukretia‹ geklemmt, da wirst Du ihn finden, wenn du zurückkommst; ... Ich habe mit wahrem Vergnügen Dir Dein Zimmer dargestellt, weil es wie ein optischer Spiegel Deine aparte Art zu sein ausdrückt, weil es Deinen ganzen Charakter zusammenfaßt ...[251]

War alles erfunden? Wohl kaum. Man weiß, daß Bettine auf ihrem Balkon Pflanzen züchtete und ein Orangenbäumchen besaß. In ihrem Zimmer lag ein Strohteppich, und es gab einen Kanarienvogel, von dem sie auch Goethes Mutter erzählt hat. Der männliche Handschuh, der angeblich unter dem Bett lag, gehörte Achim von Arnim, ihrem späteren Ehemann. Bettine hat Clemens berichtet, daß sie von ihm einen Handschuh zum Flicken bekam und den zweiten, auf den hier angespielt wird, heimlich entwendete. Die erwähnten Bücher haben beide gelesen, auch den Philosophen Hemsterhuis, dessen zweibändiges Werk Bettine zur Großmutter Sophie La Roche nach Offenbach mitnahm. Belegt ist die Lektüre des indischen Märchens *Sakontala*, das Sophie Mereau übersetzen wollte. Creuzer empfahl es Karoline als Lektüre, vielleicht hatte er das Buch sogar besorgt.

Auch wenn manches Detail von Bettine eingeschmuggelt wurde, enthält die Zimmerbeschreibung doch eine gelungene Analyse ihrer unterschiedlichen Weltsicht und eine herrliche Beschreibung ihrer Umgebung. Ob Cranachs *Lukretia* an der Wand hing, ist allerdings fraglich. Vermutlich hat Bettine das Bild nachträglich eingefügt, denn Lukretia Borgia war die einzige Frau, die sich wie Karoline mit einem Dolch erstach. An Goethe schrieb Bettine am 13. Dezember 1809, Cranachs *Lukretia* habe eine sonderbare Ähnlichkeit mit Karoline von Günderrode.

Die »Zimmerbeschreibung« bestätigt die Unterschiedlichkeit der beiden Frauen. Bettine macht auch gar keinen Hehl daraus ... *mein Zimmer gefällt mir wohl in seiner Unordnung, und ich gefall mir also auch wohl, da du meinst, es stelle meinen Charakter vollkommen dar ... Du kommst immer zur rechten Zeit, um meine Dummheiten gutzumachen.* Ihre Gegensätzlichkeit war Teil ihrer Anziehung.

Die Freundin hatte es schwer mit sich; sie machte keine Zugeständnisse an den Zeitgeschmack und zog das Nichtverstandenwerden jedem Kompromiß vor. Bettine war vielleicht die einzige, die ahnte, warum Karoline sterben wollte: *weil Liebe auf Erden nicht zu Hause war.*[252]

Als Außenseiter, von der Familie kopfschüttelnd beargwöhnt, rückten die Freundinnen eng zusammen. Bettine bemerkte, wie fremd Karoline in einer Gesellschaft von Durchschnittsmenschen wirkte. *Dein ganzes Sein mit Anderen ist träumerisch, ich weiß auch warum; wach könntest Du nicht unter ihnen sein ... wenn Du ganz wach wärst, dann würden Dich die gräßlichen Gesichter, die sie schneiden, in die Flucht jagen.* Einfühlsam richtete sie an Karoline die Verse des Sophokles in Hölderlins Übersetzung:

> *Wirf aus dem Lande mich, so schnell du kannst,*
> *Wo ich mit Menschen ins Gespräch nicht komme.*[253]

Reisepläne, etwa Hölderlin in Homburg zu besuchen, wurden untersagt, doch es gab andere Unternehmungen. Ungewöhnlich für zwei junge Mädchen aus gutem Hause – Vormund Franz verbot Bettine damals auch einen Besuch bei Goethe – unternahmen die Freundinnen ihre Fahrten alleine. Sie fuhren auf dem Rheinschiff unter offenem Verdeck nach Wiesbaden.[254] Häufig besuchten sie Sophie La Roche, die Karolines *Geschichte eines Braminen* im Frühjahr 1805 in ihren *Herbsttagen* veröffentlichte. Sie wanderten zur Grünen Burg, wo Karoline die weinende Bettine aus einem furchtbaren Traum weckte und wunderbar tröstete.[255]

Bevor Karoline im August 1805 für drei volle Wochen das Ehepaar Nees auf ihrem fränkischen Landgut besuchen würde, bat Bettine noch einmal um ein Treffen. *Übermorgen gehst Du bis Würzburg, das liegt außer der Welt ... Wenn Du gut sein willst, so komm morgen früh um sieben Uhr auf die Gerbermühl; ... in dem langen Heckengang auf dem Stein am Kreuz wollen wir uns ein bißchen hinsetzen zusammen ...*

Es war der 10. August 1805, als sich die Freundinnen noch einmal auf Willemers alter Gerbermühle trafen.

XXII. *Heimliche Heiratspläne*

Am 12. August 1805 reiste Karoline von Günderrode mit Susanne von Heyden, Lisettes Stiefschwester, auf das Gut Sickertshausen bei Würzburg ab. Dort erwartete man sie bereits in der Annahme, daß sie längere Zeit bleiben würde; Lisette lebte in gespannter Vorfreude auf literarische Projekte und Diskussionen. Die Gastgeber, die nichts von Karolines Verabredung mit Creuzer ahnten, müssen höchst erstaunt, ja ungehalten gewesen sein, als sie ihnen nach drei Tagen erklärte, sie müsse auf der Stelle fort.

Es hat sich ein ungewöhnlicher Brief erhalten, den Dr. Christian Nees von Esenbeck an die Pfarrersfrau Zahn in Reichelsheim im Odenwald schrieb, um sie zur gastlichen Aufnahme des Fräuleins zu bewegen. *Verehrteste Freundin! Ein dringender Vorfall nöthigt Fräul. von Günderrode, die meine Frau und mich in Gesellschaft meiner Schwägerin hier besucht hatte, plötzlich von hier nach Darmstadt zu gehen* ... Da sie alleine reisen müsse, möchte er sie *für eine Nacht Ihrer freundlichen Obhut* empfehlen.[256]

Es war tollkühn, wie Karoline ihren Plan, sich irgendwo mit Creuzer zu treffen, in die Tat umsetzte. Sie brachte den guten Nees tatsächlich dazu, sich an das Pfarrhaus zu wenden, was wohl unterblieben wäre, hätte er die Wahrheit erfahren: daß Karoline mit einem verheirateten Mann verabredet war. Für sie scheint das Treffen entscheidend gewesen zu sein. Daß sie durch das Stelldichein im Hinterzimmer eines abgelegenen Landgasthofs alles aufs Spiel setzte: ihren Ruf, ihr Vermögen, ihr Verbleiben im Stift, zählte nicht. Was einzig wichtig war: man würde zusammenbleiben. Creuzer schrieb unmittelbar nach dem Zusammensein:

Wie ich mich hinträume in Deine Arme? Wie ich fühle den süßen Hauch deines Mundes? Wie ich schaue der lieben Augen blauen Schein? Wie mich die geträumete Nähe weich empfängt und wonnig indem ich meine, an Deinem Busen zu liegen ... – Wie mögen jetzt erst Deine blauen Augen schön seyn, da die Freude aus ihnen glänzet! Könnt ich sie doch sehen und küssen – und dich lieb halten ganz und gar dich die ich jetzt hoffnungsvoll meine Gattin *nennen darf ... Adieu Engel, Lina, Gattin!*[257]

Creuzers Frau Sophie hatte, als sie von dem Treffen erfuhr, endlich in die Scheidung eingewilligt und persönlich an Karoline geschrieben: *Diese Zeilen sollen Ihnen meine Liebe zusichern, daß ich über Ihr Verhältniß mit meinem Kr. einverstanden, so daß ich jetzt nichts mehr wünsche, als ihn durch Ihre Liebe so bald als nur möglich vollkommen beglükt zu sehen. 2. September 1805.*[258]

Von dieser Zeit an nannte Creuzer Karoline seine *Gattin.* Er sei, schrieb er, von nun an auch gegen jeden Widerstand entschlossen, sie zu heiraten. Durch das Zugeständnis seiner Frau seien alle seine Bedenken schlagartig behoben. In übertriebener Heiterkeit meldete er sich offiziell bei seiner Geliebten an. *Nun aber, soll ich diese Ferien dann nicht zu meiner Lina kommen? Ich der ich erkranke vor Sehnsucht nach ihren Küssen? Das wird sie mir doch nicht im Ernst abschlagen. Siehe ich bedarf ja des Genusses der Liebe – deren Schmerzen ich bisher mehr empfand als ihre Wonnen – siehe doch, an sich bin (ich) ein junger Mann und entbehre schon lange, was im Leben das Köstlichste ist ...*[259]

Am 13. September 1805 berichtete er Karoline, wie geschickt er beim Scheidungsprozeß vorgehen würde. Die Kollegen Daub und Schwarz habe er schon überzeugen können, daß seine Ehe aufgelöst werden müsse. Er brauche nur noch den Beistand eines Juristen, damit ihm nicht etwa eine neue Heirat verboten werde. *Das süße Geheimnis nähert sich seiner Erfüllung ... Rathe mir, erlöse mich und ich fliege an den weichen Busen und hänge an den süßen Lippen und lasse dich nicht mehr. Dann ist die Zeit aus, und alle Wünsche schweigen. Lina Lina wie lieb ich dich.*[260]

Dann aber schien es ihm doch notwendig, der Geliebten die bevorstehenden Probleme zu erläutern. Erster Punkt: Seine Frau hatte durch ihre Heirat mit ihm ihre Witwenpension *von jährlich 300 Reichstalern Sächsisch* verloren. Ihr stand nach der Scheidung eine angemessene Pension zu. Auch sie, Karoline, müsse im Falle seines Todes versorgt sein. Beides bedrücke ihn aber nicht. *Denn außer meiner Besoldung à 1700 fl.* [Gulden] *jährlich, bringen mir meine übrigen Arbeiten wenigstens 500 fl. ein – also 2200. Hiervon 600 fl. jährliche Pension für Sophie abgezogen, bleiben 1600 fl. Hiermit kann man hier honett leben.*[261]

Außerdem habe er ein Vermögen von 12 000 bis 16 000 Talern angespart.

Um die Scheidung zu vollziehen, müsse jedoch die Einwilligung des Kurfürsten eingeholt werden. Dazu wiederum sei ein Rechtsberater nötig. Auch warte er mit Ungeduld auf die Rückkehr seines Schwiegersohnes Zimmermann, der alles zur Zufriedenheit regeln werde. Ohne Zimmermann könne er keine weiteren Schritte unternehmen. Creuzers übertriebene Korrespondenz, sein Erwägen und Problematisieren zeigen einen Mann ohne eigenen Willen und ohne Entscheidungskraft.

Wir wissen, daß es auch damals schon Ehescheidungen gab, die relativ problemlos vollzogen wurden. Als im Jahre 1801 Sophie Mereau sich von ihrem Mann, dem Juraprofessor Mereau, scheiden ließ, um Clemens Brentano zu heiraten, durfte sie die Tochter Hulda mitnehmen. Dorothea Veit verließ ihren Mann, ebenso Caroline Schlegel, die in dritter Ehe den Philosophen Schelling heiratete. Geschieden wurde Clemens Brentano von seiner zweiten Frau Auguste. Caroline von Beulwitz und Charlotte von Kalb verließen ihre Ehemänner, und auch Elisabeth Nees von Esenbeck beschloß ohne Angabe von Gründen die Trennung von ihrem Mann, den sie einst, wie sie Karoline beteuert hatte, in grenzenloser Liebe anbetete.

Ein hektischer Briefverkehr zwischen allen Beteiligten begann. Einbezogen waren Susanne von Heyden, Vetter Leonhard Creuzer, Kayser, Brentano, Daub und Schwarz, die Savignys, das Ehepaar Nees von Esenbeck. Freundin Lisette Nees zeigte wenig Verständnis. Sie ahnte, was die Freundin nach vier Tagen von ihr weggetrieben hatte, und führte den endgültigen Bruch herbei. Karoline wolle in männlicher Verkleidung in Creuzers Nähe leben? Mit ihm nach Alexandria ziehen, wie sie hörte? Ihr beißender Kommentar dazu lautete: *Sag mir wo ist hier Creuzers Glük? Sein böses Schiksal muß er verfluchen …* Provozierend endete sie: *Glaubst Du daß … Du einen andern Ausweg suchen wirst als den Tod?*[262]

Creuzer verlangte, daß auch Karoline sich schriftlich an seine Freunde wende, an Kirchenrat Schwarz – der insgeheim ihr Gegner war –, an Carl Daub, an dessen Zustimmung ihm viel gelegen sei. Sie tat, was man von ihr verlangte. Am 14. September 1805 schrieb sie an Professor Daub. *Ich fühle wohl daß ich den Vorwurf eines unbesonnenen leidenschaftlichen Betragens verdiene, aber ich liebe C – so sehr daß ich es nicht bereuen kann; und mein ganzes Leben soll ein Trachten sein seine Liebe zu verdienen und zu erhalten.* Als er nicht antwortete, bat sie ihn in einem zweiten Schreiben um seine

Meinung, *zwar zittre ich zu erfahren was alle Blüthen meines Lebens zerknikken wird, aber doch soll geschehen was Sie wollen.* Übrigens müsse das Verhältnis unbedingt verschwiegen werden, *nach Briefen die ich erst gestern erhielt, hängt vielleicht die Erhaltung meines Vermögens davon ab.*[263]

Das war ein wunder Punkt: Karoline erwähnte ihr Erbe. Creuzer hat, als er davon erfuhr, dieses Hindernis zu einem weiteren Vorwand benutzt, weshalb er sich – diesmal ihretwegen – nicht scheiden lassen könne. Er wolle sich so bald wie möglich mündlich mit ihr darüber aussprechen.

Ausgerechnet jetzt war Frau von Heyden nicht in Frankfurt, um den bewußten Schlüssel zum Kettenhof auszuhändigen, und Karoline fürchtete Creuzers Besuch im Stift, der sie vor aller Augen kompromittieren würde. Keinesfalls dürfe er unangemeldet erscheinen, denn was wäre, wenn sie gerade Besuch hätte? Damit war Bettine Brentano gemeint, der sie Geschichtsunterricht gab.

Während Karoline hastig ihre Warnung schrieb – es war Sonntag, der 15. September 1805 –, erhielt sie eine neue Nachricht und brach in Tränen aus. Creuzer hatte die Meinung seiner Freunde eingeholt, deren Ratschlägen er folgte, deren Meinungen er sich zueigen machte. Er teilte seiner Geliebten mit, sie tauge nicht zur Ehefrau.

Karoline war bestürzt, war außer sich. *Ihre F.* [Freunde] *fürchten, ich sei Ihrer unwürdig ... Ich weiß, daß ich ewig nur streben werde, so zu sein und zu handeln wie es Ihnen lieb ist, wie es Ihrer innersten Natur geziemt ... Mehr weiß ich nicht zu antworten. Mein Leben würde mich rechtfertigen nicht meine Worte ...* Theologieprofessor Schwarz habe sich kritisch über ihre Beschäftigung mit der neueren Philosophie geäußert? Der Einwand brachte sie vollends zur Verzweiflung ... *Soll ich mich entschuldigen über das was ich vortrefflich in mir finde?*

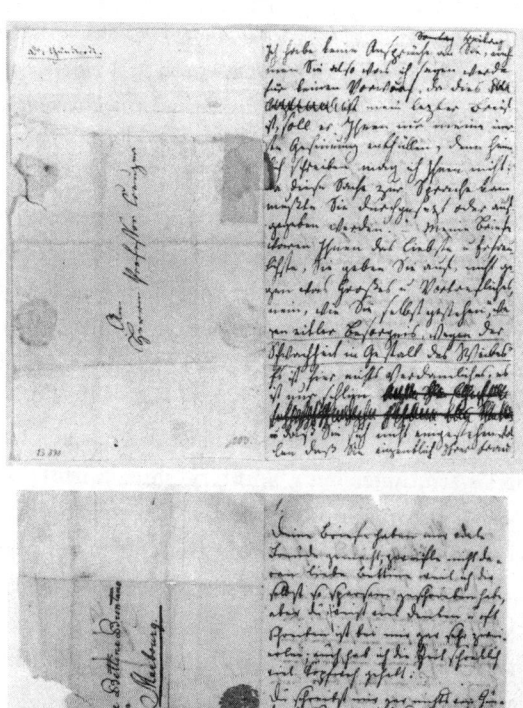

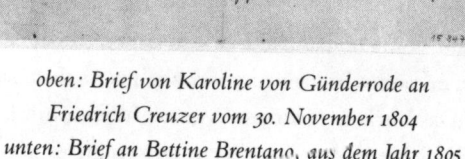

oben: *Brief von Karoline von Günderrode an*
Friedrich Creuzer vom 30. November 1804
unten: *Brief an Bettine Brentano, aus dem Jahr 1805*

ich verstehe nicht in welchem Zusammenhang dies mit meinem
gefürchteten Untalent Sie zu beglücken steht ... Meine Liebe kön-
nen Sie doch nur allein verstehn, und jedes Urtheil das nicht von
dieser ausgeht ist falsch. Meine Seele ist düster.[264]

Die Dissonanz lag an dem Widerspruch, eine lebenstüch-
tige Ehefrau und zugleich eine begabte Künstlerin sein zu
wollen in einer Zeit, die eine solche »Naturwidrigkeit« nicht
ertragen konnte. Eine Frau, die »mit männlichem Geist«
den Sprung aus der Ordnung der Geschlechter vollführte,
konnte nicht mit Duldung rechnen. Selbst Sophie Brentano-Mereau litt in ihrer kurzen Ehe, bevor sie 1806 im
Kindbett starb, unter dem Vorurteil ihres unzufriedenen
Mannes, der ihre Verse »unendlich schlecht« nannte. Männer waren es, die über Frauen zu Gericht saßen, Männer
wie die Heidelberger Professorenkollegen, die, wie man
sehen wird, ihr Intrigennetz noch spannten, als Karoline
schon tot war. Das Fräulein von Günderrode sei nicht zur
Ehe tauglich, urteilten die Herren, unmöglich, daß diese
mit dem Studium der Philosophie beschäftigte Poetin einem
kränkelnden Wissenschaftler die Wirtschaft führen könne.
Wieder befand sie sich in dem Konflikt zwischen ihren geistigen Ansprüchen und dem Wunsch, als Frau Fuß zu fassen
in der Welt.

Susanne von Heyden war die einzige, die die Not der
Freundin erkannte und sie unverzüglich mitnahm nach Heidelberg. Das Vorhaben, so gut es gemeint war, mißlang. Karolines Erscheinen war Creuzer nicht recht, es könne sich
im Falle einer Scheidung nachteilig auswirken, erklärte er.
So kam es, daß sie sich am 22. und 23. September 1805 nur
wie zufällig in einem Heidelberger Gasthof sahen. Diesmal aber war es Karoline, die mutig von Scheidung sprach.

Creuzer wich zurück, erklärte ihr umständlich: *Für den Augenblick ist aber ans Scheiden nicht zu denken.* Denn *1) wenns Krieg wird – bin ich meiner Besoldung nicht sicher – wie darf ich da wagen Dich zu meinem Weibe zu machen … 2) Aber frage ich Dich: muß dann nicht erst Deine Sache auseinandergesezt seyn wegen des Vermögens …* Wenn noch dazu Karoline als Grund der Scheidung bei ihm auftauche, könne er seine Stellung als akademischer Lehrer verlieren und ohne Pensionsanspruch entlassen werden. *Siehe wann ich mich scheiden lasse kann es ja gar nicht fehlen daß die ganze Welt und Klemens sagte es geschähe um deinetwillen. 3) Auch muß erst* <u>Zimmermann</u> *wieder zurück seyn …* Schließlich müsse geklärt werden, wo seine Frau Sophie in Zukunft wohne. Es war daran gedacht, daß sie zur verheirateten Tochter ziehe. *4) Muß erst* <u>Herr von Reitzenstein</u> *wieder hier seyn – damit es beim Kurfürsten durchgehet –*[265]

Kurz, er verschanzte sich hinter hundert Ausreden.

Einst hatte er sie angefleht: *verlasse meine schöne Seele nicht.* Jetzt war es Karoline, die ihm diesen Hilferuf sandte. Sie schrieb ihm am 18. November 1805: *O Du Leben meines Lebens verlasse meine Seele nicht … Du bist mein über allem Schicksal. Es kann Dich mir nicht mehr entreißen, da ich Dich auf solche Weise gewonnen habe.*[266] Für ihn dichtete sie:

> *Den Königen aus Morgenlanden*
> *Ging einst ein hell Gestirn voran,*
> *Und führte treu sie ferne Pfade*
> *Bis sie das Haus des Heilands sahn.*
>
> *So leuchte über meinem Leben,*
> *Laß glaubensvoll nach dir mich schaun,*

In Qualen, Tod und in Gefahren
Laß mich auf deine Liebe traun ...

Dir leb' ich, und dir werd' ich sterben,
Drum lasse meine Seele nicht,
Und sende in des Lebens Dunkel
Mir deiner Liebe tröstlich Licht.[267]

XXIII. *Betrogen*

Unheimlich leise bereitete der Umschwung sich vor, für die Betroffene selbst fast undurchschaubar. Creuzer saß im Kreis seiner Berater wie eine Spinne im Netz. Karoline glaubte zu spüren, wie er sich innerlich von ihr löste. *Jetzt ist es auf einmal aus,* schrieb sie entgeistert. *Ich fasse die Änderung Deiner Gesinnung nicht, wie oft hast Du mir gesagt meine Liebe erhelle, erhöbe Dein ganzes Leben, und nun findest du unser Verhältnüß schädlich. Wie viel hättest du ehmals gegeben Dir dies Schädliche zu erringen, aber so seid Ihr, das Errungene hat Euch immer Mängel.*

Das richtete sich gegen die Männer, die sie kannte und in deren Netzwerk sie nun zum Opfer wurde: *so seid Ihr.* Ihn »erweichen« zu wollen, betonte sie, sei ihre Sache nicht, sprach aber in plötzlicher Erkenntnis offen aus, was sie von ihm hielt. *Mir ist Du seist ein Schiffer, dem ich mein ganzes Leben anvertraut, nun brausen aber die Stürme die Wogen heben sich ... ich höre wie der Schiffer Rath hält mit seinem Freunde, ob er mich nicht über Bord werfen soll oder aussezzen am öden Ufer?* Er hatte sie wissen lassen, sein Geist *erlahme* unter den schwankenden Verhältnissen.

Sie durchschaute ihn und konnte doch schreiben: *Ich bitte thue was Dir gut dünkt ... ohne daß ich es wollte entriß ich dich deinen vorigen Verhältnüßen, Du wurdest ein Fremdling in deiner nächsten Umgebung, als du eine Heimat fandest in meinem Herzen ...* Sie endete: *Noch habe ich nicht den Gedanken recht gedacht von dir verlassen zu werden, nein ich halte dich noch fest in meinen Armen, willst du entkommen musst du gewaltig dich loßreißen.*[268]

Es kam endlich Antwort von Daub. Der vierzigjährige,

nicht eben glücklich verheiratete Theologe, der im Ärger über seine zänkische Frau einmal ausrief: »Ich werde ihr den Hals umdrehen«,[269] er gab zur Antwort, jede Ehe sei heilig und unantastbar und dürfe von niemandem gebrochen werden. Creuzers Ehe aber, erwiderte ihm Karoline aufgebracht, sei eine Sünde gegen die Natur, *eine peinigende Fessel, ein Kerker für den Gefangenen,* und er, Daub, wisse sehr gut, daß ihr Verzicht niemandem nütze, *wohl aber mehrere unglücklich würden.*[270] Er antwortete ihr nicht mehr.

Die Semesterferien standen bevor, Creuzer meldete seinen Besuch in Frankfurt an. Diesmal weigerte sich Frau von Heyden, bisher die zuverlässige Vermittlerin, das Unglück der Freundin länger mit anzusehen. Von Creuzer halte sie nichts mehr, *mir scheint nicht, als sähe er die Möglichkeit einer Vereinigung, nur ein Wunder kann Euch zusammen führen, Tod oder Geld, beides liegt in des ewigen Schicksals Hand.* Immerhin wolle sie ihnen trotz besserer Einsicht den Schlüssel zum Kettenhof besorgen.

Am 18. Oktober 1805 kam Creuzer, aufgeregter, verliebter, begehrlicher denn je, hielt Karoline in den Armen, *ein weibliches Wesen mit einem jungfräulichen Leib, mit blauen Augen, (sanft wie der Himmel über dem Genfer See in der Landschaft die in seinem Nebenzimmer hängt) – und etwas blassen Wangen.* Und wie liebe er *den kleinen Zug um den Mund wenn dieser lächelt, oder erzählet, oder süß küsset.*[271]

Als er erfuhr, daß Karoline eine Einladung zur Taufe von Savignys erstem Kind annehmen und nach Trages reisen wollte, riet er ihr sofort eifersüchtig ab und bestürmte sie: *Gehe doch nicht auf Trages so lang Klemens dort ist ... Adieu mein Leben mein Weib. Ich küsse Dich so süs im Geiste, wie letzte Nacht im Traum.*[272]

Doch sie reiste. Bettine Brentano würde als Patin von

Savignys Tochter Bettina mit ihren Geschwistern in Trages sein, sie würde Achim von Arnim und Clemens wiedersehen und Jacob Grimm kennenlernen.

Doch wieder war sie unter den miteinander Vertrauten unendlich einsam. Ihre Gefühle in dieser Woche vom 24. bis zum 31. Oktober 1805 kann man sich nicht ausmalen. Sie müssen, mitten unter einer ausgelassen fröhlichen Gesellschaft, furchtbar gewesen sein. Die Freunde scherzten und alberten, ritten oder spazierten in der Gegend umher, man machte morgendliche Kissenschlachten, las sich abends vor und führte ein heiteres Romantikerleben. Bettine schreibt im Günderode-Buch: *der Savigny ist so anmutig und kindisch, daß wir ihn nicht verlassen können; alle Augenblicke hat einer ihm ein Geheimnis anzuvertrauen, der führt ihn in den Wald, der andre in die Laube ... der Clemens hat ihm schon ein paar Wände mit abenteuerlichen Figuren vollgemalt, und Verse und Gedichte werden mit schwarzer Farbe an alle Wände groß geschrieben.*[273] Es stimmt, was Bettine behauptet. Die Malereien an den Wänden sind in Trages bis heute zu sehen. Alle erfreuten sich des romantischen Aufenthalts, während allein Karoline ernst umherging und nicht wußte, wohin sie gehörte.

Wieder in Frankfurt, erhielt sie einen Brief von Creuzer, der sie mit wütender Eifersucht überfiel. Er erklärte sie jeder Bindung frei, ja er ging so weit, ihr einen anderen Mann als Ehepartner zu empfehlen. Ihm sei zu Ohren gekommen, daß sie sich mit einem Verehrer getroffen habe, der gut aussah und wie sie aus aristokratischer Familie stammte. Es war Gustav von Seckendorf, Jurist und Dichter, fünf Jahre älter als Karoline, ein interessanter Mann und ihr sehr zugetan. In Frankfurt war sie mehrmals in seiner Begleitung gesehen worden. *Kurz ich verdenke es Dir gar nicht daß er Dir gefällt, und Du ihn gern oft bei Dir siehst,* schrieb Creuzer, der Seckendorf als einen Mann von *schönem männlichen Wuchs* zu kennen meinte, weshalb er ihn ebenso beneidete wie den stattlichen Achim von Arnim. Er, Creuzer, wolle sie nicht an sich binden – *da ich keinen einzigen aller dieser Vorzüge habe* – *sondern arm bin und schlecht begabt von der Natur in jedem Sinn, und noch dazu unfrei bin und dahingegeben in eine Ehe, die ich nicht aufheben <u>darf</u> (wie meine Freunde sagen),* so müsse er sich beizeiten daran *gewöhnen, sie in andern Verbindungen zu sehen.*[274]

Nun meldete sich auch Creuzers Frau zu Wort. Sie war zwar nicht gebildet wie Karoline, schrieb ungeschickt und fehlerhaft, aber dumm war sie nicht. Sie schrieb am 4. November 1805 an Savigny, von dem sie wußte, daß er auf ihrer Seite stand. Frau Creuzer betonte, daß die Gesundheit ihres Mannes schon durch Karolines Briefe ruiniert werde. Er zittere am ganzen Leib, wenn er ihre Post öffne, *die Ginderoth aber,* erläuterte sie, werde ihren Mann kaum je so glücklich machen, *als er es jetz in seiner <u>durch sie</u> aufgeregten Phantasie sich vorspiegelt.*[275]

Sophie Creuzer war durchaus imstande, ihre Stellung zu verteidigen. Eines Nachts kam sie zu ihrem Mann und wollte, so berichtete er es Karoline selbst, *durch Sturm erzwingen, was die Natur versagte.* Nach zwei Jahren der Abstinenz verlangte sie nach der Erfüllung seiner ehelichen Pflichten. Er aber, erklärte er stolz, habe den Geschlechsakt *standhaft* verweigert. In ihrer Wut griff Sophie Creuzer zu einer wirkungsvollen List. Sie ließ ihren unbeholfenen Gatten ohne Geld, ohne Schlüssel, ohne Essen hilflos und unversorgt über Tage im Haus allein, bis er verzweifelt einsah, daß er ohne ihren Beistand nicht existieren könne.[276]

Alles lag bei Savigny, von dem Creuzer mehr als von jedem anderen Menschen abhängig war. Karoline hatte ihm zweimal geschrieben, im September und Oktober 1805, hatte ihm die Liebe zu Creuzer bekannt und ihn bestürmt: *versagen Sie mir Ihre Hülfe nicht.*[277]

Wie würde er reagieren?

Savignys Entgegnung vom 29. November 1805 war grausamer, als Karoline je erwartet hatte. Kalt warf er ihr den »Irrtum« vor, in welchem sie sich befinde. Wie allen *passiven Naturen*, sei ihr *Empfindung* das wichtigste. *So bist Du, und daß Du so bist und bleibst, kommt von einer Gottlosigkeit her, die Deine gute, wahrhafte Natur gewiß schon ausgestoßen hätte, wenn es die sinnliche Schwäche Deines Gemüths zuließe.* Dann sprach er von ihr als einer Dichterin, die sich schlechte Vorbilder suche. *Ich wiederhole es, Dein Geschmack an Schriftstellern, zum Beispiel an Schiller hängt damit zusammen. Denn was ist das charakteristische an diesem, als der Effekt durch eine deklamatorische Sprache, welcher keine korrespondierende Tiefe der Empfindung zu Grund liegt?* So sei auch sie: überspannt, schwach, romanhaft, ohne Tiefe. *Ich schreibe Dir das alles, weil ich Dir herzlich gut bin … Adieu Günderrödchen. Schreibe mir. Dein Freund Savigny.*[278]

Bisher waren ihre zärtlichen Empfindungen für ihn, der nach Clemens' Worten *unter einer Schneedecke der Verschlossenheit* lebte, eine Wohltat gewesen. Jetzt, da ihre Liebe Creuzer galt, warf er ihr schwärmerische Überspanntheit und gottlose Unmoral vor. Ihr zerbrechlicher Organismus, von Natur aus wehrlos und leicht verwundbar, war getroffen. Zu Bettine hat sie gesagt: *ich verstumme und bin beschämt grade, wo andre sich schämen müssten, und das geht so weit mit mir, dass ich die Leute um Verzeihung bitte, die mir Unrecht getan haben, aus Furcht sie möchtens merken.* Savigny hatte sie tief verletzt. Mit Anstrengung sachlich bleibend, antwortete sie, ihr Vertrauen in ihn sei unbegrenzt, doch werde sie in Zukunft nicht mehr von ihrem Schmerz sprechen.

Creuzers Frau hatte ihre Zustimmung zur Scheidung bisher nur mündlich gegeben. Als Savigny verlangte, sie müsse sich aus Rechtsgründen auch schriftlich äußern, zog sie die Zusage insgesamt zurück. Sie habe sich anders besonnen, erklärte sie, und Creuzer hatte nichts Eiligeres zu tun, als den Widerruf nach Frankfurt ins Stift zu melden. Es war ein Brief, der einem Todesstoß glich.

Karoline setzte sich, scheinbar ruhig, noch am gleichen Tag an den Schreibtisch. Sie schrieb an Sophie Creuzer. *Dieser heftig zerstörende Wechsel von Hoffen Fürchten und Wünschen* sei vorüber, sagte sie, *aber es ist mir eine Wehmut, eine tiefe Mutlosigkeit zurückgeblieben, die mein ganzes Leben beherrscht.*[279]

Sie habe Schuld auf sich geladen. Ihrem Mann wolle sie nunmehr endgültig entsagen.

Für Creuzer war die Situation, die er heraufbeschworen hatte, keinesfalls einfach. Die innere Anspannung, die ständige Aufregung setzten ihm zu. Sogar die Studenten merkten, daß er unkonzentriert war, zerfahren, wahrscheinlich krank. Leidend war der Vierunddreißigjährige schon lange. Seine Hände zitterten, und er sah noch erbärmlicher aus als sonst, was er, wie Clemens spöttisch bemerkte, durch eine beinahe lächerliche Eitelkeit wettzumachen suchte. Karoline hatte es einmal gewagt, sein Aussehen zu kritisieren, daher ließ er sich Kleidung nach dem neuesten Schnitt machen. Er krankte an der Lunge, an den Augen, an Kopfschmerzen und Schlaflosigkeit, und auch die neumodischen Röcke konnten seinen üblen Zustand nicht verbergen. Er schilderte dem Vetter Leonhard Creuzer den unglücklichen Fortgang seiner Beziehung zu dem Fräulein von Günderrode und beteuerte noch einmal (am 20. November 1805): *Denke Dich an meine Stelle: in den besten Jahren des Lebens den Sinn des Lebens verloren zu sehen – Ich musste das Köstlichste sehen – um es zu verlieren – Meine Freude ist dahin.* Seine ältliche, bald fünfzigjährige Frau sei ihm zuwider, er könne nicht mit ihr schlafen, lebe wie ein Priester in seiner Kammer, gepeinigt und zerrissen.

Creuzer brauchte den Rat des Vertrauten, auf den er seit seiner Kindheit baute. Am 5. Dezember 1805 kam die Antwort. Vetter Leonhard, Professor der Theologie, Konsistorialrat und Archediakon in Marburg, der ihn vor sechs Jahren am Altar der Elisabethkirche getraut hatte, schrieb: *Ich habe soeben Deinen Brief vom 20. November gelesen und gelesen und Trauer erfüllt meine Seele.* Creuzer hielt die Blätter in zittrigen Händen, las: *Möchtest Du Deine Lina zur Theilnehmerin eines Verbrechens machen? ... Jetzt vertraut sie Dir, aber würde sie künftig gewiß sein können, daß Du ihr die Treue halten würdest, die Du einer Andern gebrochen? Müßte nicht ihre Liebe zu Dir erkalten?*

Creuzer erfuhr seine eigene Verurteilung.

Hättest Du den Sinn Christi so würdest Du einsehen, daß Friede und Glück nicht zu finden ist in Durchbrechung aller Schranken, nicht in der Auflösung des Verhältnisses, welches Gott zusammengefügt hat, sondern in der Beugung unter seinen Willen. Kannst Du Dir versprechen, daß Gottes Segen auf Deinem neuen Bunde ruhen würde, wenn Du ihn durch Sünde erkaufen musst? Würde Sophie zur Scheidung genötigt, so wäre das *ein Opfer, das zum Himmel nach Rache schreit gleich dem Blut des Erschlagenen.* Die Liebe zu Karoline würde entheiligt, *wenn Du Deine Sophie mit kaltem Sinn morden wolltest, um mit blutbefleckten Händen und schuldbewußtem Herzen eine Andere als Gattin in Dein fluchbeladenes Haus einzuführen. – Ich muß Dich um ih-*

retwillen beschwören: Liebst Du sie wirklich, so lasse von ihr … Dein L. Cr.[280]

Creuzer sah sich zum Verbrecher gestempelt. Für ihn war alles entschieden. Zermürbt bat er Karoline, ihm doch Freundin zu bleiben. »Freundin« hieß es jetzt, wo bisher »Geliebte« stand. Er faßte den Entschluß, sich von nun an ausschließlich seinen wissenschaftichen Vorhaben zu widmen; dies sei das Opfer, das er ihr darbringe. Und er bat um ihr Bild, um doch wenigstens etwas von ihr noch um sich zu haben.

Karoline blieb nichts erspart, keine Zurückweisung, keine Kränkung. Die Post, die sie erhielt, stammte nun von Frau Sophie Creuzer, die ihr, in einem gemeinsam mit ihrem Mann verfaßten Schreiben, eine Reise vorschlug. Karolines Erschrecken muß groß gewesen sein. Der Vorschlag lief darauf hinaus, daß sie, Karoline, nicht nur gemeinsam mit Creuzer und seiner Frau, sondern auch mit deren Tochter und Schwiegersohn Zimmermann *in die Schweiz zu reisen sich entschlösse.*[281] Mit jener Stieftochter also, die ihre Briefe geöffnet und abgeschrieben hatte, mit Sophie, der Ehefrau, die den Sieg davontrug. Eine größere Demütigung konnte es kaum geben.

Karoline schwieg zu dieser Idee. Sie ließ einen Porträtmaler kommen und schickte ihr Bild als Weihnachtsgabe ab – schickte es ausdrücklich an Creuzers Frau, damit es ihm »durch ihre Hand« zukomme.

Bettine Brentano war inzwischen nach Marburg gereist, um mit Meline Weihnachten und die ersten Wochen des Jahres 1806 bei den Savignys zu verbringen. Untergebracht wurden die Schwestern im Haus von Professor Weiß unterhalb der Schloßmauer, wo sie sich ein Zimmer teilten. Offenbar erfuhr Bettine selbst hier, in nächster Nähe von Savigny, nichts von Karolines Verhältnis zu Creuzer. Während der Schwager sein vernichtenden Urteil ins Stift schickte, unterbreitete Bettine Karoline die schönsten Pläne für das kommende Jahr. In ihrem Buch zitiert sie einen Brief von Karoline, die ihr schrieb: *Die Zukunft leuchtet mir nicht helle, und ich hab so große Lust nicht mehr am Lebendigen, ... diesen Winter denk ich ernstlich mich zu überwinden, ich hab mir einen Plan gemacht zu einer Tragödie, die hohen spartanischen Frauen studier ich jetzt.* Es war Creuzer, dem sie die neuen Erkenntnisse über Sparta verdankte, doch sie wußte: eine Tragödie über heroische Frauen zu schreiben, das stand ihr, im falschen Jahrhundert geboren, nicht zu. Weiter heißt es: *Wenn ich nicht heldenmütig sein kann und immer krank bin an Zagen und Zaudern, so will ich zum wenigsten meine Seele ganz mit jenem Heroismus erfüllen und meinen Geist mit jener Lebenskraft nähren, die jetzt mir so schmerzhaft oft mangelt, und woher sich alles Melancholische doch wohl in mir erzeugt.*[282]

Insgesamt vier Originalbriefe von Karoline von Günderrode an Bettine Brentano aus dem Herbst und Winter 1805 blieben erhalten. In einem der Briefe möchte sie über Bettines Geschichtsunterricht informiert werden. Sie schreibt: *Dein Brief hat mir Freude gemacht und ist ein gesundes, munteres Leben darin, das ich immer lieb in Dir gehabt habe. Wenn Du einige Stunden in der Geschichte genommen hast, so schreibe mir doch darüber, besonders in welcher Art Dein Lehrmeister unterrichtet, und ob Du auch rechte Freude daran hast. An den Mährchen habe ich die Zeit sehr fleißig geschrieben, aber etwas so leichtes, buntes wie mein erster Plan war, kann ich wohl jetzt nicht hervorbringen, es ist mir oft schwer zu Muth, und ich habe nicht recht Gewalt über diese Stimmung. Grüße Gundelchen von mir und sage Savigni, ich würde ihm bald antworten. Karoline.*[283]

Daß es schon wieder mit den Geschichtsstunden vorbei war, bedauerte niemand so sehr wie Bettine selbst. Eigens für sie hatte Karoline in ihrem Studienbuch Rubriken mit Zahlenreihen aus der Weltgeschichte angelegt, nun fand kein Unterricht mehr statt ... *ich fürchte nur, du komst wieder eigentlich zu nichts,* warnte Karoline, *mir ist als hättest du zu vielerlei angefangen u seztest nichts recht durch, das hat mir immer Leid an dir gethan, dein Eifer und deine Lust sind keine perenierende Pflanzen, sondern leicht verwelkliche Blüthen, ist es nicht so? sieh darum ist es mir wieder fatal daß Dein Lehrmeister in der Geschichte Dich verlaßen hat, die Begebenheiten unterstützen ordentlich Deinen natürlichen Hang. Sei mir nicht böse, liebe Bettine, und lebe recht wohl. Karoline.*[284]

Bettines Briefe aus Marburg sind von Sehnsucht erfüllt. Sie unterstreicht jedes Wort, das ihr wichtig ist. *Ach, wenn Du wüsstest, welche Seligkeit es ist, ein Herz zu fassen, besonders wenn man dies Herz liebt, deswegen bin ich auch jetzt etwas unselig, weil ich das geliebte Herz nicht gefaßt habe.* (November 1805)[285] Hatte die Freundin sich nicht in Wahrheit ihrem drängenden Werben immer mit einem Lächeln entzogen und ihre Heftigkeit stets abgewehrt? Oft steige sie oben in einen alten Turm, blicke auf Wege und Straßen und möchte Karoline mit sich nehmen. Nicht ahnend, welche Qualen die Freundin gerade erlitt, legte sie ihr einen Text aus der Oper *Axur* bei, sendet die Verse als Gelöbnis ihrer *Fundamentaltreue.*

> *Bei drohenden Gefahren*
> *Will ich zum Trost dir eilen,*
> *Mit dir den Kummer teilen,*
> *Vertraue nur auf mich.*

Sie machte den Vorschlag, gemeinsam zu verreisen: *Ja, wir wollen fort, Günderode, wir zusammen; – Ich bin begierig, ob wir's nicht dazu bringen in der pappendeckelen Welt –* [286]

Derartige Pläne waren vermutlich Anlaß für Karolines letztes im Original erhaltenes Schreiben an Bettine unter der Adresse: *A Mademoiselle Bettine Brentano chèz Le Professeur de Savigny, Maison de M. le Professeur Weis. <u>Marbourg</u>.*[287]

Dein Brief hat mich gefreut und gerührt, auch glaube ich an den Ernst deines Willens, und deine Beharlichkeit; schrieb Karoline, *nur eins noch macht mir bange, es ist dies das in allem was du mir bis jetzt von deinem Plane gesagt hast, mir nichts ausführbar, wenigstens für mich ausführbar erschienen ist, ich weis nicht wie viel du thun kanst, aber so viel ist mir gewiß, daß mir, nicht allein durch meine Verhältniße, sondern auch durch meine Natur engere Gränzen in meiner Handlungsweise gezogen sind, es könte also leicht kommen, daß dir etwas möglich wäre, was es darum mir noch nicht sein könte. Du must dies bei deinen Blikken in die Zukunft auch bedenken.*

Thue mir doch den Gefallen und schikke mir gelegentlich die Übersetzungen ins Französische von denen Savigni mir gesagt, und sie mir auch versprochen hat.

Leb wohl Liebe und ermüde nicht fleißig zu sein. Karoline.

XXIV. »Das Abendrot
der kurzen Liebesfreude«. 1806

Das Jahr 1806 brach an. Zum Weihnachtsfest hatte Creuzer seiner Geliebten eine antike Münze geschenkt, die er zum Ring fassen ließ. Er sei erfreut *über viele lebenslustige Thätigkeit, Gedichte und andere Arbeiten,* mit denen Karoline sich beschäftige – bis er bestürzt feststellte, daß es ihr schlecht ging – *und nun auf einmal las er da Züge einer Hand, die vor Ermattung zu zittern schien ... Deine lieben Augen sind krank. Ach, ich trage auch Schuld daran ...* Er selber sei mit Arbeit überlastet. Trotzdem hoffe er auf ein Wiedersehen. *Ich komme nächsten Frühling.* (15./16. Januar 1806)

Creuzers Briefe waren nicht leicht zu entziffern. Die Seiten sind mit einer kleinen, hastig hingeworfenen Handschrift bedeckt, über die sich Karoline ihrer schwachen Augen wegen beklagte. Es ist die Schrift eines Menschen, der sich vom Schicksal benachteiligt, von der Gesellschaft – dem Staat, der Universität, den Freunden – in Ketten gelegt sah. Es ist die Sprache eines willensschwachen Mannes, der sich in syntaktisch verdrehten Satzgebilden verstellte und hinter bedeutungsschwer geschwollenen Worten zu verstecken suchte.

Creuzer verstand es meisterhaft, mit seinen Fehlern zu kokettieren und gleichzeitig, Männlichkeit betonend, Macht zu demonstrieren und sich in der Attitüde des Herrschers zu gefallen,[288] indem er seine fachliche Autorität betonte und gleichzeitig eine zuvor noch nie erlebte erotische Kraft genoß. Sein schlechtes Gewissen verbarg er unter einer Flut von Beschönigungen und schmeichelhaftem Lob. Es wäre unbegreiflich, wenn Karoline nicht bemerkt hätte, daß er oft nicht meinte, was er sagte, und Versprechungen machte, die er nicht hielt. Im Geiste vor ihr kniend, titulierte er sie als seine *Heilige*, als *Mutter Gottes* und *Madonna*, eine heilige *Jungfrau*, während er sie als Geliebte begehrte und benutzte. Im ständigen Wirbel von Selbstanklage und Selbstgefälligkeit, im Wechsel von Verlangen und Verzichten belog er sich selbst und zerstörte sie.

Bettine befand sich noch bei ihrer jüngeren Schwester Lulu Brentano, die mit dem Bankier Jordis verheiratet in Kassel lebte, und bedauerte, daß der Geschichtsunterricht, den Karoline ihr erteilte, schon wieder unterbrochen werde, sie könne sich nur gelegentlich mit historischen Gestalten beschäftigen.

Erhalten blieb der Originalbrief, mit dem Karoline darauf antwortete. *Ich habe Dir zuletzt geschrieben liebe Bettine! ich glaube aber Du warst schon in Cassel ... du sagst, ich würde wohl Deine Beschäftigungen für ein Nichtsthun erklären, und da irrst Du doch gewiß, alles was das Gemüth anregt, erfrischt und erfüllt ist mir achtungswerth, sollte auch im Gedächtnis kein Monument davon zurückbleiben.* An erster Stelle aber stehe die Beschäftigung mit dem Menschen. *So habe ich immer Biographien mit eigener Freude gelesen, und es ist mir dabei stets vorgekommen als könne man keinen vollständigen Menschen erdichten, man erfindet immer nur eine Seite und die Complicirtheit des menschlichen Daseins bleibt stets unerreicht; und diese so recht wahrzunehmen hat mir immer an der Geschichte ein großes Interesse gegeben.*[289]

Am 11. Februar 1806 wurde Karoline von Günderrode sechsundzwanzig Jahre alt. Sie verbrachte den Geburtstag allein. Niemand kam, niemand war bei ihr. Die eigene Mutter fand, wie man aus einem Brief vom August 1806 erfährt, die Freunde ihrer Tochter *überspannt* – damit war vermutlich Bettine Brentano gemeint.[290] Unglücklich schrieb Karoline an Creuzer: *ich bin ja allein, ob ich traurig aussehe oder lustig, ist allen Menschen höchst gleichgültig.*[291]

Creuzer bedauerte, daß sie noch nicht volljährig sei; das bezog sich auf ihr Erbe. Sie hatte nämlich den Wunsch geäußert, das Stift zu verlassen und in seine Nähe zu ziehen. Dazu brauchte man Geld. Er verfaßte einen seiner typischen Briefe, indem er dem Plan zuerst zustimmte, um im nächsten Moment den Rückzug anzutreten und sie, die gerade ihr Leben mit ihm hatte teilen wollen, an einen anderen zu verweisen. Du wirst doch *von dem Augenblicke an, da Du die Empfindung hast einen andern zu lieben und als Gemahl zu begehren mir es selbst sagen –?*[292]

Für ihren neuen Gedichtband erbot er sich, als Herausgeber zu wirken, einen Verleger zu suchen und ihr das dringend benötigte Honorar zu übersenden. Man kam überein, das neue Buch solle *Melete* heißen, nach der Muse *des sinnenden Daseyns, die auf hohe Lieder sinnt.* Das war ein Vorschlag, den Karoline sofort willig übernahm.[293] Aus Hölderlins *Hyperion* kannte sie *Melite*, die Freundin, mit der Hyperion von Sappho und griechischer Poesie schwärmte.[294] Wieder bestand sie auf einem Pseudonym. *Ion* wollte sie heißen. Creuzer war zunächst dagegen, schließlich war 1802 Schlegels minderwertiges Drama *Ion* erschienen. Endlich willigte er doch ein. *In jedem Betracht ist Ion ein bedeutungsvoller Name, Ionien ist ja der Poesie Vaterland. Ja das Kind soll Ion heißen.*[295]

Auch diesmal wollte sie nicht unter dem eigenem Namen erscheinen. Der Widerspruch ist offensichtlich. Sie schrieb, um die eigene Existenz zu verwirklichen, um unter Gleichen

Geltung zu erlangen, wie sie es Clemens Brentano mitgeteilt hatte. Doch andererseits wollte sie unbekannt bleiben, sollte die weibliche Autorschaft unter männlichem Namen verborgen werden, als wäre weibliche Schriftstellerei eine Schande.

Schon im Februar 1806 schickte sie Creuzer ihre neuen Gedichte, *Der Nil*, *Der Kaukasus*, *Ägypten*, und empfing sein großes Lob. *Auch bist Du unübertreflich, wenn Du den geheimen Sinn des Räthsels singst, das wir L e b e n nennen, jene Heimlichkeit des Daseyns und die innerste eigenste Gewohnheit eines schönen Gemüthes. Da gibt Dir Gott immer das rechte Wort . . .*[296]

Nach ihrem Tod hat sich Creuzer in seinem Werk *Symbolik und Mythologie der alten Völker* bei der Beschreibung Ägyptens ihrer Worte bedient. Er pries sie und fürchtete zugleich ihr überragendes Talent, schließlich war sie nur eine Frau. *Weh, man hat gar nicht recht mehr den Muth Dich kindlich zu necken und in Liebe unterthan zu machen (wie wir Männer doch wollen), wenn man solche Weisheit betrachtet. Du schreckst Deinen Eusebio ab. Wahrhaftig Du musst thörigt seyn wenn ich komme und durch liebendes Spiel mir Muth machen.*[297]

Sie wünschte lateinische Texte zu lesen, er bemerkte unfreundlich, daß gescheite Frauen schon seit Jahrhunderten auf Männer unangenehm wirkten. Doch die Gedichte *Zueignung* und *An Eusebio*, die ihm gewidmet waren, schienen ihm zu gefallen. *Hättest Du doch in meinen Augen lesen können als ich vorgestern nacht Deine zwei Sonette las. Wie bin ich doch so ganz Dein, wahrlich es bedarf solchen neuen Zaubers nicht mich zu fesslen. Aber wie süs ist dennoch dieser Zauber, wie schmeichelnd gleitet er ins Herz.*[298]

Er hatte ihr von Adonis berichtet, dem Liebling der Aphrodite, der von einem Eber zerrissen wurde: aus seinem Blut sprangen Rosen, aus den Tränen der unglücklichen

Göttin erwuchsen Anemonen. Das Altertum kannte eine »Adonisklage« der Sappho. Sie inspirierte Karoline zu den Gedichten *Tod des Adonis* in drei Fassungen, die sie Creuzer schickte – Gedichte, in denen Adonis der Mittelpunkt eines zum Bildteppich gewebten Liebesmythos wird. Dabei ist der autobiographische Bezug unverkennbar.

> *Das Abendrot der kurzen Liebesfreude*
> *Blickt traurig aus der Blume dunkeln Glut;*
> *Adonis tot im Arm der Göttin ruht;*
> *Das Schönste wird des kargen Hades Beute.*

Bei vielen Dichterinnen ist die Liebe der Trost, der den Tod vergessen macht. Nicht bei Karoline von Günderrode, die sich schon früh ein Wort von Novalis notiert hatte: *Im Tode ist die Liebe am süßesten.*[299] Für sie war der Tod die Besiegelung einer großen Leidenschaft, wie sie in den »Malabrischen Witwen« schreibt.

> *Zur süßen Liebesfeier wird der Tod,*
> *Vereinet die getrennten Elemente,*
> *Zum Lebensgipfel wird des Daseins Ende.*

Schon am 23. Februar 1806 konnte Creuzer melden, daß er einen Verleger gefunden habe, der bereit sei, pro Bogen einen Carolin zu bezahlen und das Werk zur Ostermesse herauszubringen. Der guten Tat folgt der Vorwurf auf dem Fuß. Sie habe »Männerbesuch« im Stift geduldet? Sie umgebe sich, habe er gehört, mit zwei Bewerbern: dem Franzosen Lignac und dem Dichter Gustav von Seckendorf. Sie verteidigte sich, schrieb zu seinem Geburtstag am 10. März 1806 einen herzlichen Brief.

Wahrscheinlich war es bei dieser Gelegenheit, daß sie ihn wissen ließ, wie gerne sie Kinder hätte, und zwar mit ihm, Creuzer, dem eigene Kinder bisher versagt waren. *O wie hast Du mir wieder geschrieben!* rief er aus. *Wenn ich das lese dann glaub' ich wieder ganz daß Du immerdar mein seyn wirst –* Den originalen Brief von Karoline kennen wir nicht, er läßt sich nur aus Creuzers Antwort erschließen.

Was, wenn Karoline ein Kind erwartete? Daß sie, wenn es so war, seine Meinung hören wollte? Seine Reaktion mußte sie tief enttäuschen. Vermutlich hatte Creuzer, der kinderlose, nie an die möglichen Folgen seines Liebesverhältnisses gedacht. Jedenfalls erklärte er ihr drei Tage später höflich seinen Rückzug, eingekleidet in Selbstlosigkeit und Verzicht...
seitdem ich es weis, daß Dir der Gedanke einmal Mutter zu seyn nicht mehr zuwider ist – seitdem scheint es mir ein Frevel, wann ich, der ich doch Dein Mann nicht seyn kann – Empfindungen nähren ... wollte, die Dir verböten, *einmal vielleicht ein* Weib *zu seyn – wann Natur und Liebe Dich dazu berufen.*[300] Deswegen, wiederholte er, habe er gegen ihre Verbindung mit Seckendorf nichts einzuwenden. Es muß dies eine Kränkung, zugleich eine nervliche und psychische Belastung gewesen sein, die auszuhalten eines stärkeren Naturells bedurft hätte, als Karoline es besaß.

Ihre Briefe habe er ihren Wünschen entsprechend verbrannt, meldete Creuzer. Er komme bestimmt im April. Jeder Brief mutete ihr eine seelische Zerreißprobe zu. Auch darum kennen ihre Gedichte keinen Trost, sind gerade in ihrer Unerbittlichkeit authentisch. Sie wußte, wovon sie sprach. Ihr Gedicht lautete ursprünglich: Der Einzige.

Die Einzige.

Wie ist ganz mein Sinn befangen,
Einer, Einer anzuhangen;
Diese Eine zu umfangen
Treibt mich einzig nur Verlangen;
Freude kann mir nur gewähren,
Heimlich diesen Wunsch zu nähren,
Mich in Träumen zu betören,
Mich in Sehnen zu verzehren,
Was mich tötet zu gebären.[301]

Creuzer nahm die Verse beglückt in Empfang. *Erst spät, wie Du siehst, las ich Dein liebes Lied ... Es tönt aus dem tiefsten Herzen in mein Herz herüber. Ach vielleicht ist es doch nicht gut, daß Du so singst – wenigstens bedarf meine Sehnsucht solcher Nahrung nicht, da sie mich ohnehin verzehret. O wie bin ich doch ganz Dein Du liebes Mädchen. Darf ich's in M e l e t e aufnehmen das treffliche Gedicht? Ich möchte es gar gern, wenn Du es erlaubst.* (16. April 1806)[302] Man kann sich des Eindrucks nicht erwehren, daß er die Verse in ihrer Tragweite nicht begriffen hat: *Was mich tötet zu gebären ...*

Ende April 1806 war Creuzer wieder bei ihr. Sie verwehrte ihm die Liebesnacht nicht. Sie trafen sich »am gewissen Ort«, er hatte »Herzklopfen«, als sie ihn durch die bekannte Tür einließ, sie lachten und weinten und hielten sich in den Armen. Vergeblich hatte er sie nur noch »Freund« genannt, vergeblich hatten sie versucht, die erotische Anziehungskraft durch den geistigen Gedankenaustausch zu sublimieren. Karoline küßte das goldene Herzchen an seiner Brust, und Creuzer machte eine ihn sexuell beglückende Erfahrung: *daß Du mich auch in einer Ehe mit mir fortdauernd*

Handschrift Karoline von Günderrodes, Gedicht:
Einer nur und einer dienen...

hättest lieben können, – daß Du stark genug bist auf das zu ver-
zichten, was mir die Natur versagte. – O Du mein ewiges Seh-
nen! Aber laß mich ausharren in meinem Schicksal – damit kein
Unrecht uns belaste. . . . laß mich doch bald wieder fühlen Deines
Herzens Pochen.[303]

Sie entgegnete am 28. April 1806: *Unser Schicksal ist traurig,*
ich beneide mit Dir die Flüsse, die sich umarmen. Der Tod ist besser
als so zu leben.

Die eine Klage

Wer die tiefste aller Wunden
Hat im Geist und Sinn empfunden
Bittrer Trennung Schmerz;
Wer geliebt was er verloren,
Lassen muß was er erkoren,
Das geliebte Herz,

Der versteht in Lust die Tränen
Und der Liebe ewig Sehnen
Eins in Zwei zu sein,
Eins im Andern sich zu finden,
Daß der Zweiheit Grenzen schwinden
Und des Daseins Pein.

Wer so ganz in Herz und Sinnen
Konnt' ein Wesen lieb gewinnen
O! den tröstet's nicht
Daß für Freuden, die verloren,
Neue werden neu geboren:
Jene sind's doch nicht.

Das geliebte, süße Leben,
Dieses Nehmen und dies Geben,
Wort und Sinn und Blick,
Dieses Suchen und dies Finden,
Dieses Denken und Empfinden
Gibt kein Gott zurück.[304]

Wieder war alles unentschieden, war alles noch möglich. Auf der Rückreise von Marburg, wo er Savigny besucht hatte, kam Creuzer noch einmal nach Frankfurt und zu ihr.

Karoline schwamm in Seligkeit. In ihren zärtlichen Umarmungen waren sie heftiger, inniger, beglückender gewesen als je zuvor. Sie war ganz Hingabe gewesen, ganz Frau. *Daß der Zweiheit Grenzen schwinden* ... Nach dieser wunderbaren Nacht habe sie geträumt, sie sei *ganz mit ihm vereint gewesen und mit ihm durch reizende Thäler und waldige Hügel gewandelt in seeliger Liebe und Freiheit.* Es war ein zutiefst erotischer Traum. Noch seien ihre Wangen rot, und wenn sie *nur Monate so glücklich wäre als in diesem Traum, wie gerne* ... *wollte ich sterben! Es ist zu wenig dafür gebothen, ich wollte für solchen Preis meinen Kopf auf den Henkerblock legen* ... *Lieber liebster Freund solche Freude habe ich heute gehabt* ... Er hatte ihr ein Sonett dagelassen, sie drückte es ans Herz und küßte das Blatt, um *deinen heißen innigen frohen Kuß zu erwidern. Ich bin ganz thöricht vor Liebe und Freude.*[305]

Das war am 1. Mai 1806. Ihr jubelnder Brief – einer der wenigen Originalbriefe an Creuzer, die sich erhalten haben – macht deutlich, daß sie den Gedanken, ihn ganz für sich zu gewinnen, nie aufgegeben hatte. Er war der Mann, der ihr Bewunderung abnötigte, der sie körperlich und geistig zu befriedigen vermochte. Achim von Arnim bemerkte später, angesichts von Creuzers *Gelehrsamkeit* könne er die Liebe der Günderrode nachträglich verstehen. Doch warum hatte sie geschrieben, sie wolle *für solchen Preis den Kopf auf den Henkerblock legen.* Wußte sie, was kam? Selbst in Augenblikken höchsten Glücks dachte Karoline an den Tod. *Was mich tötet zu gebären . . .*

Sie hatte die Absicht, für drei Wochen nach Winkel am Rhein zu gehen. Creuzer versprach, sie dort zu besuchen. *Richte doch alles recht hübsch ein, hörst Du Lina! – Ich will mich auch recht bestreben Dir zu gefallen . . . Adieu süses Mädchen – liebes Leben adieu.*[306] Ihr Buch *Melete* sei bereits im Druck, doch schäme er sich, in ihren Gedichten »zu hoch erhoben« zu erscheinen. Die *Briefe zweier Freunde,* die jedermann biographisch lesen konnte, waren ihm nachgerade peinlich. Zu deutlich ging sie in den Dialogen auf ihr Verhältnis ein. Nur *Valorich,* ihre Erzählung aus dem Mittelalter, fand seinen vollen Beifall.

Bettine Brentano kehrte Anfang Mai aus Marburg zurück, und ihr erster Gang war ins Stift. Sie mußte der Freundin berichten, wie merkwürdig sich Creuzer bei Savigny betragen habe. *Er nahm in meiner Gegenwart ein kleines Kind auf den Schoß und sagte: Wie heißt Du? – Sophie. – Nun, Du sollst, solang ich hier bin, Karoline heißen; Karoline, gib mir einen Kuß!*[307] Savigny habe ihn daraufhin recht kühl entlassen, erklärte Bettine in ahnungsloser Unkenntnis der Verhältnisse.

Kurz darauf – am 11. Mai 1806 – erhielt Karoline einen Brief, in dem Creuzer sie mit Vorwürfen überschüttete. Er kanzelte sie ab, so rücksichtslos wie noch nie. Warum habe sie ausgerechnet Savigny Einzelheiten ihrer Beziehung erzählt? Warum er so aufgebracht war, verschwieg er, sie würde es erst später erfahren: Creuzer, der trotz seines guten

Gehalts hoch verschuldet war, hatte gerade Savigny gebeten, ihm die nicht unerhebliche Summe von 300 Gulden zu borgen, das entsprach dem Jahresgehalt eines Kammerherrn.[308] Und, fuhr Creuzer in seinem Anklagebrief fort, habe sie es eigentlich nötig, mit Leuten wie den hochmütigen Brentanos befreundet zu sein? Ihm sei das ganze Haus zuwider, ja verhaßt, an erster Stelle die unerträgliche Bettine. *So aber hörest Du noch immer die B.* [Bettine] *an, die Du doch selbst schwazhaft nennst – und die ich eine Kokette nenne – und dieses ganze Haus, herrschsüchtig und eitel wie es ist, was hat es von jeher anders gewollt, als Dich beherrschen und verrathen!* Er habe jetzt *die vorlaute B.* (Bettine) kennengelernt, sie sei ihm zutiefst zuwider, ja sie sei noch schlimmer als die hochmütige und oberflächliche Gunda. Er wiederhole: sollte sie, Karoline, einen anderen Mann finden und mit ihm eine Familie gründen wollen, so werde er selbstverständlich verzichten. Nach Winkel könne er übrigens doch nicht kommen, es gebe zu viele Frankfurter dort, die nur auf Klatsch und Tratsch warteten. Das könne er ihr nicht zumuten.

Karoline antwortete aus Winkel, sie werde sich ihm zuliebe unverzüglich von Bettine Brentano trennen. Creuzer frohlockte. *Nun seh ich doch, daß ich geliebt bin – schon an der Schnelligkeit der Erfüllung meiner Bitte seh' ich's.* Es habe ihn immer gewurmt, daß sie bei Bettines *Koketterie und Falschheit* freundlich bleibe. Sie zögere noch? Mache Einwände? Es betrübe ihn tief, *daß Du um Bettinens willen ein abgemessenes Betragen annähmest. – Reiß Dich doch los von diesem Urteil ... Die schlechte Bettine beschäftigt Dich ganz. – Ach zürne nicht und verstehe meinen Zorn.* Sie möge an sein Herz denken, *das mit aller seiner pochenden Lebenskraft ... sein leztes Blut gerne für sie hingäbe wenn es gölte.*[309]

Vielleicht war Karolines merkwürdige Sendung die Antwort auf Creuzers »Herzbrief«: sie sandte dem Geliebten ein Taschentuch mit ihrem »Herzblut«. *Ich sende Dir ein Schnupf-tuch, das für Dich von nicht geringerer Bedeutung sein soll als das, welches Othello der Desdemona schenkte. Ich habe es lange, um es zu weihen, auf meinem Herzen getragen. Dann habe ich mir die linke Brust gerade über dem Herzen aufgeritzt und die hervor-gehenden Blutstropfen auf dem Tuch gesammelt. Siehe, so konnte ich das Zarteste für Dich verletzen. Drücke es an Deine Lippen; es ist meines Herzens Blut! So geweiht, hat dieses Schnupftuch die seltene Tugend, daß es vor allem Unmut und Zweifel verwahrt. Ferner wird es Dir ein zärtliches Pfand sein.*[310]

Das Original des Briefes existiert nicht mehr; er ist je-doch mit anderen Briefen vom April und Mai 1806 kopiert worden, und zwar mit solcher Hast, daß der Text bei der Hälfte abbricht. Die Tatsache, daß es ausgerechnet Creu-zers Frau war, die durch ihre Abschriften – braune Tinte mit vielen Fehlern auf einem Bogen – Karolines Briefe der Nachwelt erhielt, hat etwas Absurdes, ja Obszönes. Es ist der voyeuristische Blick der Neugierigen und Eifersüchti-gen in die intime Sphäre zweier Liebender, eine Welt, von der sie ausgeschlossen war.

Creuzers Macht war stark. Karoline liebte ihn, wie lau-nisch und inkonsequent er sich auch immer verhielt. Zog sie sich zurück, bettelte er um Liebe: *Denke mich gegenwärtig zu Deinen Füßen kaum wagend Dir ins heilige Angesicht zu sehen. Siehe ich bin ja wieder ganz Dein, nimm mich auf.* (18. Mai 1806)[311] Nahm sie ihn auf und gab sich ihm hin, sprach er von Trennung und stellte Forderungen. Ihm zu-liebe würde sich Karoline von ihrer engen Freundin losrei-ßen. Sie würde alles tun, was er verlangte.

XXV. *Untreue und Verrat*

Seh' ich das Spätrot, o Freund, tiefer erröten im Westen,
Ernsthaft lächelnd voll Wehmut, lächelnd und trauernd

verglimmen,

O dann muß ich es fragen, warum es so trüb wird und dunkel,
Aber es schweiget und weint perlenden Tau auf mich nieder

(Aus dem Nachlaß)

Am 12. Juni 1806 erhielt Karoline einen Brief, der von ka-
tastrophaler Wirkung gewesen sein muß. Nach zwei Jahren aufwühlender Liebe und innigen Verbundenseins, nach
einem Wechselbad der Gefühle, Hoffnungen, Ängste und
Krisen erklärte ihr Creuzer, daß er in Wirklichkeit von Savigny abhängig sei. Der Freund habe ihn jahrelang finanziell
unterstützt, er sei ihm Dankbarkeit schuldig und werde nie
etwas tun, was ihm mißfalle. Seine Besoldung als Privat-
dozent in Marburg sei so dürftig gewesen, daß er nicht
davon hätte leben können, auch als er sich mit der Witwe
Sophie Leske zusammentat, bei deren Kindern er Hauslehrer war. Sein schmales Erbe sei längst aufgebraucht gewesen,
als Savigny sich erbot, ihm unter die Arme zu greifen; nur
dadurch habe er seine akademische Karriere fortsetzen können.[312]

Ja! Höre also, schrieb er Karoline, *ich glaube ich sagte es Dir*
noch nicht, daß ich einst auf freiwilliger Erbietung, zwei Jahre lang
ohngefahr, eine Art Pension von ihm genossen habe, die im Gan-
zen vielleicht einige hundert Thaler betragen mag. Ohne diese Pen-
sion hätte ich nicht fortstudieren können (aber auch nicht heu-
rathen – siehe, so sonderbar ist mein Geschik verwebt!) – Das ist
nun wieder ein Fragment aus meinem Leben.[313]

Das hatte Creuzer ihr bisher wohlweislich verschwiegen. Karoline war ahnungslos ins Messer gelaufen, als sie Savigny um seine Unterstützung bat, die er ihr verweigerte – nicht nur aus gekränkter Eigenliebe, sondern weil er es war, auf dessen Betreiben Creuzer mit Frau Leske die Ehe geschlossen hatte. Sein zinsloses Darlehen galt der Legalisierung des Verhältnisses, und bis jetzt hatte Creuzer noch keine Anstalten gemacht, den Kredit zurückzuzahlen. Sogar um Frau Leskes Kinder hatte sich der Jurist intensiv gekümmert.[314]

Karoline mußte erkennen, daß sie nur ein Objekt gewesen war, über dessen Gedeih und Verderb die beiden Männer nach Gutdünken verhandelten. Savigny war nicht nur Creuzers Freund, er war im wahrsten Sinne des Wortes sein Gönner und Mäzen, dem er lebenslang Dank schuldete. Wenn Savigny die Scheidung untersagte, war es ein Verbot, dem nicht widersprochen werden konnte. Creuzer war in seinen Entscheidungen nie wirklich frei gewesen, und sie, um die es ging, hatte nichts davon gewußt. Es war ein Verrat, der an ihr begangen wurde, war Betrug an ihrem Leben.

Eines hatte sich Karoline immer bewahrt: ihre *schwebende Existenz*, die Freiheit, sich jederzeit davonstehlen zu können. *Frei und poetisch* sollte ihr Leben sein. Sie hätte gerne gelebt – aber kein Leben, wie man es ihr vorschrieb. In den *Briefen zweier Freunde* sagt sie 1805: *Nicht das Leben ist von Übel, sondern das üble Leben.*

Sie besaß den Dolch. Bettine kannte ihn. In ihrem Goethebuch sticht ihr Bericht durch seine erotische Komponente hervor. Bettine schreibt: *einmal kam sie mir freudig entgegen und sagte: ›Gestern hab' ich einen Chirurg gesprochen, der hat mir gesagt, daß es sehr leicht ist, sich umzubringen,‹ sie öffnete hastig ihr Kleid und zeigte mir unter der schönen Brust den Fleck; ihre Augen funkelten freudig; ich starrte sie an, es ward mir zum erstenmal unheimlich* ... Sie sei in lautes Schreien ausgebrochen, behauptet Bettine, habe sich der Freundin auf den Schoß gesetzt und geweint, *und küßte sie zum erstenmal auf ihren Mund, und riß ihr das Kleid auf und küßte sie an die Stelle, wo sie gelernt hatte, das Herz zu treffen ...*[315]

Die Freunde wußten um den Dolch. Nicht nur Bettine sah das Mordinstrument mit eigenen Augen, auch Achim von Arnim berichtet, wie Karoline ihm den Dolch entwand, *womit wir spielten recht wie Kinder mit dem Feuer –* er hielt es wohl für den skurrilen Einfall einer exzentrischen jungen Frau. Karolines Bruder Hektor von Günderrode kannte den Dolch ebenfalls. Doch nur Susanne von Heyden sah darin die Gefahr.

Mit der Absicht, sich von Bettine Brentano zu trennen, notfalls unter einem Vorwand, kehrte Karoline von Günderrode vom Rhein nach Frankfurt zurück. Sie meldete sich nicht im Brentano-Haus, sie kam nicht, schickte keinen Boten – sie schloß sich ein und verhielt sich stumm. Bettine hat es später Savigny berichtet. *Denke Dir, wie mich die Freundschaft hinters Licht geführt hat. Du weißt doch, daß die Günderode im Rheingau war, mit Servières.* Sie habe sich unbegreiflicherweise nicht gemeldet. Also lief sie wie immer zu ihr ins Stift, wo sie bereits an der Tür kühl abgefertigt wurde – Bettine schreibt: *ganz kalt von ihrer Seite –* und zwar mit der Begründung, sie, Karoline, habe sich in ihr getäuscht und wolle nichts mehr mit ihr zu tun haben.

Bettine war wie vor den Kopf geschlagen. Sie war gekränkt und gedemütigt wie noch nie in ihrem Leben. Dann hörte sie von Creuzers Anwesenheit in Frankfurt – ob er der Anlaß dieser Misere war? Sie werde noch ein paar Tage abwarten, meldete Bettine Savigny, *bis der Creuzer (der falsche*

Kreuzer, der keinen Heller wert ist) fort ist,[316] dann aber werde
sie die direkte Aussprache mit Karoline herbeiführen.

Das Vorhaben mißlang. Die Begegnung kam nicht zustande. Bettine verfaßte einen diplomatisch geschickten Brief
an Karoline. Sie suche keine Versöhnung, erklärte sie, bitte
auch nicht um Wiederannäherung, dazu sei sie viel zu verletzt. Sie wollte lediglich den Grund für das unbegreifliche
Verhalten erfahren: *wenn Du der Gerechtigkeit und unserer alten Anhänglichkeit zu lieb, mir noch eine viertel Stunde gönn-
test ... Wenn mir mein Freund das Messer an die Kehle gesetzt
hätte und ich hätte so viele Beweise seiner Liebe, so freundliche,
so aufrichtige Briefe von ihm in Händen gehabt, ich würde ihm dennoch getraut haben. Die Briefe mußt Du mir wieder geben, denn
Du kömmst mir falsch vor, ... auch leg' ich einen Wert darauf,
ich habe mein Herz hinein geschrieben. Bettine Brentano.*[317]

Nein, auch eine Viertelstunde der Aussprache wurde ihr
nicht gewährt. Wahrscheinlich hatte Karoline Angst vor
der persönlichen Begegnung. Bettine hatte ihr »Fundamentaltreue« gelobt – wie sollte sie der Freundin nun in die Augen sehen? Durch Claudine Piautaz ließ sie ihr ausrichten,
es sei fortan zwischen ihnen alles aus. Bettine flüchtete sich
in spöttischen Sarkasmus. Karoline *hoffte zwar ehmals sich
einiges Verdienst um mich zu erwerben* – meldete sie Savigny –
*es war aber grundfalsch und beruht auf einer unrichtigen Ansicht
ihres und meines Gemüthes.*[318]

Man hört unschwer heraus, daß die kluge Bettine den
fadenscheinigen Behauptungen keinen Glauben schenkte.

Wie war es möglich, daß Karoline, die Wahrheitsfanati-
kerin, sich hinter Lügen versteckte? Fünf Jahre des Beisam-
menseins sollten ein Irrtum gewesen sein? Bettine las noch
einmal, was Karoline ihr noch vor kurzem nach Marburg
geschrieben hatte: *Dein Brief hat mir Freude gemacht und ist ein*

gesundes, munteres Leben darin, das ich immer lieb in Dir gehabt habe ...

Die Trennung. Die Lebenslüge. Die Selbstzerstörung. Die Freundschaft mit Bettine Brentano hätte ein Gegengewicht zu Creuzers egoistischer Inanspruchnahme sein können. Doch so radikal wie sie lebte, so unerbittlich war Karoline auch gegen sich selbst. Sie hörte nicht auf das dringliche Klopfen der Freundin, verriegelte die Tür und stellte sich taub. Daß sie auf diese Weise alle Brücken hinter sich abbrach, wirkt wie eine Vorstufe zur tödlichen Entscheidung. Beschämung spricht aus ihrem Brief an Creuzer, als sie ihm schrieb, Bettine habe geweint. Sie sah es und litt.

Sie solle nicht sentimental sein, riet Creuzer streng. Er dachte nur an sich. *Daß das Weinen der Bettine Dir schmerzlich war begreife ich und ich fühle, wie ich Veranlassung bin. – Aber in sich verstehe ich dies Weinen nicht. Zum Weinen hätte sie freilich Ursache genug. Sie könnte darüber weinen, sollte es sogar, daß sie eine Brentano geboren ist* ...[319] Der Bruch sei ganz nach seinem Geschmack. Es sei *nicht der Mühe wert,* sich um eine Brentano zu grämen.

Durch Creuzer wurde Karoline von allem, was sie liebte, getrennt. Lisette Nees hatte sich verärgert von ihr abgewandt, weil sie das Verhältnis nicht länger billigte. Savigny und Gunda hatten ihr nicht beigestanden. Die Schwester Wilhelmine führte an der Seite des Freiherrn du Thil ihr oberflächliches gesellschaftliches Leben. Die Schwestern Servière, mit denen sie nach Winkel fuhr, waren niemals echte Freundinnen gewesen. Die Verbindung zur Mutter war abgerissen; sie war, wie aus einem Brief Wilhelmines von 1818 hervorgeht, der Erbstreitigkeiten wegen über die Tochter verbittert.

Am 20. Juni 1806 meldete Clemens Brentano seiner Frau

Sophie: *Die Günterode hat kurz und überraschend ohne allen Verstand Bettinen die Freundschaft aufgesagt.*[320]

Karoline hatte sich in die Isolation hineinmanövriert. Es gab niemanden mehr, mit dem sie hätte sprechen können. Geblieben war nur einer, Friedrich Creuzer. An ihm hing sie mit einer klammernden Verzweiflung, als müsse er ihr den verlorenen Vater ersetzen. Nach dem Bruch mit Bettine fragte sie bei ihm an, wie er sich die Zukunft vorstelle. Seine Antwort klang ernüchternd. Sie kenne doch seine Lage, an Heirat sei aus den bekannten Gründen nicht zu denken. Nur unter dieser Voraussetzung dürfe er sie überhaupt wiedersehen. Seine Erklärung vom 23. Juni 1806, aufgesetzt wie ein Gerichtsurteil in sieben Paragraphen, hätte ihr spätestens jetzt die Augen öffnen müssen für seinen wahren Charakter. Wenn Freunde zu Verrätern werden, war es Zeit zu gehen.

Was Karoline nie erfuhr: Achim von Arnim und Clemens Brentano überlegten gemeinsam, wie sie ihr eine Lebensstellung verschaffen könnten. Arnims Tante, die vermögende Gräfin Schlitz, suchte nach einer jungen Gesellschafterin und Vorleserin, die auch ihre vierjährige Tochter erziehen könnte. Beide Freunde dachten sofort an Karoline. *Die Bedingungen wären gut, das Leben schön und sinnvoll,* beteuerte Arnim, zu eigener Beschäftigung bliebe viel Zeit. Clemens Brentano antwortete: *Ganz vortreflich wäre aber die Günterode, wenn diese selbst nicht böse Augen hätte ...*[321]

In den ersten Julitagen 1806 meldete sich Lisette Nees von Esenbeck, um mitzuteilen, daß sie wieder schwanger sei und sich vor dem Kindbett fürchte wie beim ersten Mal, als ihr Leben an einem seidenen Faden hing und der Säugling nach der schweren Geburt starb. Karoline versuchte zu trösten. *Dein Brief Lisette, hat mich sehr gerührt. Du aber bist doch heiter? Nicht wahr Du hast keine schlimme Ahndungen?* Dann sprach sie von sich, von ihrem Leben, und nahm plötzlich auf unerwartete und unerbittliche Art Abschied. Ihre Worten erinnern auffallend an den lebensmüden Heinrich von Kleist, der sich in seinen letzten Briefen »ganz reif« zum Tode fühlte. *Nach mir fragst Du?* schrieb Karoline. *Ich bin eigentlich lebensmüde, ich fühle daß meine Zeit aus ist, und daß ich nur fortlebe durch einen Irrthum der Natur; dies Gefühl ist zuweilen lebhafter in mir, zuweilen blässer. Das ist mein Lebenslauf. Adieu Lisette.*[322]

Anfang Juli 1806 kam Creuzer wieder nach Frankfurt. Man erfährt es durch eine Mitteilung von Meline Brentano an ihren Schwager Savigny: *Die große Neuigkeit ist, daß der Creuzer von Heidelberg hier sein soll. Die Günderode hat mit der Bettine gebrochen, und ich vermute fast, sie tat es, weil sie befürchtete, von ihr in dem schönen Tete à Tete gestört zu werden.* (2. Juli 1806)[323] Creuzer blieb drei Tage. Beim Abschied wurde verabredet, daß Karoline mit Charlotte Servière noch einmal im Landhaus des Kaufmanns Josef Mertens in Winkel am Rhein Erholung suchen sollte. Creuzer versprach, so bald wie möglich zu folgen.

Karoline wartete. Wartete auf den einzigen Mann. Creuzer aber kam nicht. Die Anspannung der letzten Zeit war zu groß gewesen. Beide hatten sie sich, seelisch wie geistig, das Äußerste zugemutet – es überstieg seine Kräfte. Begehren und Entbehren, Verstecken und Vertuschen, Vorwürfe, Schuldgefühle und Selbstanklagen, heimliche Reisen, Liebesrausch und Angst vor den Folgen – alles überforderte ihn. Creuzer war dieser Liebe nicht gewachsen. Er erlitt einen Zusammenbruch.

Nachricht des Kirchenrats Schwarz an den Theologen Leonhard Creuzer in Marburg. *Heidelberg, den 18ten Juli 6.*

Unser Creuzer ist tödtlich krank ... Es mußte zu dieser Krise kommen. Sein Körper war schon lange her geschwächt, die fatale Geschichte setzte ihm immer mehr zu, und besonders nun nach seiner letzten Reise nach F. [Frankfurt] *war wieder alle errungene Ruhe dahin.*

Creuzer glaubte zu sterben. Er wurde von seiner Frau aufopfernd und fürsorglich gepflegt. Die Todesangst brachte ihn dazu, ihr zu versprechen, das »fatale Verhältnis« mit Karoline endgültig aufzugeben. Schwarz teilte Vetter Leonhard mit, man könne frohlocken: *Er entsagte feyerlich seynem bisherigen Verhältnisse, und D.* [Daub] *musste es übernehmen, dieses alsbald der G.* [Günderrode] *zu schreiben.*[324] Zwei Tage später: *Als ich Dir vorgestern schrieb, hatte er Nachmittags noch die stärksten Anfälle – ja er schien dem Tode nahe ... und konnte nicht begreifen, daß er lebe und bey uns sey, er meynte immer, er sey gestorben.*

Freund Daub wandte sich in merkwürdiger Eile an Susanne von Heyden mit der dringenden Aufforderung, dem Fräulein von Günderrode mitzuteilen, Creuzer wolle das Verhältnis für immer *vernichten*.[325] Warum die überstürzte Eile, und warum nicht an Karoline direkt? Frau von Heyden antwortete ihm am 19. Juli 1806 erschrocken, das Fräulein befinde sich derzeit im Rheingau. Daubs Erklärung machte sie stutzig. Außerdem verlange sie einen Beweis von Creuzer selbst: *hat er wirklich sein Verhältniß zu ihr zerbrochen, so senden Sie mir ihr gemaltes Bild, diesem muß sie glauben.* Oder sei er gestorben? Dann bliebe der unglücklichen Karoline immerhin der Trost, *er sei in Liebe für sie verschieden.* Niemals könne man eine solche Nachricht schriftlich weitergeben. Er, Daub, ahne wohl selbst, *daß es der Armen Leben gilt.*

XXVI. *Der Tod. 26. Juli 1806*

Während Karoline in Winkel am Rhein ungeduldig auf die
Nachricht wartete, wann Creuzer endlich zu ihr kommen
werde, schickte Professor Carl Daub, obgleich er durch Frau
von Heydens Antwort hätte gewarnt sein müssen, ihr in
größter Eile einen zweiten Brief und wiederholte mit Nachdruck die Forderung, Karoline von Creuzers Trennungsab-
sicht unverzüglich in Kenntnis zu setzen. Über seine Dringlichkeit entsetzt, erwiderte Susanne von Heyden am 24. Juli
1806: *sie muß also den Kelch mit aller seiner Bitterkeit schmekken* ... Noch immer zögerte sie. Es war ihr unmöglich, Karoline die niederschmetternde Nachricht direkt zu über-
mitteln, also adressierte sie den Brief an Charlotte Servière,
siegelte ihn mit einem fremden Siegel und schrieb mit ver-
stellter Schrift die Deckadresse auf das Couvert.

Die Vorsichtsmaßnahmen waren umsonst.

Susanne von Heyden meldete am 28. Juli 1806 Hektor von
Günderrode die Tragödie. *Ich muß eilen Herr von Günderode
Sie von einer Begebenheit zu unterrichten die mir das Herz zer-
reiset, ehe das Gerücht mir zuvor kommt. Die Verbindung in der
Ihre Schwester meine einzige Caroline mit Creuzer stand ist Ihnen bewust ... Caroline, die seit lange auf Briefe gewartet hatte,
[eilte] dem Boten entgegen, erbrach den Brief und ging in ihr Zimmer von wo sie bald wieder herauskam und ganz heiter scheinend
Lotten adieu sagte, sie wolle an Rhein wie sie oft that spazieren gehen, kam aber nicht wieder, bey'm Nachtessen wurde sie vermißt,
man eilte auf ihr Zimmer fand die erbrochnen Briefe und bange
Sorge erfüllte die guten Mädgen, sie suchten die ganze Nacht,
früh fand man die unglückliche Lina Tod am Ufer, ihr Ihnen
wohl bekannter Dolch hatte das Herz des Engels durchstochen,*

sie konnte nicht leben ohne Liebe, ihr ganzes Wesen war aufgelöset
in Lebens Müdigkeit . . .[326]

»Lebensmüdigkeit«. Die wehen Augen, die Kopfschmerzen,
die Alpträume. Es war, als habe sie die Welt nur noch wie
durch einen Grauschleier gesehen, nicht nur der grauen Au-
genpunkte wegen. Sie wollte nichts mehr sehen. Ein Zug
von Schwermut war, wie ihre Schriften beweisen, nicht
mehr von ihr gewichen. *Welche Taten warten noch meiner, wel-*
che Erkenntnis, daß ich noch länger leben müßte . . . Das Mißverhältnis in ihrer Seele war das Mißverhältnis zur Welt. Sie
schrieb an Bettine Brentano: *Die Zukunft leuchtet mir nicht*
helle, und ich hab so große Lust nicht mehr am Lebendigen . . .
  Creuzers Absage war nur der äußere Anlaß, war die Bestätigung der furchtbaren menschlichen Treulosigkeit. Aber
da war auch die Aussichtslosigkeit, ein sinnvolles Leben zu
führen, weil man ihr das, was sie konnte und wollte, zum
Vorwurf machte. *Man stirbt ja auch nicht wirklich an Krank-*
heiten. Man stirbt an dem, was mit einem angerichtet wird, hat
die Dichterin Ingeborg Bachmann gesagt.[327]
  Immerhin hegte Karoline literarische Pläne. Sie wollte
sich mit orientalischer Literatur und vor allem mit Texten
des Mittelalters befassen, die durch die Romantiker nach
und nach bekannt wurden. Sich mit den Großen der Menschheit zu messen – *mit diesen möchte ich mich berühren, in Gemein-*
schaft mit ihnen treten –, das war ihr Ziel gewesen. Doch ihr
Werk, letzlich weit weniger vollkommen, als sie es erhofft
hatte, blieb Fragment. Niemand würde ihre Poesie schätzen.
  Wahnsinn ist, was keinen Widerhall hat im Menschen. Von der
Kritik wurde sie verhöhnt, von den Bekannten bemitleidet.
Selbst der Freund, der ihr einmal bei ihren Arbeiten geholfen hatte, Christian Nees von Esenbeck, verfaßte über ihre

Gedichte eine negative Kritik, die in der *Jenaischen Allge-*
meinen Literaturzeitung Nr. 138 vom 13. Juni 1807 erschien.
Caroline von Günderode aus Frankfurt a. Mayn, (der Tod
hat den Schleyer der Anonymität zerrissen), wollte dichten als
Weib im männlichen Geiste. Ihr Streben ging nach dem Idealen
in der romantischen Kunst. Aber die weibliche Natur in ihr ließ
sie – dieses Ziels verfehlen. In einer kraftlosen Mitte erlahmte
ihr Flug.[328]

Karoline war, nachdem sie Daubs Brief abfing, ein Stück am
Rhein stromaufwärts gelaufen, hatte Steine aufgesammelt
und in ein Tuch gebunden. Sie hatte sich das rote Kleid,
das sie an diesem Sommertag trug, über der Brust aufge-
schnürt, damit der Dolch an dem bezeichneten Fleck unter
der Brust richtig eindringen konnte. Mit aufgelösten Haaren, den Oberkörper im Wasser, die Füße auf dem Land, so
wurde sie gefunden. Bis heute bewahrt man ein Stück Baum-
wollschnur von ihrer Leiche und die Schnürriemen der weißen Leinenschuhe, die sie an diesem Tag trug.[329] Es war der
26. Juli 1806.
Der Leichnam der Selbstmörderin wurde einer Obduk-
tion unterzogen. Achim von Arnim fand die Vorgehensweise
verabscheuungswürdig. Der Arzt habe *ihren Tod aus dem Rük-*
kenmark gelesen, schrieb er entsetzt an Bettine, das zeuge
von wenig Verständnis. *Mit der weichen schwachen Hand sol-*
che Gewalt, um einem drückenden Lebensverhältnisse zu entge-
hen, das wohl so einem vereinsamten, gereizten Gemüthe im Au-
genblicke unendlich hoffnungslos scheinen mochte, das ist mehr
Lebenskraft, als der vortreffliche Arzt verstehen wird ...[330] Die
Nichte Marie von Günderrode schreibt, man habe bei der
Autopsie eine kranke Milz diagnostiziert.
Es liegt die Bescheinigung des Pfarrers Isinger von Win-

kel vor über ein Legat von 25 fl. (Gulden), *damit in ihre Grab-*
stätte auf dem Kirchhofe Niemand mehr nach ihr beerdiget werde,
und ihr Grabstein allda unverletzt bleibe, ferner 75 fl., wo von
den Interessen [Zinsen] *denen Schulkindern jährlich d. 26ten Juli*
Brod ausgetheilt werden soll, welche dann in der Kirche fünf Va-
terunser und Gegrüßet seist Du Maria zu beten haben. Winckel
im Rheingau, 29. 9. 1806. Pfarrer Isinger.[331]

Der Bürgermeister von Winkel gab 1806 den Bericht von
ihrem Tod zu Protokoll, worin er bestätigt, daß noch in jener Nacht, in der man Karoline im Dunkeln vergeblich
suchte, ein Tagelöhner mit der Laterne losgeschickt wurde.
Der Mann fand sie »einige hundert Schritte« entfernt rittlings lie-
gen, mit dem Oberkörper im Wasser, so daß die Füße heraus auf
dem Lande lagen. Es wurde Anzeige erstattet ... Bei der Unter-
suchung ergab sich daß die Günteroth sich einen Dolch in das
Herz gestoßen hatte, daß sie auch ein Tuch mit drei Steinen sich
an Hals gebunden hatte. Den Dolch fand man einige Schritte
von ihr entfernt. Die Steine waren »faustgroß«.[332]

Heinrich von Kleist, der damals in Ostpreußen lebte, könnte
vom Selbstmord der Dichterin durch Achim von Arnim erfahren haben, der nach der Niederlage Preußens gegen Napoleon ebenfalls nach Königsberg gekommen war. Kleist
wird sein Leben fünf Jahre später durch Selbstmord beenden.
Der Himmel versagt mir den Ruhm, das größte der Güter der Erde,
hat er seiner Schwester geschrieben, und: *Die Wahrheit ist,*
daß mir auf Erden nicht zu helfen war.[333] Auch Karoline hatte
von Liebe, Erfüllung, Unsterblichkeit geträumt. *Die Erde ist*
mir Heimat nicht geworden, sagte sie. Das ersehnte Glück hatte
keiner von beiden gefunden. Als Achim von Arnim 1811
Kleists Tod erfuhr, dachte er sofort an Karoline von Günderrode. Er fragte Wilhelm Grimm: *Sage mir doch, aus wel-*

Das Grab Karoline von Günderrodes an der Friedhofsmauer in Winkel am Rhein. Zeitgenössische Darstellung.

chem Gesange der Edda ist folgende Stelle, die sich die verstorbene
Günderode auf ihr Grab setzen ließ?[334] Er zitierte den Spruch,
der auf ihrem Grabstein steht:

Erde, du meine Mutter und du mein Ernährer der Lufthauch
Heiliges Feuer mir Freund und du o Bruder der Bergstrom
Und mein Vater der Äther ich sage euch allen mit Ehrfurcht
Freundlichen Dank mit euch hab ich hienieden gelebt
Und ich gehe zur andern Welt euch gerne verlassend
Lebt wohl denn Bruder und Freund Vater und Mutter lebt wohl.

Der Spruch stand auf einem Zettel, den man in Karolines
Zimmer fand. Er stammte nicht aus der *Edda*, sondern aus
Herders »Zerstreuten Blättern«. Es war seine Übersetzung
»Abschied des Einsiedlers« aus den »Gedanken einiger Brah-
manen«.[335] Man nahm es als Karolines Abschiedswort.

Goethe erfuhr von ihrem Tod noch im gleichen Jahr 1806.
Er schrieb an Wilhelm von Humboldt, daß bei der jungen
Dichterin mit dem Pseudonym Tian *die idealen Ansichten, wahr-*
scheinlich in Gesellschaft irdischer Leidenschaften, ein gar hübsches
Gefäß zerstört haben. Die unter dem Nahmen Tian Ihnen gewiß
bekannte Fräulein von Günterrode, die uns noch vor kurzem ein
paar merkwürdige kleine Gedichte in dramatischer Form gege-
ben, hat ihre eigene Form zerbrochen.[336] Mit Bettine Brentano,
die ihm von der Freundin berichtete, machte Goethe 1810
in Teplitz einen Spaziergang. Er notierte sich in seinem
Tagebuch: *11. August. Teplitz. Mit Bettinen im Park spazieren.*
Umständliche Erzählung von ihrem Verhältnis zu Fräulein Gün-
derode. Charakter dieses merkwürdigen Mädchens und Tod.

Wie äußerte sich Savigny? Einen Monat nach Karolines Tod schrieb er etwas beunruhigt an Clemens Brentano: *Das Schicksal der Günderode hat mich sehr erschüttert, wissen Sie nicht, ob sie irgend eine Erklärung oder lezten Willen zurück gelassen hat?*[337] War ihm bewußt, daß er sich mitschuldig gemacht hatte? Savigny und Gunda gingen 1810 nach Berlin und nahmen Bettine mit, die dort Achim von Arnim wiedersah; sie heirateten im Jahr darauf. Savigny, vom Professor zum preußischen Justizminister aufgestiegen, führte am Brandenburger Tor ein elegantes Haus. Er starb mit zweiundachtzig Jahren, Gunda zwei Jahre nach ihm. Beide wurden in der Kapelle von Trages bestattet.

Wie aber, fragte Savigny, würde Creuzer die Nachricht aufnehmen? Er bangte sogar um sein Leben. Doch Creuzer, dem man den Selbstmord der Geliebten zwei Monate lang verschwieg, schien bei der Nachricht ruhig; sorgte sich hauptsächlich um den Beweis seiner persönlichen Unschuld. Er fürchtete, daß der Tod der Günderrode ihn belasten könne, bangte um seine Stellung und seinen guten Ruf. Freund Savigny wurde beauftragt, dafür zu sorgen, daß mögliche Gerüchte so bald wie möglich aus der Welt verschwanden.

Eine Woche nach Karolines Tod wandte sich Mutter Louise von Günderrode an Professor Daub, um von ihm den wahren Grund des Selbstmords zu erfahren. Die Rede sei von einem furchtbaren Brief, der ihre Tochter in den Tod getrieben habe. *Erlauben Sie mir,* so Frau von Günderrode in einem bisher unveröffentlichten Schreiben an Carl Daub, den Theologen und Kirchenrat, *Sie um einige Aufschlüsse zu bitten? ... Daß mein armes Kind in Litterarischen Verhältnissen mit Prof. Kreuzern stand war mir bewußt. Die allgemeine Sage spricht von anderem. Wehe, wehe dem Mann wenn er durch eine*

Leidenschaft, die er mit dem Nahmen Philosophie bemäntelte, die
ohnehin unglücklichen, und durch Umgang mit überspanten und
elenden Menschen [gestörten] Anlagen vergiftete, so daß ihr
nichts als ein gewaltsamer Bruch übrig blieb! … Daß dießen Ent-
schluß aber ein <u>Etwas</u> schnell herbei geführt hat, beweist mir der
Umstand, den ich erst gestern erfuhr: sie erhielt einen Brief, ent-
färbte sich; sagte dann zu Mlle Serviere »ich mus Spazieren ge-
hen, Adieu Lotte!« u. sie kam nicht wieder – O! Licht über dießen
Brief, ob er von Kreuzern, oder seiner thörigten Frau war? … Von
meinem Grenzen loßen Schmerz laßen Sie mich schweigen! – [338]

Ohne zu ahnen, daß Daub der eigentliche Urheber des
Unglücks war, wandte sich Karolines Mutter an den Mann,
der den Tod ihrer Tochter mit verschuldet hatte. Ob sie jemals erfuhr, daß er es war, der jenen verhängnisvollen Brief
schrieb? Die Eile, mit der Freund Daub zu Werke ging, die
zweimalige Aufforderung an Susanne von Heyden, Karoline die Nachricht schriftlich zuzustellen, wirft auf seine
Handlungsweise ein merkwürdiges Licht. Der erfahrene
Mann muß die Folgen seiner Botschaft vorausgesehen und
billigend in Kauf genommen haben, zumal Frau von Heyden warnte: wenn Creuzer sich auf diese Weise von Karoline lossage, müsse man um ihr Leben bangen. Wörtlich
hatte sie ihm geschrieben: *Zufolge Ihres wiederholten Auftrags*
Herr Professor! habe ich heute an Caroline Günderode Creuzers
Entschluß geschrieben und ihr dabei Ihre beiden Briefe gesen-
det, es thut mir sehr leid daß Carolinen diese Nachricht nicht
durch das mildernde Gespräch gegeben werden konnte, allein mir
ist es jezo nicht möglich in das Rheingau zu gehen, und Creuzer
wollte daß sie unverzüglich benachrichtigt würde, sie muß also
den Kelch mit aller seiner Bitterkeit schmekken … Professor
Daub verschwieg der Mutter den wahren Hergang der
Dinge. Doch sein schlechtes Gewissen ließ ihn energisch

daran denken, wie er seinen guten Ruf retten könne. Savigny mußte helfen.

Das Netzwerk der miteinander befreundeten Männer funktionierte reibungslos. Schon am 25. August 1806 hatte Savigny Freund Schwarz versichert: *Die gräßliche Nachricht von dem Tod der G* [Günderrode] *wußte ich schon von Ihrem Briefe, aber nicht so alle Umstände. Was Sie mir schreiben spricht Sie und D* [Daub] *frey von aller Unvorsichtigkeit. Ich fürche aber, nicht Alle werden das wissen ... besonders da die Fr. v. H.* [Heyden] *dabey interessirt ist, falsche Ansichten zu verbreiten. Diese scheint mir sehr tadelnswerth und hat mir von jeher so geschienen,* bemerkte er empört.[339]

Susanne von Heyden war die einzige Frau, die um die ganze Affäre wußte. Zugleich war sie die einzige Zeugin: sie mußte mundtot gemacht werden, obwohl gerade sie alles darangesetzt hatte, um das Unglück zu verhindern. Creuzers Vetter Leonhard nahm sich der Sache an. Er schüchterte sie ein und brachte es sogar dahin, daß sich das allgemeine Mißtrauen fortan gegen Frau von Heyden richtete.

Creuzer atmete auf: *wie soll ich Dir danken für die warme Thätigkeit und den männlichen Muth, womit Du meine Sache führtest!*, so an den geliebten Vetter. Allerdings sei es ihm doch etwas unangenehm, gestand er, *von dieser Frau falsch beurtheilt zu seyn.* Schließlich war sie es gewesen, die seine Zusammenkünfte mit der Geliebten ermöglicht hatte. Größer aber als alle Scham war seine Angst, Karolines Bruder Hektor werde – die Mutter hatte es angedeutet – Rache üben.

Friedrich Creuzer hatte nur einen Wunsch: seine Frau Sophie möge ihm noch lange erhalten bleiben. Er brauchte geordnete Verhältnisse, um sich seinen Arbeiten widmen zu können. *Lassen Sie mich schweigen von dem was seit jener Nachricht mein Gemüt bewegte ... hoffend daß die Wissenschaft mir Trost gebe in dem harten Geschick,* ließ er Savigny wissen.[340]

So ruhig, wie er äußerlich schien, blieb Creuzer indessen nicht. *Unwillkürlich trieb michs zu dem Koffer hin, worin ich mehrere Geschenke der Seeligen verwahre. Jetzt erst konnte ich recht weinen,* so am 20. Oktober 1806 an Vetter Leonhard, den er gleichzeitig bat, alle Briefe von Karoline, die zwischen Mai 1805 und Januar 1806 geschrieben waren, zu vernichten.[341]

Drei Monate nach Karolines Tod konnte Creuzer seinem Vetter aufatmend versichern, er habe jetzt auch wieder *der Freuden manche, denn an Daub, Schwarz u. a. habe ich liebende Freunde, und seitdem ich die Stürme des Lebens und Todesscenen als Studien zur höheren Lebenskunst die zu Gott führt, betrachten gelernt, verliert in den Stunden der Geistesfreiheit auch das Schmerzlichste seinen Stachel. Wenn ich nur meine Sofie noch recht lange behalte!*[342]

Creuzers nächster Schritt: auf Rat des Kollegen Daub stoppte er den Druck von Karolines Gedichtband *Melete* und ließ die schon fertigen Bogen einstampfen. Die Texte waren allzu deutlich autobiographischen Inhalts. Schon das Widmungsgedicht *Zueignung* würde jedem sagen, wer gemeint war: *Von Dir, ich weiß es, wird der Sinn empfunden,* das war so unmittelbar an ihn gerichtet wie die Verse *Gebet an den Schutzheiligen, An Eusebio,* wie die Liebesgedichte *Die Einzige* und *Die Eine Klage.* Auch das Zwiegespräch in *Briefe zweier Freunde* besaß authentischen Charakter. Karoline sagte darin: *Mit Freude denk' ich oft zurück an den Tag, an welchem wir uns zuerst fanden, als ich dir mit einer ehrfurchtsvollen Verlegenheit entgegentrat wie ein lehrbegieriger Laie dem Hohenprie-*

*Professor Friedrich Creuzer im Alter von
sechsundfünfzig Jahren. Abbildung aus seiner Autobiographie,
»Aus dem Leben eines alten Professors«, 1848.*

ster. Ich hatte es mir vorgesetzt, dir wo möglich zu gefallen ...[343]
Solche Texte sollten besser nicht veröffentlicht werden, befanden die Freunde.

Niemand sollte von den Gedichten der Günderrode erfahren. Es blieb jedoch ein einziges Exemplar der *Melete* erhalten, das Jahrzehnte später durch Zufall im Stift Neuburg auftauchte, an jenem Ort, an dem Creuzer am Tag ihres Kennenlernens mit Karoline gewesen war.

Wo erfrag ich den Freund, wo find ich, was ich verloren,
Sage es Morgenrot mir, wo mein Geliebter verweilt
Aber der Morgen verstummt, verschlungen vom glühenden Tage,
Abendrot sage es mir, freundlicher milderer Schein.
Aber es färbt sich die Wange des Abendrots blässer und blässer,
Und es weinet auf mich wehmutsvoll perlenden Tau hin.
Frag ich die Sterne, sie schweigen, verglimmen leise im Osten,
Aber der Morgen kehrt wieder, und wieder errötet der Abend,
Und der ewige Kreis führet die Sterne zurück.
Kehret der Morgen einst wieder, dann möge der Mittag
Gierig schlingen den Morgen, und über mir grüßen die Sterne,
Mich verschlingen die Nacht, bis jenseits des Dunkels
Wieder der Liebe Tag, goldner Morgen entsprießt.[344]

Als Creuzers Frau 1831 starb, fand er, der nicht ohne Hausfrau sein konnte, in der sehr viel jüngeren Witwe des Privatdozenten Weber, die, wie es hieß, klug und gebildet war, eine zweite Ehefrau. Wie die erste brachte auch sie zwei Kinder mit in die Ehe, Creuzer selber hatte mit beiden Frauen keine Kinder. Sein Hauptwerk, die *Symbolik und Mythologie der alten Völker*, erschien von 1810 bis 1812 in vier Bänden.

Friedrich Creuzer wurde 87 Jahre alt. In seiner Autobiographie *Aus dem Leben eines alten Professors* schildert er seinen Lebenslauf. Karoline von Günderrode erwähnt er nicht. Zwar bezeichnet er rückblickend das Jahr 1806 als eine besonders schwere Zeit, wobei ihm aber, so betont er nicht ohne Stolz, die Anteilnahme seiner Freunde sehr geholfen habe, *und wenn ich also jene Zeit als eine Periode schwerer Seelen- und Körperleiden stets in ernster Erinnerung behalte, so erhielt ich auch gerade damals von mehreren Seiten die unzweideutigsten Beweise ächter Freundschaft.*

Karoline von Günderrode erhielt diese »Beweise ächter Freundschaft« nicht.

Als die einundzwanzigjährige Bettine Brentano vom Selbstmord am Rhein erfuhr, schrieb sie erschüttert an Achim von Arnim: *So steht auch die unglückliche Günderode in ihrem schrecklichen Schicksal da, sie wollte den Feind vernichten, der ihre Freiheit einengte, und mit dem einzigen Versuch, mit dem einzigen Dolchzucken traf sie ihr eigen Herz und warf das, was ihr wert sein solle, weit von sich und traf mich auch mit dieser Untat, ich werde den Schmerz in meinem Leben mit mir führen ...*

Mitten im Brief fiel ihr ein, daß Arnim, in Königsberg lebend, keine Ahnung von dem Vorgefallenen hatte. *Sie wissen wohl gar nichts von allem, wie sie sich am Rhein auf einer grünen Wiese unter Weidenbüschen Abends um zehn Uhr mit lustiger Miene das starke Messer durch die Brust gestoßen, so nah am Rhein, daß ihre aufgeflochtne Haare in das Wasser hingen; die ganze Nacht blieb sie da liegen, bis Morgens der kühle Tau ihr auf die Brust fiel in die tiefe, tiefe Wunde hinein ...*[345]

Ich werde den Schmerz in meinem Leben mit mir führen, hat Bettine gesagt. Creuzer hatte doppelt Verrat begangen, an der geliebten Frau und an der begabten Dichterin. Sie aber, Bettine, hatte der Freundin Treue geschworen, sie würde ihr

Versprechen halten. Zwar verfuhr sie in ihrem Buch *Die Günderode* mit künstlerischer Freiheit, indem sie Texte auseinan-
derschnitt, Briefe abänderte und ihre Schilderung durch
eigene Reflexionen anreicherte. Doch allzuweit durfte sie
sich von der Wahrheit nicht entfernen, weil von denen, die
Karoline persönlich gekannt hatten, viele noch am Leben
waren: Clemens Brentano, Savigny und seine Frau Gunda,
auch die alten Freundinnen Caroline von Barkhaus, Lisette
Nees und Charlotte Servière, die Karolines Tod am Rhein
miterlebt hatte, würden ihre Darstellung lesen. Und der
Professor für alte Sprachen, der Hofrat und Mythenforscher
Friedrich Creuzer, den Karoline geliebt hatte – er würde
das Buch wohl mit besonderem Interesse zur Kenntnis nehmen.

Auch Hektor von Günderrode lebte noch, Karolines einziger Bruder (1786-1862). Er hatte Jura studiert wie sein Vater, war badischer Kammerherr geworden, seit 1823 Senator und Schöffe in Frankfurt, viermal Älterer Bürgermeister
und Präsident der Frankfurter Gesellschaft für Geschichte
und Kunst. Er heiratete 1812 – der Großvater hat es noch erlebt – Charlotte Freiin von Closen und bekam vier Töchter
und zwei Söhne. Hektors älteste Tochter Clotilde (1813-
1896), Stiftsdame und Dechantin des Cronstetten-Stifts, verwahrte Karolines Nachlaß: eine getrocknete Rose, ein dun-
kelbraunes Samtband, datiert *Schlangenbad Juli 1802*. Clotildes
Schwester Marie von Günderrode (1820-1910), ebenfalls
unverheiratet, verfaßte Karolines Lebensbeschreibung, die
sich als unveröffentlichte Handschrift im Freien Deutschen
Hochstift befindet. – Der letzte männliche Nachkomme
der Familie war Justinian von Günderrode (1887-1953). Er
lernte im 1. Weltkrieg im Baltikum seine Frau Hellen von
Fock kennen. Der in Riga geschlossenen Ehe entstammen

zwei Töchter, Caroline (geb. 1924) und Sibylle (geb. 1927). Beide waren zweimal verheiratet, beide blieben kinderlos.[346] Sie sind die letzten noch lebenden Nachkommen dieses Zweigs der Familie von Günderrode.

Für Bettine blieb die Freundschaft mit Karoline von Günderrode das Ereignis, das sie geformt und ihr Leben beeinflußt hatte. *Das Meiste und Beste, was ich geworden bin, habe ich der Günderode zu danken.* Sieben Jahre nach Arnims Tod beschloß sie, dreiundfünfzig Jahre alt und Mutter von sechs Kindern – ein Sohn war tödlich verunglückt –, ihren Vorsatz endlich in die Tat umzusetzen. Sie wollte der toten Freundin ein Buch widmen. Um in Ruhe arbeiten zu können, zog sie sich auf ihr Landgut Wiepersdorf zurück und begann in Arnims ehemaliger Bibliothek, in der noch alte Bücher, vergessene Briefe und Gedichte lagen, mit der Niederschrift. An Gunda meldete sie im Oktober 1838: *Hier hab ich ein bißchen die Corresponenz von der Günderode entwirrt; was für schöne Briefe sind es, ein paar Gedichte sind gar wunderschön, eins an Clemens, eins an den Lethefluß; in Arnims Bibliothek hab ich noch Sachen von der Günderode gefunden, unter anderm in den »Studien« von Creuzer, die ganz verschollen sind und doch wunderschön.*

Bettines Buch wurde der erste gedruckte Briefwechsel zweier Frauen in der deutschen Literatur. *Wenn Du nicht wärst,* schreibt die inzwischen durch ihr Goethebuch in ganz Deutschland berühmte Autorin an die Freundin: *was wär mir die ganze Welt? – Geh in Dich und frag Dich, wer Dir am nächsten steht von allen Menschen ... und da wirst Du sagen müssen, daß ich's bin ...*[347]

In der Stille ihres Schreibzimmers gedachte Bettine jener Zeit, in der sie und Karoline von kühnen Plänen erfüllt, von utopischen Träumen beseligt gewesen waren. *Ich denke mir's so schön, alles mit Dir zu überlegen; wir gehen dann zusammen hier in der Großmama ihrem Garten auf und ab in den herrlichen Sommertagen oder im Boskett, wo's so dunkle Laubgänge gibt; wenn wir simulieren, so gehen wir dorthin und entfalten alles im Gespräch . . .* Und wieder eine Liebeserklärung wie früher: *Adieu, ich geh zu Bett, ich geh von Dir, obschon ich könnt die ganze Nacht warten auf Dich, daß Du Dich mir zeigst, schön wie Du bist, und im Frieden und Freiheit atmend, wie's Deinem Geist geziemt, der das Beste und Schönste vermag. Eine Ruhestätte Dir auf Erden, das sei Dir meine Brust.*[348]

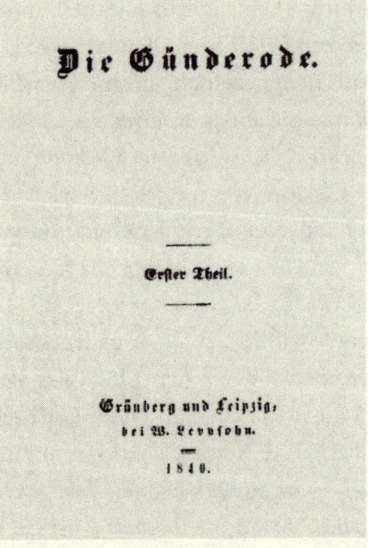

Die Günderode.

Erster Theil.

Grünberg und Leipzig,
bei W. Levysohn.

1840.

Bettine von Arnim, Die Günderode.
Titelblatt der Erstausgabe von 1840.

Beim Lesen längst vergessener Gedichte und alter Briefe dachte Bettine mit Wehmut an die Aufbruchsstimmung, an das Neue und Unerprobte jener Jahre, in denen Karolines Ideen und Dichtungen sie berauscht hatten. Nichts war wirklich vergangen. In ihrem Wunsch nach Veränderung und Erneuerung nahm Bettine die Freundin mit in die Zukunft: *Und es ist nicht aller Tage Abend, betrachte alles als ein Vorspiel ... Es wird ja schon wieder Tag!*[349]

Die liebliche Karoline, *schön wie eine Silberbirke,* mit dem Wesen so sanft und stolz *wie ein Schwan,* mit dem *Sternenblick* ihrer blauen Augen, *die gedeckt waren von schwarzen Wimpern,* sie galt ihr ein Leben lang als Verkörperung von Anmut und Poesie. *Heut hab ich die Günderode gesehen, es war ein Geschenk von Gott.*

Auch wenn Bettine in ihrem Leben andere bedeutende Frauen traf, mit denen sie sich anfreundete – Karoline von Günderrode war die einzige, über die zu schreiben sich lohnte.

Anhang

ANMERKUNGEN

1 Bettine schreibt den Namen, entgegen der heute üblichen Schreibweise, mit nur einem »r«.

2 B. v. Arnim, Goethes Briefwechsel mit einem Kinde, S. 79-80.

3 B. v. Arnim, Die Günderode, S. 71-72.

4 Die Günderode, S. 247-248.

5 FDH (Freies Deutsches Hochstift), Hs Nr. 5358.

6 Die Geschichte des Geschlechts derer von Günderode findet sich in: Hans Körner, Frankfurter Patrizier. München 1971, S. 209 ff.

7 Stoll, S. 9.

8 Preitz III, S. 223.

9 FDH, Hs Nr. 8269-8279.

10 FDH, Hs Nr. 8273, unveröffentlicht. – Die originale Schreibweise sämtlicher im Text zitierter Briefe wurde unverändert beibehalten.

11 Brief vom 5. August 1806, Cotta Archiv, Marbach

12 FDH, Hs Nr. 8279.

13 Mehrere Romane schildern Justinas Leben: August Verleger, Die Wolfsangel, Frankfurt 1939. K. G. Kaftan, Das Leben für Justine, Frankfurt 1941.

14 Nicht nur das finanzielle Vermögen, auch der Geist der Stiftung sind bis heute erhalten geblieben. Allerdings mußte das Stift das ursprüngliche Domizil verlassen, es zog 1896 in die Lindenstraße, dann in die Grillparzerstraße um. Inzwischen erbringt die Stiftung größere Leistungen als je zuvor. Sie betreut seit 1985 ein Justina-von-Cronstetten-Altenheim, die Johanniter-Cronstetten-Altenhilfe, gewährt Beihilfen und bedenkt mittellose Schüler und Studenten.

15 FDH, Hs Nr. 8273.

16 FDH, Hs Nr. 2829.

17 Werke I, S. 379.

18 Karl Schwartz S. 171.

19 FDH, Hs Nr. 8285.

20 FDH, Hs Nr. 8289, unveröffentlicht.

21 FDH, Hs Nr. 8290.

22 B. v. Arnim, Clemens Brentanos Frühlingskranz, S. 263.

23 Stoll, S. 15.

24 Werke I, S. 391, aus dem Nachlaß.

25 Werke II, S. 418 ff., mit Abb.

26 Werke I, S. 369-370, aus dem Nachlaß.

27 FDH, Hs Nr. 8352.

28 Stoll, S. 96-98.

29 Stoll, S. 132.

30 Preitz II, S. 165.

31 Werke I, S. 78.

32 Stoll, S. 158.

33 Stoll, S. 121.

34 Werke I, S. 377.

35 Langner, S. 104, 108.

36 Die Günderode, S. 296.

37 FDH, Hs Nr. 7121.

38 Marie von Günderrode, Handschriftliche Aufzeichnungen über Karoline von Günderrode in 15 Oktavheften, FDH, Hs Nr. 6050-6065.

39 FDH, Hs Nr. 7119.

40 Werke I, S. 375.

41 Stoll, S. 163.

42 Preitz II, S. 198.

43 Werke I, S. 20-21.

44 Preitz I, S. 213 f.

45 FDH, Hs Nr. 8332.

46 Preitz III, S. 279.

47 Werke I, S. 381.

48 Alle Manuskripte im FDH.

49 FDH, Hs Nr. 8296.

50 Die Günderode, S. 174 ff.

51 Die Günderode, S. 175-176.

52 Die Günderode, S. 254-255.

53 Die Günderode, S. 176.

54 Die Günderode, S. 224.

55 Werke I, S. 383, aus dem Nachlaß.

56 Die Günderode, S. 176.

57 Schultz, S. 62-63.

58 Günzel, S. 118.

59 Gersdorff, Willemer, S. 220.

60 Schultz, S. 219.

61 Preitz I, S. 166.

62 Werke I, S. 460.

63 Preitz II, S. 169 f.

64 Werke I, S. 449.

65 Preitz II, S. 169 f.

66 Preitz II, S. 174.

67 Preitz II, S. 171 f.

68 Preitz II, S. 170 f.

69 Nicholas Boyle, Goethe. Der Dichter in seiner Zeit, Bd. II, Frankfurt am Main und Leipzig 2004, S. 212.

70 Gersdorff, Goethes Mutter, S. 352.

71 Gersdorff, Goethes Mutter, S. 353.

72 Preitz II, S. 174.

73 Werke I, S. 38.

74 Werke III, S. 236.

75 Werke I, S. 438.

76 Die psychologischen Hinweise hier und an anderer Stelle verdanke ich der Psychoanalytikerin Irmgard Koch, Berlin.

77 Werke I, S. 435.

78 Pattloch, S. 56.

79 Werke I, S. 444.

80 Werke I, S. 68.

81 Die Günderode, S. 298-304.

82 Die Günderode, S. 91-94

83 Werke I, S. 437.

84 Werke I, S. 353.

85 Werke I, S. 63-65.

86 Werke I, S. 77.

87 Werke I, S. 380.

88 Geiger, S. 108-111.

89 Frühlingskranz, S. 219.

90 Amelung, S. 134. Original im FDH, Hs Nr. 22229.

91 Amelung, S. 136.

92 Das unsterbliche Leben, S. 186.

93 Das unsterbliche Leben, S. 324.

94 Clemens Brentano, Sämtliche Werke und Briefe Bd. 31, S. 472.

95 Die Günderode, S. 120.

96 Das unsterbliche Leben, S. 256 f.

97 Die Günderode, S. 223-224.

98 Frühlingskranz, S. 208-209.

99 Gersdorff, Bettine und Achim von Arnim, S. 19.

100 Frühlingskranz, S. 220-224.

101 Frühlingskranz, S. 227.

102 Frühlingskranz, S. 224.

103 Bettine und Achim von Arnim, Briefe der Freundschaft und Liebe 1806-1808, S. 75.

104 Goethes Briefwechsel mit einem Kinde, S. 90-91.

105 Frühlingskranz, S. 280.

106 Frühlingskranz, S. 274.

107 Gersdorff, Bettine und Achim von Arnim, S. 162.

108 Geiger, S. 156 f.

109 Die Günderode, S. 100.

110 Goethe, Wilhelm Meisters Lehrjahre, Erster Teil, 4. Kap.

111 Frühlingskranz, S. 196.

112 Werke I, S. 81-84.

113 Die Günderode, S. 406.

114 Goethes Briefwechsel mit einem Kinde, S. 80.

115 Frühlingskranz, S. 298.

116 Frühlingskranz, S. 258.

117 Die Günderode, S. 246.

118 Die Günderode, S. 248.

119 Frühlingskranz, S. 199.

120 Die Günderode, S. 138/139.

121 Frühlingskranz, S. 299.

122 Preitz I, S. 227-230.

123 Frühlingskranz, S. 310.

124 Frühlingskranz, S. 309/310.

125 Erwin Rohde, S. 61.

126 Das unsterbliche Leben, S. 287.

127 Werke I, S. 98.

128 FDH, Hs Nr. 8348.

129 Anders Preitz I, S. 285, Karoline und Wilhelmine seien durch einen Erlaß des Landgrafen von Hessen-Kassel am 18. Oktober 1802 für volljährig erklärt worden.

130 Werke I, S. 390.

131 Preitz II, S. 178.

132 Preitz II, S. 200 f.

133 Preitz II, S. 183.

134 Geiger, S. 29 ff.

135 Preitz II, S. 183 f.

136 Die Günderode, S. 72.

137 Werke I, S. 44.

138 Die Günderode, S. 156.

139 Preitz II, S. 205.

140 Die Günderode, S. 178.

141 Die Günderode, S. 182-183.

142 Geiger, S. 29 ff.

143 Preitz II, S. 191 f.

144 Preitz II, S. 192.

145 Geiger, S. 23 f.

146 Preitz II, S. 194 ff.

147 Preitz II, S. 204.

148 Geiger, S. 26 f.

149 Siehe Kathrin Asper, Verlassenheit und Selbstentfremdung.

150 Werke I, S. 36-39.

151 Geiger, S. 24 f.

152 Geiger, S. 142-147.

153 Gajek, S. 209.

154 Werke I, S. 79.

155 Preitz II, S. 198 f.

156 Preitz II, S. 197 f.

157 Die Günderode, S. 135.

158 Werke III, S. 66.

159 Briefe an Goethe in Regestform, hg. v. Karl Heinz Hahn, Bd. 4, Weimar 1988.

160 Preitz I, S. 228-230.

161 Preitz I, S. 227.

162 Werke I, S. 453.

163 Geiger, S. 92-100.

164 Gesammelte Werke der Karoline von Günderrode, Band III (Hg. Hirschberg), S. 257 f.

165 Werke I, S. 378.

166 Geiger, S. 117.

167 Eduard von Bülow. Kleist in Selbstzeugnissen und Bilddokumenten, S. 61. – Ebenso Sembdner, S. 104. Über die mögliche Begegnung Kleist–Günderrode hat Christa Wolf 1975 die Erzählung *Kein Ort. Nirgends* verfaßt.

168 Sembdner, S. 106.

169 Sembdner, S. 104.

170 Werke I, S. 359.

171 Rudolf Loch, Heinrich von Kleist: Leben und Werk, Leipzig 1978, S. 54-55.

172 Loch, S. 14.

173 Preitz III, S. 283.

174 Schultz, S. 58. Hans Kiefner versucht, Savignys Vermeidung einer Ehe mit K. v. G. zu erklären: »Der Karriere ihres Mannes ... hat Gunda nicht im Weg gestanden.« In: Frankfurt aber ist der Nabel dieser Erde. Hg. v. Christoph Jamme und Otto Pöggeler, Stuttgart 1983, S. 233.

175 Werke I, S. 109.

176 Geiger, S. 26 f.

177 Werke I, S. 475.

178 Werke III, S. 304-305. Original im FDH, Hs Nr. 20369.

179 Preitz II, S. 200 f.

180 Preitz I, S. 246.

181 Preitz I, S. 243 f. Original im
FDH, Hs Nr. 8334.

182 Preitz I, S. 216 f. Original im
FDH, Hs Nr. 8327

183 Preitz II, S. 204.

184 Preitz II, S. 204 f.

185 Preitz II, S. 204 f.

186 Georg Weber in: Heidelberger Erinnerungen, S. 118,
zit. bei Marie von Günderrode, s. Anm. 38

187 Preisendanz, S. 58-63.

188 Stoll, S. 50

189 Stoll, S. 38.

190 Dahlmann, S. 92.

191 Creuzer, S. 19.

192 Gersdorff, Dich zu lieben
kann ich nicht verlernen,
S. 323.

193 Preitz II, S. 230.

194 Preisendanz, S. 144.

195 FDH, Hs Nr. 8324.

196 Preisendanz, S. 10.

197 Preisendanz, S. 16 f.

198 Preisendanz, S. 12.

199 Preisendanz, S. 28 f.

200 Preisendanz, S. 16.

201 Preisendanz, S. 26, 31.

202 Preisendanz, S. 20.

203 Preisendanz, S. 20 f.

204 Werke I, S. 350.

205 Preitz II, S. 205 f.

206 Dahlmann, S. 137-140.

207 Rohde, S. 27 f.

208 Preisendanz, S. 33-37.

209 Preisendanz, S. 39 f.

210 Schultz, S. 156.

211 Preisendanz, S. 34.

212 Preisendanz, S. 45 f.

213 Creuzer, S. 17.

214 Preitz I, S. 252 f.

215 Schultz, S. 95

216 Die Günderode, S. 21.

217 Die Günderode, S. 27, 31.

218 Goethes Briefwechsel mit
einem Kinde, S. 85-86.

219 Werke I, S. 325.

220 FDH, Hs Nr. 8335.

221 Preisendanz, S. 73.

222 FDH, Hs Nr. 22231.

223 Preisendanz, S. 68-72.

224 Dahlmann, S. 160.

225 FDH, Hs Nr. 22234.

226 Preisendanz, S. 68-72.

227 Preisendanz, S. 81.

228 Preisendanz, S. 84-88.

229 Werke I, S. 335. Das Gedicht
war für die Veröffentlichung
in »Melete« 1806 bestimmt.
Nach dem Tod von Karoline
von Günderrode brach
Creuzer den Druck ab. Das
Gedicht ist im einzigen erhaltenen Bogen der »Melete«,
in Creuzers Abschrift und
in einer Handschrift der

Susanne von Heyden über-
liefert.

230 Preisendanz, S. 103-104.

231 Werke I, S. 115.

232 Werke III, S. 110.

233 Die Günderode, S. 409.

234 Werke I, S. 259.

235 Beda Allemann, Heinrich
von Kleist. Ein dramaturgi-
sches Modell, Bielefeld 2005.

236 Das unsterbliche Leben,
S. 343.

237 Werke II, S. 302-357.

238 Preitz III, S. 295.

239 Die Günderode, S. 500.

240 Die Günderode, S. 285-287.
Bettine zitiert insgesamt 15
Strophen.

241 Preisendanz, S. 39 f.

242 Preisendanz, S. 142.

243 Preisendanz, S. 126-135 ff.

244 Goethes Briefwechsel mit
einem Kinde, S. 86.

245 Gersdorff, Dich zu lieben
kann ich nicht verlernen,
S. 344 f.

246 Die Günderode, S. 136.

247 Die Günderode, S. 496.

248 Die Günderode, S. 33.

249 Die Günderode, S. 318.

250 Die Günderode, S. 247-248.

251 Die Günderode, S. 24 ff.

252 Die Günderode, S. 446-447.

253 Die Günderode, S. 163.

254 Die Günderode, S. 319.

255 Die Günderode, S. 500.

256 FDH, Hs Nr. 8317.

257 Preisendanz, S. 147 f., 151.

258 Preisendanz, S. 149.

259 Preisendanz, S. 152 ff.

260 Preisendanz, S. 147 ff.

261 Preisendanz, S. 150.

262 FDH, Hs Nr. 8344.

263 Originalbriefe im Cotta
Archiv, Marbach.

264 FDH, Hs Nr. 22235.

265 Preisendanz, S. 150, 152.

266 Preisendanz, S. 184.

267 Werke I, S. 323, 324.

268 FDH, Hs Nr. 22233.

269 Preisendanz, S. 207 f.

270 Cotta Archiv, Marbach.

271 Preisendanz, S. 168.

272 Preisendanz, S. 167.

273 Die Günderode, S. 36.

274 Preisendanz, S. 175 f.

275 Dahlmann, S. 366.

276 Preisendanz, S. 177 f.

277 Preitz II, S. 208.

278 Geiger, S. 36-39.

279 Dahlmann, S. 366.

280 Preisendanz, S. 193 f.

281 Preisendanz, S. 205.

282 Die Günderode, S. 281.

283 Amelung, S. 132 f., Die Günderode, Anhang, S. 526.

284 Die Günderode, Anhang
S. 529.

285 Geiger, S. 156 f.

286 Die Günderode, S. 468, 484.

287 Reinhold Steig in: Dt. Rund-
schau, Bd. 72, August 1892,

S. 268, s. auch Die Günderode, Anhang, S. 525.

288 Gajek, S. 219.

289 Amelung, S. 133, Die Günderode, Anhang, S. 527.

290 Cotta Archiv, Marbach

291 Preisendanz, S. 322.

292 Preisendanz, S. 218.

293 Preisendanz, S. 217.

294 Langner, S. 44.

295 Preisendanz, S. 223 f.

296 Preisendanz, S. 230.

297 Preisendanz, S. 234.

298 Preisendanz, S. 247.

299 Werke III, S. 275.

300 Preisendanz, S. 244 f.

301 Werke I, S. 326-327.

302 Preisendanz, S. 251.

303 Preisendanz, S. 248 f.

304 Werke I, S. 328, aus »Melete«.

305 FDH, Hs Nr. 22237.

306 Preisendanz, S. 259.

307 Marie von Günderrode, s.
Anm. 40.

308 Dahlmann, S. 185.

309 Preisendanz, S. 275-279.

310 FDH, Hs Nr. 22232.

311 Preisendanz, S. 276-279.

312 Stoll, S. 55, Anm. 3.

313 Preisendanz, S. 291-294.

314 Stoll, S. 55.

315 Goethes Briefwechsel mit
einem Kinde, S. 88-89.

316 Andacht zum Menschenbild,
S. 42 f.

317 FDH, Hs Nr. 8393.

318 Andacht zum Menschenbild,
S. 44 f.

319 Preisendanz, S. 299-303

320 Gersdorff, Lebe der Liebe
und liebe das Leben, S. 376

321 B. v. Arnim, Briefe der
Freundschaft und Liebe,
S. 371, 391

322 Preitz I, S. 281.

323 Andacht zum Menschenbild,
S. 42.

324 Preisendanz, S. 311 f.

325 Cotta Archiv, Marbach

326 FDH, Hs Nr. 17801.

327 Höller, Ingeborg Bachmann,
S. 142.

328 Werke III, S. 112.

329 Beides im Freien Deutschen
Hochstift.

330 B. v. Arnim, Briefe der
Freundschaft und Liebe,
S. 76.

331 FDH, Hs Nr. 7148.

332 FDH, Hs Nr. 7147.

333 Fülleborn, S. 266-268.

334 Sembdner, S. 411.

335 Werke I, S. 472.

336 Schultz, S. 204.

337 Stoll, S. 290.

338 Cotta Archiv, Marbach.

339 Preisendanz, S. 315.

340 Dahlmann, S. 191.

341 Die restlichen Briefe ge-
langten 1894 an die Universität Heidelberg. Stoll,
S. 99.

342 Preisendanz, S. 320.

343 Werke I, S. 350-362.

344 Werke I, S. 402. Die Gedichte aus »Melete« wurden
zuerst 1896 durch Rohde,
1906 durch Hirschberg herausgegeben.

345 B. v. Arnim, Briefe der

Freundschaft und Liebe,
S. 73.

346 Frankfurter Patrizier, S. 222,
229.

347 Die Günderode, S. 36.

348 Die Günderode, S. 182, 230.

349 Die Günderode, S. 496.

LITERATUR

Werkausgaben

Günderrode, Karoline von, Sämtliche Werke und Ausgewählte Studien. Historisch-Kritische Ausgabe, hg. von Walter Morgenthaler, unter Mitarbeit von Karin Obermeier und Marianne Graf, Bd. I-III, Basel und Frankfurt am Main, 1990-1991. (Zitiert als Werke I-III)

Gesammelte Werke der Karoline von Günderrode, hg. von Leopold Hirschberg, 3 Bde., Berlin 1920-1922.

Günderrode, Karoline von, Der Schatten eines Traumes. Gedichte, Prosa, Briefe, Zeugnisse von Zeitgenossen, hg. und mit einem Essay von Christa Wolf, München 1997.

Günderrode, Karoline von, Gedichte, hg. von Franz Josef Görtz, Frankfurt am Main 1985.

Günderrode, Karoline von, Gedichte, Prosa, Briefe, hg. von Hannelore Schlaffer, Ditzingen 1998.

Briefausgaben

Amelung, Heinz, Karoline von Günderrode an Bettine und Clemens Brentano, in: Der grundgescheute Antiquarius I, Nr. 4/5, 1920/1922, S. 130-137.

Geiger, Ludwig, Karoline von Günderrode und ihre Freunde. Stuttgart, Leipzig, Berlin, Wien 1895.

Marske, Gaby, Vorarbeiten zu einer Edition der Briefe und des Briefwechsels Karoline von Günderrodes (1780-1806). Magisterarbeit der Philos. Fakultät der Albert-Ludwigs-Universität zu Freiburg im Breisgau. Masch.schrift o. J., unveröffentlicht, FDH.

Pattloch, Paul, Unbekannte Briefe der Karoline von Günderrode an Friedrich Creuzer, in: Hochland 35, Bd. I, München 1937/1938.

Preisendanz, Karl, Die Liebe der Günderrode. Friedrich Creuzers Briefe an Karoline von Günderrode, München 1912.

Preitz, Max (Hg.), Karoline von Günderrode in ihrer Umwelt I. Briefe von Lisette und Christian Gottfried Nees von Esenbeck, Karoline

von Günderrode, Friedrich Creuzer, Clemens Brentano und Susanne von Heyden, in: Jb. FDH 1962, S. 208-306. (Zitiert als Preitz I)

Preitz, Max (Hg.), Karoline von Günderrode in ihrer Umwelt II. Karoline von Günderrodes Briefwechsel mit Friedrich Carl und Gunda
von Savigny, in: Jb. FDH 1964, S. 158-235. (Zitiert als Preitz II)

Preitz, Max und Doris Hopp (Hg.), Karoline von Günderrodes Studienbuch, in: Jb. FDH 1975, S. 223-323. (Zitiert als Preitz III)

Rohde, Erwin (Hg.), Friedrich Creuzer und Karoline von Günderrode.
Briefe und Dichtungen, Heidelberg 1896.

Weißenborn, Birgit, »Ich sende Dir ein zärtliches Pfand.« Die Briefe
der Karoline von Günderrode, Frankfurt am Main und Leipzig
1992.

Weitere Literatur

Die Andacht zum Menschenbild. Unbekannte Briefe von Bettine
Brentano, hg. von Wilhelm Schellberg und Friedrich Fuchs, Jena
1942.

Arnim, Bettine von, Die Günderode. Mit einem Essay von Christa Wolf,
Frankfurt am Main und Leipzig 1983. Hier zit. als Die Günderode.

Arnim, Bettine von, Clemens Brentanos Frühlingskranz, Leipzig 1921.

Arnim, Bettine von, Goethes Briefwechsel mit einem Kinde, hg. und ein-
geleitet von Waldemar Oehlke, Frankfurt am Main 1984.

Arnim, Bettine und Achim von, Briefe der Freundschaft und Liebe, hg.,
eingeführt und kommentiert von Otto Betz und Veronika Straub.
Bd. I 1806-1808, Bd. II 1808-1811, Frankfurt am Main 1986.

Achim und Bettina in ihren Briefen. Briefwechsel von Achim von Arnim
und Bettina Brentano, hg. von Werner Vordtriede, mit einer Ein-
leitung von Rudolf Alexander Schröder, Bd. I- II, Frankfurt am
Main 1961

Achim von Arnim und Clemens Brentano. Freundschaftsbriefe, Vollstän-
dige Kritische Edition von Hartwig Schultz unter Mitarbeit von
Holger Schwinn, Bd. I- II, Frankfurt am Main 1998.

Asper, Kathrin, Verlassenheit und Selbstentfremdung. Neue Zugänge
zum therapeutischen Verständnis, Olten und Freiburg im Breisgau
2001.

Brentano, Clemens, Sämtliche Werk und Briefe, Frankfurter Brentano-Ausgabe, Historisch-kritische Ausgabe, veranstaltet vom Freien Deutschen Hochstift, hg. von Konrad Feilchenfeldt, Wolfgang Frühwald, Ulrike Landfester, Christoph Perels und Hartwig Schultz, Stuttgart 1975 ff.

Brentano-Chronik. Daten zu Leben und Werk, zusammengestellt von Konrad Feilchenfeldt, München und Wien 1978.

Das unsterbliche Leben. Unbekannte Briefe von Clemens Brentano, hg. von Wilhelm Schellberg und Friedrich Fuchs, Nachdruck, Bern 1970.

Beck, Adolf (Hg.), Hölderlins Diotima Susette Gontard, Frankfurt am Main 1980.

Becker-Cantarino, Barbara, Leben als Text. Briefe als Ausdrucks- und Verständigungsmittel in der Briefkultur und Literatur des 18. Jahrhunderts, in: Frauen Literatur Geschichte. Schreibende Frauen vom Mittelalter bis zur Gegenwart, hg. von Hiltrud Gnüg und Renate Möhrmann, Stuttgart 1985, S. 83-103.

Behrens, Katja (Hg.), Abschiedsbriefe. Claassen 1987.

Briefe an Goethe in Regestform, hg. von Karl Heinz Hahn, Bd. 5, Weimar 1988.

Bülow, Eduard von, Heinrich von Kleists Leben und Briefe, Berlin 1848.

Burwick, R., Liebe und Tod in Leben und Werk der Günderrode, in: German Studies Review 3 (1980), S. 207-224.

Creuzer, Friedrich, Aus dem Leben eines alten Professors, Darmstadt 1848.

Dahlmann, Hellfried (Hg.), Briefe Friedrich Creuzers an Savigny (1799-1850), Berlin 1972.

Dischner, Gisela, Bettina von Arnim: Eine weibliche Sozialbiographie aus dem 19. Jahrhundert, Berlin 1977.

Drewitz, Ingeborg, Bettine von Arnim. Romantik, Revolution, Utopie, Düsseldorf und Köln 1969.

Fülleborn, Ulrich, Dem Scheitern von Kleists »Robert Guiskard« nachgefragt, in: Kleist-Jb. 2003, hg. von Günter Blamberger, Stuttgart und Weimar 2003.

Gajek, Bernhard, »Das rechte Verhältniß der Selbstständigkeit zur Hingebung«. Über Karoline von Günderrode (1780-1806), in: C. Jamme und O. Pöggeler (Hg.), Frankfurt aber ist der Nabel dieser Erde. Das Schicksal einer Generation der Goethezeit, 1983, S. 206-226.

Die Ganerbschaft des Hauses Alten-Limpurg. Festschrift anläßlich des Einzuges der Gesellschaft in das Haus Limpurg 1495, hg. vom ersten Vorsteher der Adeligen Ganerbschaft des Hauses Alten-Limpurg, Dieter Freiherr von Lersner und der Cronstett- und Hynspergischen Evang. Stiftung Frankfurt am Main, Frankfurt am Main 1995.

Gersdorff, Dagmar von, Bettina und Achim von Arnim. Eine fast romantische Ehe, Berlin 1997.

Gersdorff, Dagmar von, Lebe der Liebe und liebe das Leben. Der Briefwechsel von Clemens Brentano und Sophie Mereau, Frankfurt am Main 1981.

Gersdorff, Dagmar von, Dich zu lieben kann ich nicht verlernen. Das Leben der Sophie Brentano-Mereau, Frankfurt am Main 1984.

Gersdorff, Dagmar von, Goethes Mutter. Eine Biographie, Frankfurt am Main und Leipzig 2001.

Gersdorff, Dagmar von, Marianne von Willemer und Goethe, Frankfurt am Main und Leipzig 2003.

Görtz, Franz Josef, Die Liebe der Günderrode. Ein Roman in Briefen, München 1991.

Günzel, Klaus, Die Brentanos. Eine deutsche Familiengeschichte, Zürich 1993.

Hille, Markus, Karoline von Günderrode, Reinbek bei Hamburg 1999.

Hirsch, Helmut, Bettine von Arnim, Reinbek bei Hamburg 1987.

Höller, Hans, Ingeborg Bachmann, Reinbek bei Hamburg 1999.

Horne, Anton, Geschichte von Frankfurt am Main in gedrängter Darstellung, Leipzig und Frankfurt am Main o. J. (1898).

Kleist, Heinrich von, Geschichte meiner Seele. Das Lebenszeugnis der Briefe, hg. von Helmut Sembdner, Frankfurt am Main 1977.

Körner, Hans, Frankfurter Patrizier. Historisch-Genealogisches Handbuch der Adeligen Ganerbschaft des Hauses Alten-Limpurg zu Frankfurt am Main, München 1971.

Kohlhagen, Norgard (Hg.) »Unsere frühesten Jahre sind nicht die glücklichsten«. Dichterinnen beschreiben Jugendjahre. Frankfurt am Main 1983, S. 11-14.

Kohlschmidt, Werner, Ästhetische Existenz und Leidenschaft. Mythos und Wirklichkeit der Karoline von Günderrode, in: Zeitwende 51 (1980) 4, S. 205-16.

Koeppen, Wolfgang, Karoline von Günderrode: »Der Luftschiffer«, in: Wolfgang Koeppen, Die elenden Skribenten, 1981, S. 249 ff.

La Roche, Sophie, Herbsttage. Leipzig 1805.

Langner, Beatrix, Hölderlin und Diotima. Frankfurt am Main 2001.

Oehlke, Waldemar, Bettine von Arnims Briefromane, Berlin 1905.

Rehm, Walter, Ein unbekannter Brief der Günderrode an Friedrich Creuzer vom 30. 11. 1804. In: DVJS 24, Bd. III, 1950, S. 387-388.

Schultz, Hartwig, »Unsre Lieb aber ist außerkohren.« Die Geschichte der Geschwister Clemens und Bettine Brentano, Frankfurt am Main und Leipzig 2004.

Schulz, Gerhard, Todeslust bei Kleist und einigen seiner Zeitgenossen, in: Kleist-Jb. 1990, hg. von Jans Joachim Kreutzer, Stuttgart 1991.

Schwartz, Karl, Karoline von Günderrode, in: Allgemeine Encyclopädie der Wissenschaft und Künste, begründet von J. G. Ersch und J. G. Gruber, Bd. 1. 97, 1878, S. 167-231.

Schwarz, Gisela, Literarisches Leben und Sozialstrukturen um 1800. Zur Situation von Schriftstellerinnen am Beispiel von Sophie Brentano-Mereau, geb. Schubart, Frankfurt am Main 1991.

Sembdner, Helmut (Hg.), Heinrich von Kleists Lebensspuren. Dokumente und Berichte der Zeitgenossen, Frankfurt am Main 1977.

Steig, Reinhold, Zur Günderrode, in: Euphorion 2 (1895), S. 406 ff.; 3 (1896), S. 478 ff.; 4 (1897), S. 358 ff.; 6 (1899), S. 340 ff.; 10 (1903), S. 788 ff.

Stoll, Adolf, Der junge Savigny. Kinderjahre, Marburger und Landshuter Zeit Friedrich Karl von Savignys. Zugleich ein Beitrag zur Geschichte der Romantik. Mit 217 Briefen a. d. Jahren 1792-1810 u. 34 Abb., Berlin 1927.

Susmann, Margarethe, Frauen der Romantik, Frankfurt am Main 1996.

Vaterland auf dem Römerberg und Roßmarkt: Geschichten und Berichte aus sechs Jahrhunderten, zusammengestellt aus 20 Limpurger Briefen der Adeligen Ganerbschaft des Hauses Alten Limpurg zu Frankfurt am Main, hg. von der Cronstett- und Hynspergischen Evang. Stiftung Frankfurt am Main, Frankfurt 1975.

Weischedel, Wilhelm, Die philosophische Hintertreppe. 34 große Philosophen in Alltag und Denken, München 1982

Werner, Johannes, Maxe von Arnim. Tochter Bettinas, Gräfin Oriola,
1818-1894. Ein Lebens- und Zeitbild aus alten Quellen geschöpft,
Leipzig 1937.

Wilhelm, Richard, Die Günderrode. Dichtung und Schicksal, Frankfurt
am Main 1938.

Wolf, Christa, Kein Ort. Nirgends, Neuwied 1979.

Arnim, Achim von (1781-1831)
10, 11, 12, 25, 28, 104-112,
116 f., 162 f., 201, 215 f., 233,
242, 247, 248, 257, 259

Arnim, Bettine von, s. Bettine
Brentano

Bang, Johann Christian (1774-
1851) 144

Barkhaus, Caroline von, geb. von
Leonhardi (1776-1849)
27, 28, 31, 34 f., 41 f., 44 ff., 49,
56, 63, 80, 258

Bernhardi, Sophie, geb. Tieck
(1775-1833) 181

Bethmann, Simon Moritz von
(1768-1826) 121, 175

Beulwitz, Caroline von, geb. von
Lengefeld (1763-1847) 207

Brahms, Johannes (1833-1897) 91

Brentano, Auguste, geb.
Bußmann, zweite Ehefrau von
Clemens Brentano (1791-
1832) 207

Brentano, Bettine, verh. seit 1811
mit Achim von Arnim (1785-
1859) 9-12, 25, 26, 30, 32, 35,
54, 63-76, 80, 82, 92 f., 94, 96,
100, 102, 104 f., 106-112, 113,
115, 117 f., 132-133, 138, 140 f.,
146, 156 ff., 158 f., 162 f., 165,
178 f., 198, 200, 208, 214, 217,
220-223, 225, 234, 238 f., 240 f.,
250, 257-261

Brentano, Christian (1784-1851)
73

Brentano, Clemens (1778-1842)
10, 17, 36 f., 49, 51, 59, 62, 70, 73,
75 f., 78, 82 f., 86, 96-104, 106,
113, 115, 118, 121 ff., 138, 141 f.,
145 f., 164, 165, 179, 191, 206 f.,
210, 214 f., 217, 218, 227, 241 f.,
251, 258

Brentano, Franz, Stiefbruder
u. Vormund von Bettine
Brentano (1765-1844) 73, 121

Brentano, Georg, Kaufmann,
Bruder von Bettine und
Clemens (1775-1851) 73, 121

Brentano, Gunda (Kunigunde),
verh. von Savigny, Schwester
von Bettine Brentano (1780-
1863) s. Savigny, Gunda von

Brentano, Maximiliane, geb. La
Roche, Mutter von Bettine
Brentano (1756-1793) 68

Brentano, Meline (Magdalena),
Schwester von Bettine
Brentano (1788-1861) 73, 243

Brentano, Lulu (Ludovica),
Schwester von Bettine
Brentano, verh. Jordis (1787-
1854) 73, 225

Brentano, Peter Anton, Bettines
Vater (1735-1797) 76, 85

Brentano, Sophie, Bettines
Schwester (1776-1800) 51, 75

Brentano-Mereau, Sophie, geb. Schubart, erste Frau von Clemens Brentano (1770-1806) 51, 98, 102, 123, 139, 141, 145, 164, 165, 181, 186, 189, 202, 206, 210, 241, 242

Chamisso, Adelbert von (1781-1838) 28

Cotta, Johann Friedrich (1764-1832) 53

Creuzer, Friedrich (1771-1858) 11, 35, 47, 49, 58, 89, 106, 139, 159-172, 173-178, 180-186, 189 f., 193 f., 195 ff., 204-212, 213-220, 224-229, 230-236, 237 f., 244, 245-258, 259

Creuzer, Leonhard, Vetter von Friedrich Creuzer (1768-1844) 35, 58 f., 160, 167, 175, 207, 218 f., 220, 243 f., 253 f.

Creuzer, Sophie, geb. Müller, verw. Leske (1758-1831) 160, 164, 169 f., 174, 176, 206, 211, 216, 218, 220, 236, 237, 244, 252 f., 254, 256

Daub, Carl (1765-1836) 158 f., 162, 164, 205, 207, 210, 213 f., 244 f., 247, 251 f., 254

Daub, Sophie, geb. Blum, Jugendfreundin von Karoline von Günderrode 158, 163, 214

Diefenbach, Johann Georg (1757-1831) 57

Eichstädt, Heinrich Carl Abraham (1772-1848) 141

Fichard, Anna Philippine Charlotte von (1774-1849) 21, 24

Fichte, Johann Gottlieb (1762-1814) 38, 51

Friedrich Wilhelm II, König von Preußen (1744-1797) 17, 84

Gerning, Johan Isaak von (1769-1837) 121

Görres, Johann Joseph von (1776-1848) 34

Goethe, Catharina Elisabeth (1731-1808) 84 f., 120, 141, 201

Goethe, Christiane von, geb. Vulpius (1756-1816) 84

Goethe, Johann Wolfgang von (1749-1832) 11, 30, 40, 66, 73, 84, 91, 101, 115, 141, 149, 171, 177, 181, 186, 202, 250

Gontard, Jacob Friedrich (1764-1843) 54

Gontard, Suzette, geb. Borkenstein (1769-1802) 54, 75

Grimm, Ludwig Emil (1790-1863) 66, 71, 77

Grimm, Jacob (1785-1863) 73, 75

Grimm, Wilhelm (1786-1859) 73, 248

Günderrode, Amalie von, Schwester von Karoline von Günderrode (1784-1802) 15, 27, 28, 31, 39, 59 f., 65, 89 f.,

Günderrode, Caroline von, Tochter von Justinian von Günderrode (geb. 1924) 259

Günderrode, Charlotte von, Schwester von Karoline von

Günderrode (1783-1801) 15,
27, 28, 30, 31, 39, 42, 58 ff., 61,
78-82, 86, 88 ff., 111
Günderrode, Christian
Maximilian von, Großvater
mütterlicherseits von Karoline
von Günderrode (1730-1813)
53, 83, 138, 145, 258
Günderrode, Clotilde von, Tochter von Karolines Bruder
Hektor (1813-1896) 258
Günderrode, Friedrich
Maximilian von, Vormund von
Karoline von Günderrode 145
Günderrode, Hektor von, Vater
von Karoline von Günderrode
(1755-1786) 15, 16, 27, 34, 48,
87, 128, 135, 242, 258
Günderrode, Hektor von, Bruder
von Karoline von Günderrode
(1786-1862) 15, 16, 61, 83, 104,
245 f., 253, 258
Günderrode, Johann Maximilian
von, Großvater väterlicherseits
von Karoline von Günderrode
(1713-1784) 15, 16, 19
Günderrode, Justinian von,
Nachfahre von Karolines Bruder Hektor (1887-1953) 258
Günderrode, Louise Dorothea
Agathe von, geb. von Drachstedt, Großmutter mütter-
licherseits von Karoline von
Günderrode (1736-1799) 23,
26, 53, 85, 87
Günderrode, Louise Sophie

Victorine von, Mutter von
Karoline von Günderrode
(1759-1819) 16, 21, 27, 34 f.,
46 f., 48, 63, 104, 126, 133, 135,
145, 225, 241, 251 f., 253
Günderrode, Louise von, Schwester von Karoline von Günderrode (1781-1794) 15, 18, 78
Günderrode, Marie von, Tochter
von Karolines Bruder Hektor
(1820-1910) 258
Günderrode, Sibylle von, Tochter
von Justinian von Günderrode
(geb. 1927) 259
Günderrode, Wilhelmine von,
Schwester von Karoline von
Günderrode, verh. du Bos du
Thil (1782-1819) 15, 28, 39,
59 f., 61, 82, 104, 126 f., 150, 241
Hegel, Georg Wilhelm Friedrich
(1770-1831) 54
Herder, Johann Gottfried von
(1744-1803) 38, 49, 91, 189,
250
Heyden, Susanne von, geb. Schaaf,
verh. seit 1798 mit Hauptmann
Johann Georg von Heyden,
Stiefschwester von Lisette Nees
(1775-1845) 168, 174, 199,
204, 207 f., 210, 244 f., 252 f.
Hölderlin, Friedrich (1770-
1843) 30, 38, 52 f., 56, 75, 144,
203, 226
Von Hoim oder Hoym, Vermögensverwalter der Familie von
Günderrode 86, 104, 124, 125

Humboldt, Wilhelm von (1767-1835) 250

Iffland, August Wilhelm (1759-1814) 167

Imhof, Amalie von, Dichterin, verh. von Helvig (1776-1831) 139

Jacobi, Friedrich Heinrich (1743-1819) 30

Joseph II., deutsch-röm. Kaiser (1741-1790) 66

Kalb, Charlotte von, geb. Marschalk von Ostheim (1761-1843) 207

Kant, Immanuel (1724-1804) 38, 57, 147

Kleist, Heinrich von (1777-1811) 28, 146-149, 190, 243, 248

Kleist, Marie von, geb. von Gualtieri (1761-1831) 147

Kleist, Ulrike von (1774-1849) 147

Klopstock, Friedrich Gottlieb (1724-1803) 30

Knebel, Carl Ludwig von (1744-1834) 38

Kosegarten, Gotthard Ludwig Theobul (1792-1860) 30

La Roche, Sophie von, Bettines Großmutter (1731-1807) 9, 51, 63, 65, 76, 80, 84, 132, 139, 146, 202, 203

Lavater, Johann Caspar (1741-1801) 38

Leonhardi, Friedrich (Fritz) von (1778-1839) 35, 42, 48, 53, 58, 96, 150

Ludwig XVI, König von Frankreich (1754-1793) 84

Marie Antoinette, Königin von Frankreich (1755-1793) 84

Mendelssohn, Felix (1809-1847) 91

Mohr, Jacob Christian Benjamin (1778-1854) 228

Mosche, Christian Wilhelm Julius (1768-1815) 191

Napoleon Buonaparte (1769-1821) 39, 85

Nees von Esenbeck, Christian Gottfried (1776-1857) 141, 150f., 156, 186, 197, 203, 204, 207, 246f.

Nees von Esenbeck, Elisabetha (Lisette) Jacobina, geb. von Mettingh, Stiefschwester von Susanne von Heyden (1783-1857) 60f., 80, 113, 139, 150f., 156f., 163, 165, 178, 181, 189, 197, 199, 203, 204, 207, 241f., 258

Novalis (Friedrich von Hardenberg) (1772-1801) 30, 38, 144, 162, 181, 229

Ossian (Pseudonym für James Macpherson) (1736-1796) 91f.

Piautaz, Claudine (1772-1840) 115, 140, 154, 175, 240

Pfuel, Ernst von (1779-1866) 148

Richter, Jean Paul (1763-1825) 30, 47 f., 50, 140

Ritter, Johann Wilhelm (1776-1810) 192

Sachsen-Gotha und Altenburg, Herzog August von (1772-1822) 129 f.

Savigny, Friedrich Carl von, (1779-1861) 10, 32-43, 44-52, 58 f., 61 f., 75 f., 78, 80, 83, 85 f., 97, 102, 104, 113, 123, 127 ff., 132-137, 140, 147, 151 f.,156, 160, 167 f., 170, 173 f., 191, 195, 214 f., 216 f., 221, 223, 233 f., 237 f., 239, 240 f., 243, 251, 253 f., 258

Savigny, Gunda von, geb. Brentano, Bettines Schwester (1780-1863) 51, 73-78, 79-87, 91, 102, 104, 118, 126 f., 127 ff., 133 ff., 137, 151 ff., 156 f., 167, 170, 173 f., 214, 235, 241, 251, 258

Savigny, Bettina von, Savignys Tochter (1805-1835) 214, 215

Schelling, Friedrich Wilhelm Joseph (1775-1854) 25, 51, 89, 148, 166, 171, 179, 207

Schiller, Friedrich (1759-1805) 30, 31, 75, 162, 217

Schlegel-Schelling, Caroline, geb. Böhmer (1763-1809) 207

Schlegel, Friedrich (1772-1829) 30, 51, 226

Schlegel, Dorothea, geb.

Mendelssohn, gesch. Veit (1763-1839) 182, 207

Schubert, Franz (1797-1828) 91

Schumann, Robert (1810-1856) 104

Schwarz, Friedrich Heinrich Christian (1766-1837) 170, 205, 207 f., 210, 243 f., 253

Seckendorf, Gustav von (1775-1832) 38, 215, 216

Servière, Charlotte (1773-1862) 199, 239, 241, 243, 245, 252, 258

Servière, Pauline (1773-1832) 199, 239, 241

Silverstolpe, Malla, geb. Montgomery (1782-1861) 113

Steffens, Henrik (1773-1845) 38

Tieck, Ludwig (1773-1853) 30, 76, 181

Veit, Dorothea, verh. Schlegel (1763-1839), s. Schlegel 207

Voß, Joh. Heinrich d. Ä. (1751-1826) 30

Voß, Johann Heinrich d. J. (1779-1822) 164

Weiss, Philipp Friedrich (1766-1808) 35, 220

Wieland, Christoph Martin (1733-1813) 51, 146, 147

Wilmans, Friedrich (1764-1830) 186

Wolfart, Karl Christian (1778-1832) 28

Wrangel, Gustav Ludwig Johann von (1770-1811) 122

Winkelmann, August Stefan (1780-1806) 75, 102, 126

Willemer, Marianne von, geb. Jung (1784-1860) 73, 74, 96

Wolzogen, Caroline von, (1763-1847) 139

Zenge, Wilhelmine von, Verlobte Kleists (1780-1852) 148